Karl Hartmann

# Atlas-Tafel-Werk zu Bibel und Kirchengeschichte I

Gesamtwerk:

| | |
|---|---|
| Band I | Altes Testament<br>und Geschichte des Judentums<br>bis Jesus Christus |
| Band II | Neues Testament<br>und Geschichte der Kirche<br>bis zu Karl dem Großen |
| Band III | Geschichte der Kirche<br>von Karl dem Großen<br>bis zum Vorabend der Reformation |
| Band IV | Geschichte der Kirche<br>im Zeitalter der Vorreformation,<br>Reformation und Gegenreformation |
| Band V | Geschichte der Kirchen<br>in der Neuzeit |

Karl Hartmann

# Atlas-Tafel-Werk zu Bibel und Kirchengeschichte

Karten Tabellen Erläuterungen

Band I
Altes Testament
und Geschichte des Judentums
bis Jesus Christus

Quell Verlag Stuttgart

**KARL HARTMANN**

1925 in Calmbach/Enz geboren
1943 Abitur am naturwissenschaftlichen Gymnasium in Pforzheim
1943-1948 Kriegsdienst und Kriegsgefangenschaft in Frankreich
1949-1951 Mechanikerlehre
1952-1956 Studium der Theologie in Tübingen und Göttingen, Vikariat in Ebersbach/Fils
1957-1963 Pfarrer in Stuttgart, 1963-1968 in Onstmettingen (Albstadt)
Seit 1968 Dekan in Sulz/Neckar

1. Auflage 1979
2., verbesserte und erweiterte Auflage 1987

ISBN 3-7918-3201-8


Printed in Germany.

Karten, Tafeln, Tabellen: Karl Hartmann
Einbandgestaltung: JAC
Satz: Quell Verlag Stuttgart
Druck: SVA Ludwigsburg

## Inhalt

## 2. Teil: Die Königszeit - Von Saul bis zum babylonischen Exil

3. Teil: Vom babylonischen Exil bis zur Römerherrschaft

## Vorwort

Der vorliegende Band des Atlas-Tafel-Werks zu Bibel und Kirchengeschichte – Altes Testament und Geschichte des Judentums bis Jesus Christus – wendet sich an mehrere Gruppen von Benutzern, die davon, so hoffe ich, Gewinn haben.

Studenten der Theologie sind bei der Vorbereitung auf ihre Examina meist gezwungen, sich Übersichtstabellen zur jüdischen und zur Kirchengeschichte selbst zu fertigen, da solche kaum irgendwo vorliegen. Die Universität beobachtet zwar systematische Vereinfachungen und Zusammenfassungen von theologischem Studienstoff mit Mißtrauen. Am Ende muß sie aber von einem zukünftigen Pfarrer oder Religionslehrer verlangen, daß er einen vollen Gesamtüberblick über Theologie und Geschichte besitzt, sei er auch noch so schematisch. Dieser muß seine schwerpunktmäßige Beschäftigung mit Einzelproblemen und Quellen unbedingt ergänzen. Dabei ist das hier vorgelegte Material viel zu ausführlich, als daß es gepaukt oder auswendig gelernt werden könnte. Nur wenn es durch gründlich Selbsterarbeitetes lebendig gemacht wird, gewinnt es seinen eigentlichen Wert.

Pfarrer und Religionslehrer werden immer wieder geschichtliche Epochen nacharbeiten müssen, für die Gemeindearbeit oder für den Unterricht, freiwillig oder unter Lehrplanzwang. Nicht alle Lehrplanstoffe sind so gut aufbereitet, daß man keines Geschichtsüberblicks mehr bedürfte. Auch Bibelstundenreihen sollten nie ohne Blick auf die Geschichte einer ganzen Epoche angegangen werden. Noch notwendiger ist ein solcher Überblick für den, der theologisch-biblische Begriffe oder Grundanliegen quer durch Bibel oder Kirchengeschichte verfolgt. Für diesen Zweck bietet sich das vorliegende Material an und ergänzt vor allem die vorhandenen Bibelatlanten und Bildbände über die Welt des Alten Testaments. Es möchte hierbei auch der Not steuern, daß die Geschichtskenntnis der christlichen Gemeinde meist mit der Wegführung der Juden in die babylonische Gefangenschaft endet und mit der Geschichte Jesu abrupt neu beginnt. Diese Gefahr ist durch die Trennung der exegetischen Fakultät in Altes und Neues Testament immer gegeben. Das mag auch ein Mitgrund dafür sein, daß in den Gemeinden das Mißverständnis verbreitet ist, als sei das Alte Testament unter dem Gesichtspunkt »Gesetz« und nur das Neue Testament unter dem Gesichtspunkt »Evangelium« zu verstehen. Deshalb sind Geschichtskenntnisse über die jüdische Kultgemeinde zur Zeit der Perser, Ptolemäer und Seleukiden, aber auch der Hasmonäer und Herodianer notwendig und im vorliegenden Band in aller Breite aufgenommen.

Schließlich wächst erfreulicherweise im Umkreis der Kirchen die Zahl interessierter und engagierter Laien, die sich neu mit der Geschichte ihres Glaubens befassen. Erwachsenenkatechismen, Überblicke über Glaubensprobleme usw. finden immer weitere Verbreitung. Auch hier kann das vorliegende Werk eine willkommene Ergänzung und Vertiefung anbieten, und dies nicht nur bei akademisch gebildeten Laien und Mitarbeitern.

Der Blick auf diese drei Lesergruppen zwang zu einem Kompromiß. Bibelkundliche Information und Veranschaulichung historisch-kritischer Arbeit am Alten Testament mußten in vertretbarer Weise miteinander verbunden werden. Daß dabei die Trennungslinie zwischen reiner Bibelkunde und Historie nicht immer deutlich gezogen werden konnte, liegt auf der Hand, wird aber von diesem oder jenem als Schwäche empfunden werden. Darum sollte dem ungeschulten Leser von vornherein warnend gesagt werden, daß es sich bei den verarbeiteten Ergebnissen der Forschung nicht in jedem Fall um Gesichertes handelt. Er möge sich vergegenwärtigen, was er zum Beispiel aus derselben Zeitspanne von den Griechen, Kelten oder gar Germanen weiß. Dann wird er Daten und Karten nicht überschätzen. Vieles bleibt nach wie vor hypothetisch. Deshalb wünsche ich mir, daß neben mancher Freude darüber, zu entdecken, daß etwas »so zusammenhängt«, immer auch jene kritische Haltung stehen möge, die weiß, daß falsch sein kann, was zu einfach klingt. Reine Objektivität und absolute geschichtliche Richtigkeit gibt es nicht. In jeder Geschichtsbetrachtung ist das eigene Zeitverständnis, Wertsystem und Denkgebäude mitenthalten, beim Verfasser, beim Bearbeiter und beim Kritiker.

Den Fachkräften an der Evangelisch-theologischen Fakultät der Universität Tübingen, die mich bei meinen Bemühungen, das Werk auf dem neuesten Stand der Forschung zu halten, gutachtlich beraten haben, möchte ich an dieser Stelle sehr herzlich danken. Mein besonderer Dank gilt dem Quell Verlag Stuttgart, der bei der Herausgabe dieses Werks das Risiko neuer Wege und ein aufwendiges Farbdruckverfahren gewagt hat. Durch Mithilfe seiner Mitarbeiter konnten auch viele Einzelheiten noch verbessert werden.

Sulz, im Sommer 1978 *Karl Hartmann*

Zur zweiten Auflage:

In der zweiten Auflage wurden einige Karten neu gestaltet: S. 11, 19, 53 und 56. Die Grafik zu den »Urvätern« wurde ersetzt durch eine Tabelle zu den Geschlechtsregistern der Genesis (S. 57), übersichtlicher gestaltet und auf zwei Seiten erweitert wurde die Grafik zu den Psalmen (S. 66 und 67). Neu hinzu kamen eine Karte zur Exodus-Sinai-Tradition, eine Darstellung der Völkertafel in Genesis 10, Nachträge zu Jesaja und Deuterojesaja und ihre Rezeption im Neuen Testament und ein Blatt zu dem theologisch wichtigen Thema »Heiligkeit und Barmherzigkeit Gottes im AT« (S. 107-111). Diese Ergänzungsblätter sind im Register berücksichtigt.

## Zur Anlage und zum Gebrauch des Werks

### Chronologie, Namensschreibung, Farbgebung

Über die frühe **Chronologie** etwa Ägyptens oder des Zweistromlandes läßt sich auch heute noch trefflich streiten. Darum habe ich mich bei der Frühzeit für Zahlen entschieden, die zwei populär-wissenschaftliche Geschichtszusammenfassungen anbieten.
Ein ausführliches, mir zugängliches Datenwerk ist die 1966 erschienene »Weltgeschichte in Daten« des Ostberliner »Deutschen Verlags für Wissenschaften«. Diese Datensammlung, für die 18 DDR-Wissenschaftler als Herausgeber verantwortlich zeichnen und weitere etwa 100 Fachgelehrte herangezogen worden sind, ist das offizielle Nachschlagewerk für Oberschüler und Studenten in der DDR. Es bietet trotz penetranter Ideologisierung ein beachtliches Zahlenmaterial.
In den späteren Perioden, etwa ab 1650 v. Chr., stimmen diese Zahlen weitgehend überein mit dem etwas knapperen Material des »dtv-Atlas zur Weltgeschichte« Band I, [9]1973. Nur bei der frühesten ägyptischen Geschichte nennt dieses Taschenbuch, übrigens in Übereinstimmung mit amerikanischen populärwissenschaftlichen Veröffentlichungen (Time-Life-International Sachbuchreihen), wesentlich niedrigere Zahlen. Sie sind vor allem auf S. 4 zum Vergleich in Klammern beigefügt. Ungefährangaben sind mit Fragezeichen versehen.
Bei der Chronologie der israelitischen Königszeit mußte ich mich dazu entschließen, von den in einer Zeittafel bei Ausgaben des revidierten Luthertextes abgedruckten Zahlen abzugehen. Der Einfachheit halber habe ich mich hier den Angaben angeschlossen, die im Haagschen Bibellexikon von 1968 veröffentlicht sind und wohl den letzten Stand der recht komplizierten Forschung wiedergeben. S. 34 bringt den Versuch einer einigermaßen überzeugenden Synchronisierung biblischer und weltpolitisch gesicherter Daten. Unsicherheiten von einem oder wenigen Jahren werden in Kauf genommen.

Wo **Namen** nicht im Text des AT vorkommen, schließe ich mich an das DDR-Werk an, einfach deshalb, weil es das umfangreichste Material enthält. Erwähnt sei auch, daß hierdurch eine gewisse Übereinstimmung mit dem »Bildatlas der assyrisch-babylonischen Kultur« (1961), einem niederländisch-katholischen Werk, erreicht werden konnte. Gelegentlich mußten natürlich Konflikte durch einseitige und ungesicherte Entscheidungen aufgelöst werden, sowohl bei der Zahlen- wie bei der Namengebung.

Die Schreibung der Namen wurde so weit wie möglich vereinheitlicht. Gebliebene Abweichungen gründen zum Teil in der Entstehungsgeschichte des vorliegenden Werks, die mehr als ein Jahrzehnt umfaßt, ergeben sich aber auch durch den Übergang von griechischer zu lateinischer Namensschreibung, so vor allem in den Karten S. 95ff. In der Regel wurde die griechische Schreibung vorgezogen (Ptolemaios, nicht Ptolemäus; Kaisareia, nicht Cäsarea). Verschiedene Schreibweise ist im Register berücksichtigt.

In der **Farbgebung** habe ich versucht, über möglichst lange Zeiträume hinweg in Karten und Tabellen für die einzelnen Völker und Kulturkreise gleichbleibende oder ähnliche Farben durchzuhalten. So präsentieren sich die israelitischen Reiche in roten, die assyrischen in blauen, die babylonischen in gelben und die ägyptischen in grünen Farbtönen. Manchmal setzte die Kartengestaltung dieser Methode allerdings Grenzen. Im Ganzen kann die Farbgebung aber bei der Überblicksarbeit sicher eine zusätzliche Hilfe sein.

**Verwendungsmöglichkeiten der Einzelblätter**

Karten, Aufstellungen und Tabellen sind nach Seitenzahlen in der Weise geordnet, daß jeweils überschaubare Zeiträume in einem logischen Zusammenhang erfaßt werden können. Dies ist natürlich nicht die einzige Möglichkeit der Verwendung. Einzelblätter können auch entnommen und andersartig zusammengeordnet werden. Einige Beispiele seien genannt.

Alle neun **Doppeltabellen zur »Geschichte des Vorderen Orients«** haben, mit Ausnahme der beiden frühesten, eine gleichbleibend breite Zeitleiste. Setzt man sie zusammen und ordnet sie fortlaufend untereinander an, so erhält man einen raschen Überblick über die gesamte alttestamentliche Geschichte. Dabei findet man durchgehend alle Ereignisse, die mit einem bestimmten Großraum in Zusammenhang stehen, am selben Platz, und zwar Ägypten auf der linken Seite, Palästina und die jüdischen Reiche in der Mitte und das Zweistromland auf der rechten Seite. Dort lösen sich freilich die Reiche ziemlich rasch ab, und nach Sumer, Altbabylonien, Assyrien, Neubabylonien und Persien treten schließlich auch Griechenland und Rom in Erscheinung. Die Farbgebung kann hier Machtbewegungen im Vorderen Orient schon auf den ersten Blick verdeutlichen.

Fünfzehn **Karten** geben einen fortlaufenden Einblick in die politischen Veränderungen der Weltgeschichte im Bogen des »Fruchtbaren Halbmonds« und in seinen Randgebieten. Da sie zum großen Teil im selben Maßstab gezeichnet sind, eignen auch sie sich für eine Zusammenstellung.
Ähnlich verhält es sich mit den dreißig Karten, die Palästina oder Teilgebiete des Landes zwischen Rotem Meer und Libanon darstellen. Obwohl hier aus verständlichen Gründen der Kartenmaßstab häufiger wechselt, läßt sich doch ein lückenloser Überblick über die Gesamtgeschichte Palästinas gewinnen.

Eine weitere Gruppe thematisch gleichartiger oder ähnlicher Blätter bietet **Genealogien,** beginnend mit der priesterlichen Urväter-Genealogie und dem Keniterstammbaum, bei denen es sich wohl um gelehrte Konstruktionen handelt, über die Geschlechtstafeln von Stammvätern, Priestergeschlechtern, Königen bis zu denen der Diadochen, Makkabäer und Herodianer.

Gemeinsam verwendet werden können auch die **Überblicke über die prophetische Literatur,** die die großen Propheten zeitlich aufzugliedern versuchen und die kleinen Propheten entsprechend in den Geschichtsablauf einordnen. Dem entspricht dann die Reihenfolge auf dem Blatt »Entstehung des Alten Testaments« S. 105.

Mit diesem Blatt können auch andere, zerstreute Blätter zur **Entstehung des Pentateuch und der Psalmen** zusammengeordnet werden.

Selbstverständlich sind auch thematisch ganz andersartig geplante Zusammenstellungen denkbar, wie überhaupt der Versuch gemacht worden ist, nicht ein abgeschlossenes Werk, sondern eine **Arbeitsblätter-Sammlung** zu fertigen. Dabei möchte ich den Leser ermutigen, das Ganze durch weitere eigene Arbeitsblätter zu ergänzen.

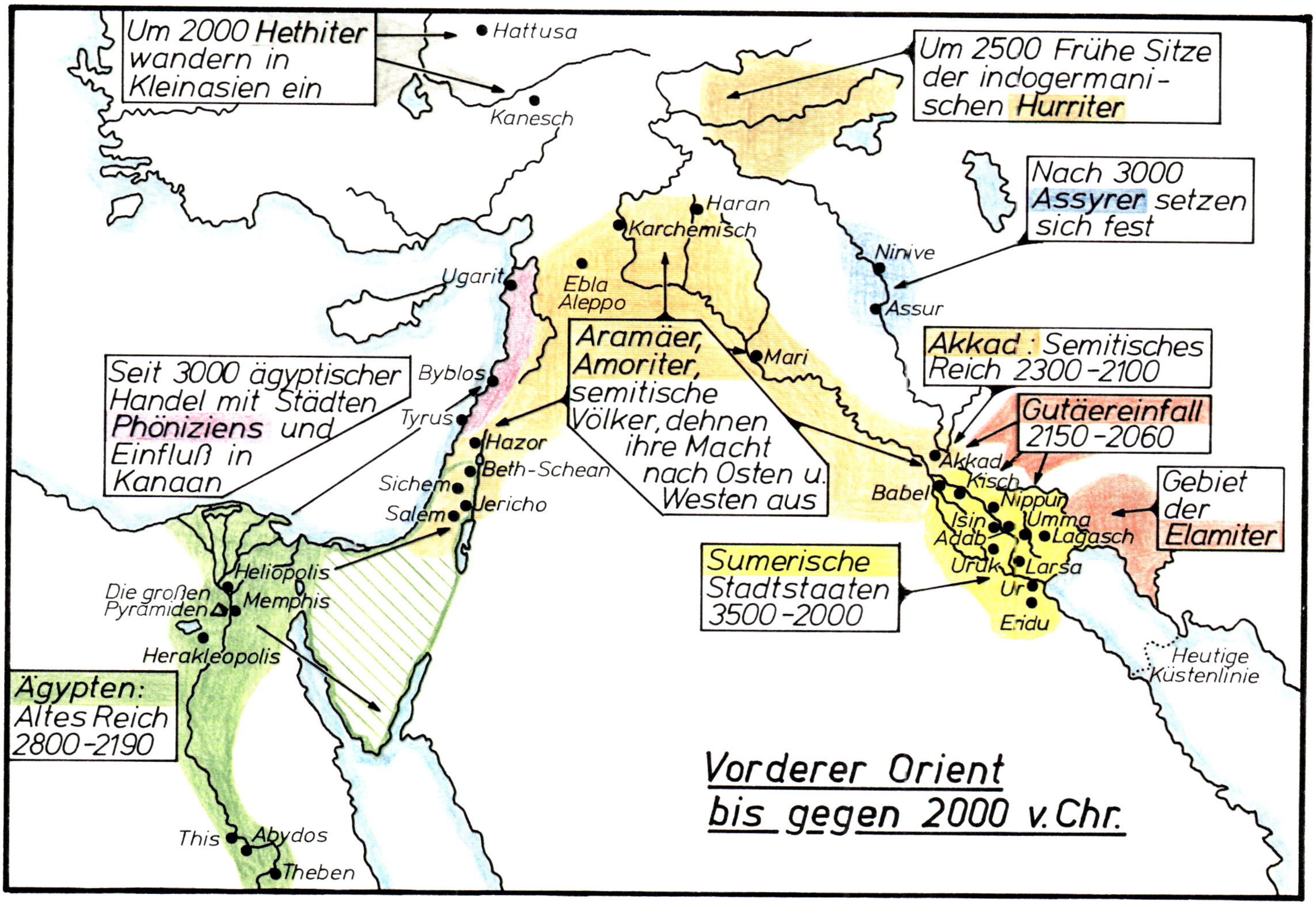


**Vorderer Orient bis gegen 2000 v. Chr.**

Für die Geschichte des Vorderen Orients sind die Entwicklungen in jenem geographischen Halbkreis bedeutungsvoll, der die Flußsysteme des Euphrat und Tigris, die syrisch-palästinensische Küste mit ihrem Hinterland und das Niltal einschließt. In diesem »**Fruchtbaren Halbmond**« haben sich einige der frühesten Staatenbildungen der Menschheit vollzogen. Auch biblische »Völkertafeln« (z.B. Gen. 10) geben Erinnerungen an diese Frühzeit menschlicher Kultur- und Staatenbildung wieder.

Die **Sumerer** gründeten wohl die erste mächtige Flußkultur, wozu sie eine bedeutende Gemeinschaftsleistung im Zweistromland aufbringen mußten. Dies führte automatisch zu Stadtgründungen und Herrschaftsstrukturen. Die sagenhaften »Urkönige vor der Flut« beherrschten konkurrierende Stadtstaaten. Da sie sich nie zusammenschlossen, mußten sie sich gelegentlich Fremdherrschaften gefallen lassen, so durch die semitisch-amoritischen Eroberer **Akkads,** die **Gutäer** und die iranischen **Elamiter.**

Anders **Ägypten,** das sich schon früh zu einem mächtigen Einheitsreich zusammenfand, dem **Alten Reich** der großen Pyramidenbauer-Pharaonen. Mit bereits blühenden Handelsstädten an der **phönizischen** Küste, mit dem später **kanaanäischen** Gebiet und mit der erzreichen Halbinsel Sinai bestanden schon früh verschiedenartige Beziehungen. Gegen Ende der Periode zerfiel das Alte Reich allerdings in eine Reihe schwacher Stadtherrschaften.

Eine ständige Gefahr für die Kulturland-Reiche, die auf sie stets eine große Anziehung ausübten, bildeten die **aramäischen, amoritischen** und anderen **semitischen** Wüstenbeduinen.

Vermutlich indogermanische Stämme tauchten im Norden auf und setzten sich fest, so die **Hethiter** in Anatolien und die **Hurriter** am oberen Tigris und Euphrat. Auch sie bildeten später mächtige Staaten, ebenso wie die vorläufig noch bedeutungslosen **Assyrer** am mittleren Tigris.

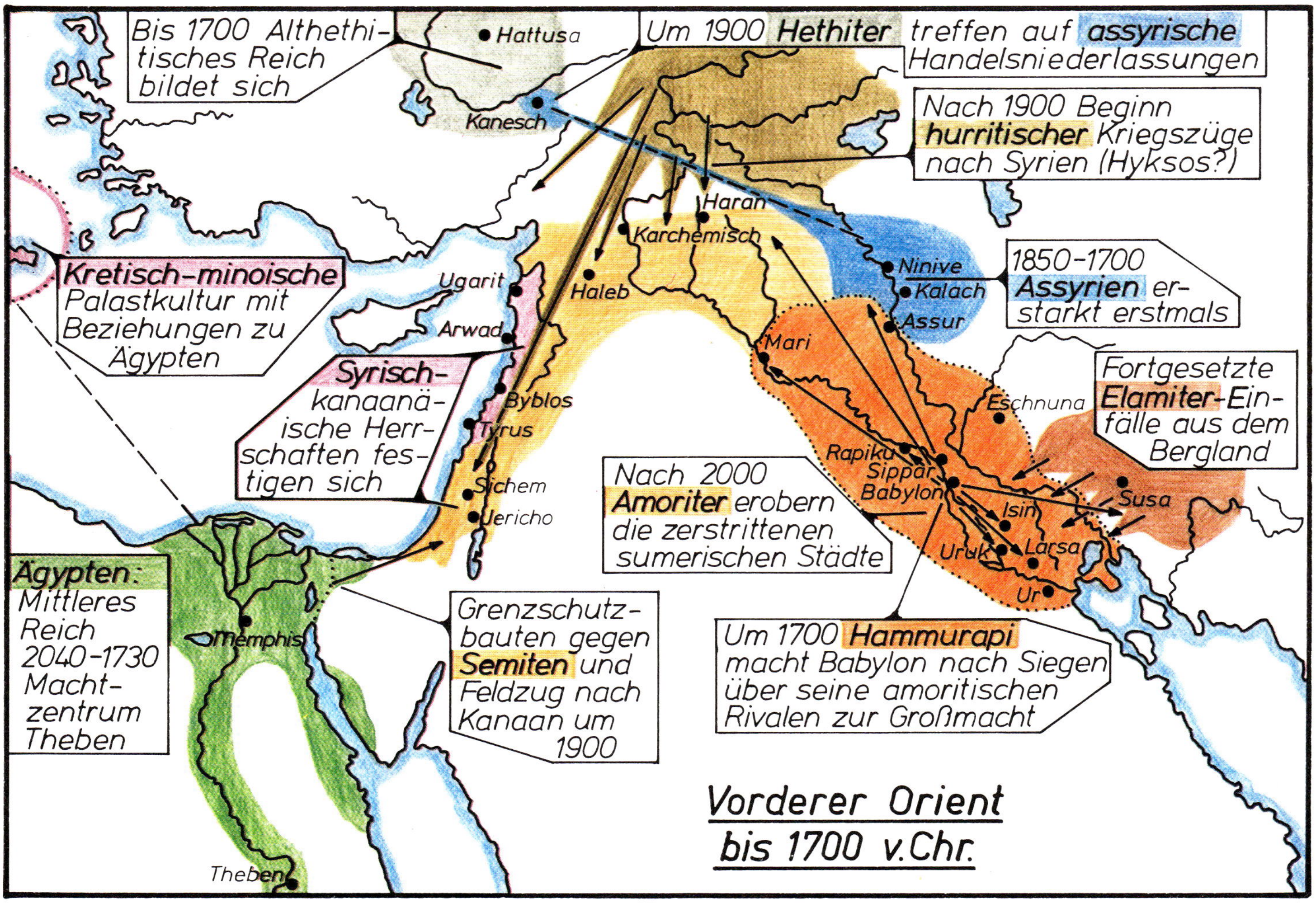


**Vorderer Orient zwischen 2000 und 1700 v. Chr.**

Das erste Drittel des zweiten vorchristlichen Jahrtausends scheint vor allem von zwei Staatengebilden bestimmt zu sein: Ägypten und Babylonien.

In **Ägypten** bildet sich, von Theben ausgehend, das starke **Mittlere Reich.** Seine Dynastien bringen nicht nur im Innern bedeutende kolonisatorische und kulturelle Leistungen zustande, sondern pflegen auch Handelsbeziehungen zu den **Minoern auf Kreta** und zu den **syrisch-phönizischen Küstenstädten.** Für die Patriarchengeschichten der Bibel interessant sind Berichte über Grenzbefestigungen östlich des Nildeltas zur Abwehr semitischer Beduinen.

Ein zweites Machtzentrum entsteht in **Babylon.** Dort haben semitisch-amoritische Eroberer die Gewalt in den geschwächten sumerischen Städten übernommen. In der Konkurrenz dieser Herrschaften, unter denen vor allem Isin, Larsa, Ur und Eschnuna, aber auch das abgelegene Mari hervorragen, setzen sich schließlich die Amoriter von Babylon durch. Der große **Hammurapi** errichtet ein mächtiges Reich. Er ist nicht nur als Eroberer, sondern auch als bedeutender Gesetzgeber bekannt. Es gelingt ihm freilich nicht, die immer wieder einfallenden **Elamiter** aus dem Iran endgültig zu besiegen.

**Assyrien** erstarkt in dieser Zeit erstmals und weitet seinen Einfluß und Handel bis nach Kappadozien aus. Die assyrischen Handelsniederlassungen berichten dort vom Zusammentreffen mit den **Hethitern,** die allmählich die Grundlage zu einem bedeutenden kleinasiatischen Staat schaffen.

Für die biblische Geschichte am wichtigsten freilich sind die **Hurriter.** Sie beginnen mit weiträumigen Eroberungszügen nach Süden, bei denen sie, ähnlich wie die indischen »Aryas«, kein Imperium gründen, sondern sich als eine Art Adels- und Kriegerkaste in den semitischen Städten festsetzen. Daraus entsteht unter anderem jenes **kanaanäische Stadtkönigtum,** dem sich später die Israeliten bei ihrer Landnahme gegenübersahen. Als **Hyksos**-Herrschaft hat sich diese Erobererwelle später sogar einige Zeit lang Ägyptens bemächtigen können.

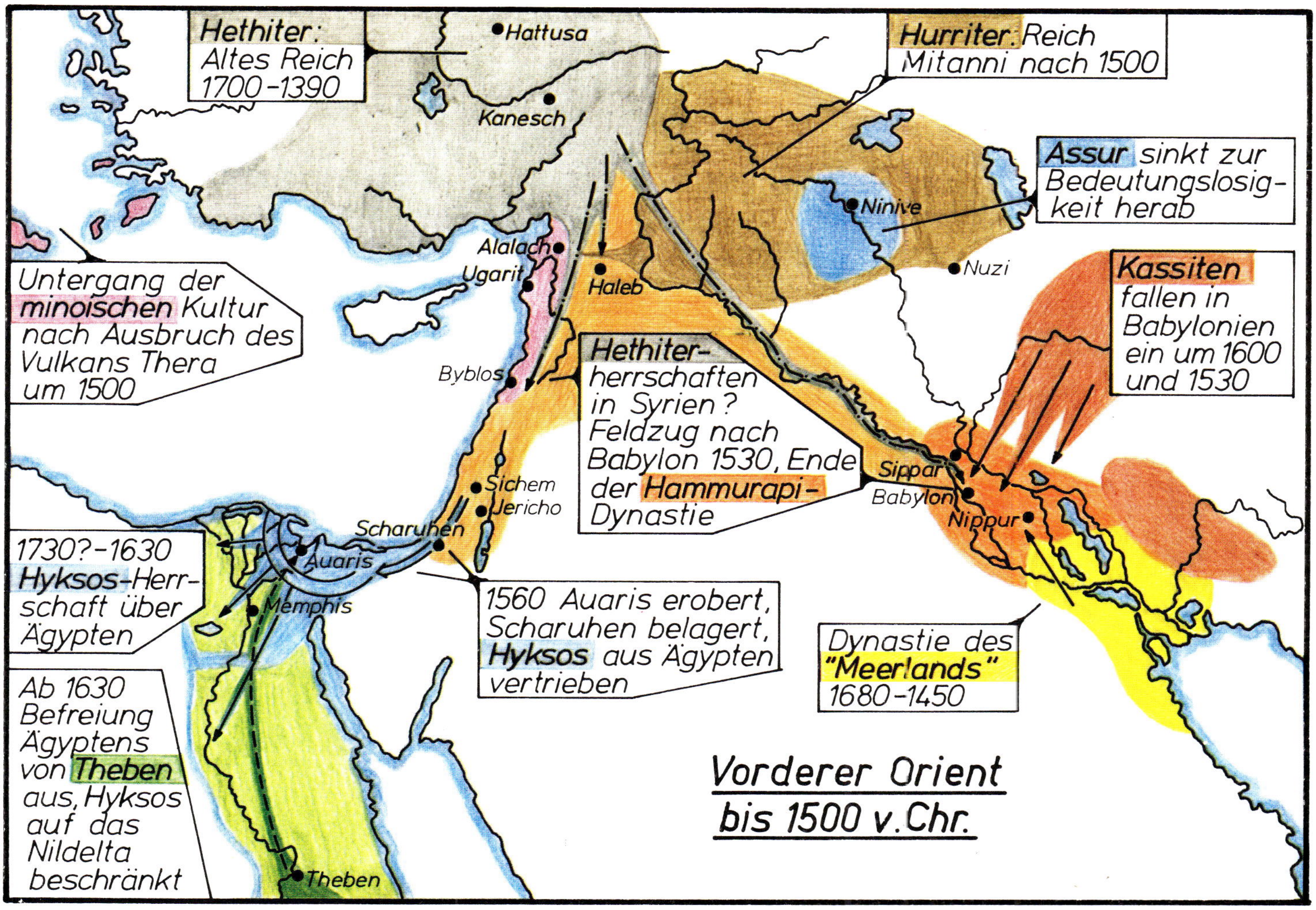


**Vorderer Orient zwischen 1700 und 1500 v. Chr.**

Das 17. und 16. Jahrhundert ist vor allem durch eine weitere Welle indogermanischer Erorberergruppen geprägt, wobei die typischen Erscheinungen dieser »Wanderungen« auch im Vorderen Orient zu beobachten sind:

Wo sich die Eroberer als zahlenmäßig bedeutende Oberschicht installieren, entstehen vorübergehend mächtige Staaten. Da ist einmal das **Alte Reich** der **Hethiter,** dessen König Murschili I 1530 durch Eroberung Babylons und Beseitigung der **Amoriterdynastie** Hammurapis einen ersten Machthöhepunkt anzeigt.

Östlich schließt sich das **hurritische Reich Mitanni** an und beherrscht für ein Jahrhundert das obere Mesopotamien einschließlich **Assyriens,** das zur Bedeutungslosigkeit eines schwachen Vasallen heruntersinkt.

Schließlich gelingt es indogermanisch-**kassitischen** Stämmen aus den persischen Bergen, sich Babylons nach dem Rückzug der Hethiter zu bemächtigen. Auch sie errichten ein allerdings nicht allzu bedeutendes Reich, das sich das untere Zweistromland mit einer **Dynastie des »Meerlands«** in der Gegend des späteren Chaldäa teilen muß.

Südlich dieser Reiche wird die Erobererschicht dünner. Hier herrscht sie, vor allem in Syrien und Kanaan, dank ihrer Streitwagentechnik über kleinere Stadtstaaten. Aus der Bibel erfahren wir z.B., daß es in Kanaan eine Reihe **hethitischer und hurritischer Adelsgeschlechter** gab (Gen. 23; 36,2; 1. Kön. 11,1; Hes. 16,3). Sie gehen später im Semitentum auf.

Noch stärker tritt die Vermischung und Assimilation bei den **Hyksos** genannten zeitweiligen Eroberern Ägyptens in Erscheinung. Sie bringen schon semitische Sippen mit sich und passen sich der ägyptischen Kultur rasch an, was freilich die **thebanischen Ägypter** nicht daran hindert, sie ab 1630 als Fremde wieder nach Norden aus dem Nilgebiet hinauszudrängen.

Die Ablösung der **minoischen** durch die griechisch-**mykenische** Kultur hat wohl einen tragischeren Hintergrund: den Ausbruch des Thera-Vulkans mit seinen verheerenden Wirkungen auf Kreta.

## Geschichte des Vorderen Orients

Tafel 1

### Ägypten:

Badari-, Merimde- und Negadekultur

**Frühzeit 3000-2778?** (3000-2650?)

**1. Dynastie:** (ab 2850?)
Narmer, Menes... 9? Könige

**2. Dynastie:** (bis 2650?)
Heteb, Nebre.... 8 Könige

**Altes Reich 2778-2263?** (- 2190?)

**3. Dynastie:** 2778-2723?
Dioser, Sanecht... 5 Könige

**4. Dynastie:** 2723-2563?
Snofru, Cheops, Chephren, Mykerin... 8? Könige (Pyramiden)

**5. Dynastie:** 2563-2423? (Re-Kult)
Userkaf, Sahure... 8? Könige

**6. Dynastie:** 2423-2263 (- 2190?)
Teti, Phiops... 5 schwache Könige

**Erste Zwischenzeit 2263-2040**

**7.-10. Dynastie** nebeneinander in Memphis, Abydos, Herakleopolis und Theben mit geringer Macht

**Mittleres Reich 2040-1730**

**11. Dynastie (Theben):** 2133-1992
Mentuhotep, Antef ... 12 Könige (Amun-Kult)

**12. Dynastie:** 1991-1786

| | | |
|---|---|---|
| Amenemhet I | 1991-62 | Zeit des Sinuhe |
| Sesostris I | 1971-28 | |
| Amenemhet II | 1929-1895 | |
| Sesostris II | 1897-79 | Feldzug nach Palästina. Fajum urbar gemacht |
| Sesostris III | 1878-43 | |
| Amenemhet III | 1842-1797 | |
| Amenemhet IV | 1798-90 | |
| Sebekneferure | 1789-86 | |

**13.-14. Dynastie:** 1785-1610
Innenpolitische Wirren, schwache Herrscher, ab 1730 nur noch lokale Macht

1730 (1650?) Einfall der churritisch-semitischen Hyksos

**Zweite Zwischenzeit 1730-1562**

**15. Dynastie:** 1730-1630 (Auaris)
Große Hyksosdynastie, 5 fremde Herrscher über ganz Ägypten

### Mesopotamien:

Mythische Urkönige vor der Flut ???

**Frühdynastische Zeit der Sumerer**

Uruk-Zeit 3000-2800?
Djemet-Nasr-Zeit 2800-2600?
Mesilim-Kisch-Zeit 2600-2500

Städte: Uruk, Kisch

Namen:
Emnunna, Lugulbanda, Gilgamesch, Ur-Nungal, Utulkalamma, Ennunadanna, Melamanna, Lugalkiaga u.a.

**Erste dynastische Zeit der Sumerer 2500-2350**

Dynastien der Städte Ur, Lagasch, Kisch, Mari, Adab, Eridu, Umma, Nippur, Hamasi.
Urukagina 2367-60
Lugalzaggesi von Umma 2360-50

**Herrschaft der Semiten aus Akkad 2350-2170**

Sargon I 2350-2295; Rimusch 2295-86; Manischtusu 2286-72; Naramsin 2272-35; Scharkallischarri 2235-10; ... Dudu 2207-2187; Schudurul 2185-70

**Herrschaft der Gutäer 2150-2060**

**Letzte dynastische Zeit der Sumerer 2065-1955 - 3. Dynastie von Ur**

Urnammu 2065-46; Gudea (Lagasch) 2050-00
Schulgi 2045-00; Bursin 1999-90;
Schusin 1989-80; Ibbesin um 1970 in elamitischer Gefangenschaft

#### Assyrien:

Nach 1850 beginnende Selbständigkeit assyrischer Fürsten

Naramsim
Irischum

Schamschi-Adad I 1749-17

Ischme-Dagan von Babylon abhängig

#### Babylonien: Isin, Larsa u.a.

**Herrschaft von Isin und Larsa 1970-1698 (Elamiter, Amoriter)**

**Altbabylonisches Reich**

Amurru-Dynastie 1830-1530?
Sumuabum 1830-17?
Sumulailu 1816-1781?
Sabum 1780-67?
Awilsin 1766-49?
Sinmuballit 1748-29?

Enlil-bani 1813-1790

Rimsin von Larsa 1758-1698

**Hammurapi d. Gr.** 1728-1686
Eroberung von Uruk, Isin, Larsa, Eschnuna, Elam, Mari u.a.
Großer Gesetzgeber

## Geschichte des Vorderen Orients

Tafel 2

| Zeit | Ägypten, Palästina, Syrien | | Hethiter | Mitanni | Assyrien | Babylonien |
|---|---|---|---|---|---|---|
| 1675 | 15.Dynastie: 1730-1630 Große Hyksosdynastie in ganz Ägypten | | Althethitisches Reich bis 1380 | | Unter Hammurapi und seinen Nachfolgern bleibt Assur ein Satellit Babylons | Samsu-iluna 1685-48 "Meerland" entsteht |
| 1650 | 17. Dynastie (Theben): 1680-1562 Rehotep | Hyksos gründen Stadtstaaten. Einführung des Streitwagens | | | | Abieschuch 1647-20 Kassiten fallen ein |
| 1625 | | 16.Dynastie: 1630-1562 Kleine Hyksosdynastie nur noch über Unterägypten | | | Bazai 1618-1591 | Ammiditana 1619-1583 |
| 1600 | Um 1600 Sekenenre drängt die Hyksos zurück | | Labarna I um 1600 | Um 1600 Churriter am Oberlauf des Euphrat und Tigris | Lulai | |
| 1575 | Neues Reich 1562-1085 | Auaris erobert | Chattuschili I um 1560 | | Suninna 1584-71 | Ammisaduka 1582-62 |
| | 18.Dynastie: 1562-1308 | | | | Scharma-Adad I | |
| 1550 | Ahmose 1562-37 | Pharaonen unterwerfen das Land bis zum Euphrat | Murschili I um 1530 | | Irisum<br>Schamschi-Adad II<br>Ischme-dagan | Samsuditana 1561-30: Letzter Amurruherrscher |
| | Amenophis I 1536-17 | | | | | |
| 1525 | | | Um 1530 Plünderungszug gegen Babylon | | Schamschi-Adad III | Herrschaft des "Meerlands" bis 1450 und der Kassiten aus dem Iran bis 1160 |
| | Tutmosis I 1516-04 | Sieg über Mitanni | | | | |
| 1500 | Tutmosis II 1503-1490 | In Palästina Stadtkönige unter ägyptischer Oberhoheit | Chantili<br>Amuna | Um 1500 Entstehung des Mitannireichs | Assur-nirari I<br>Abhängigkeit von Babylon lockert sich | |
| | Hadschepsut 1490-68 Vormundschaft | | | | | |
| 1475 | Tutmosis III 1490-36 ab 1468 Alleinherrscher | 1468/67 Sieg des Tutmosis bei Megiddo und Kadesch. Palästinaliste mit 117 Städten | Chuzzija<br>Telepinu um 1465 | Schut-tarna I | | Unbedeutende Herrscher mit geringer Macht |
| 1450 | Amenophis II 1435-10 | Erstmals in Palästina "Chabiru" (Hebräer?). | Tutchalija II 1450-30? | Schauschschatar um 1450 | 1450-1390 Assur Vasallen-Staat des Mitanni-Reichs | Ulamburiasch um 1450 |
| 1425 | | Bündnis Ägypten-Mitanni gegen die Hethiter. | Chattuschili II 1430-10? | Schut-tarna II | | |
| 1400 | Tutmosis IV 1409-1400<br>Amenophis III 1400-1362 "Memnonskolosse" | Ras-Schamra-Texte | Tutchalija III 1410-1390<br>Neuhethitisches Reich | Tuschratta<br>Nach 1400 Ende Mitannis | Mittelassyrisches Reich | Kurigalzu I um 1380 |
| 1375 | | | Schuppiluliuma 1380-46 | | Eriba-Adad I 1390-64 | Burnaburiasch II 1367-46 |

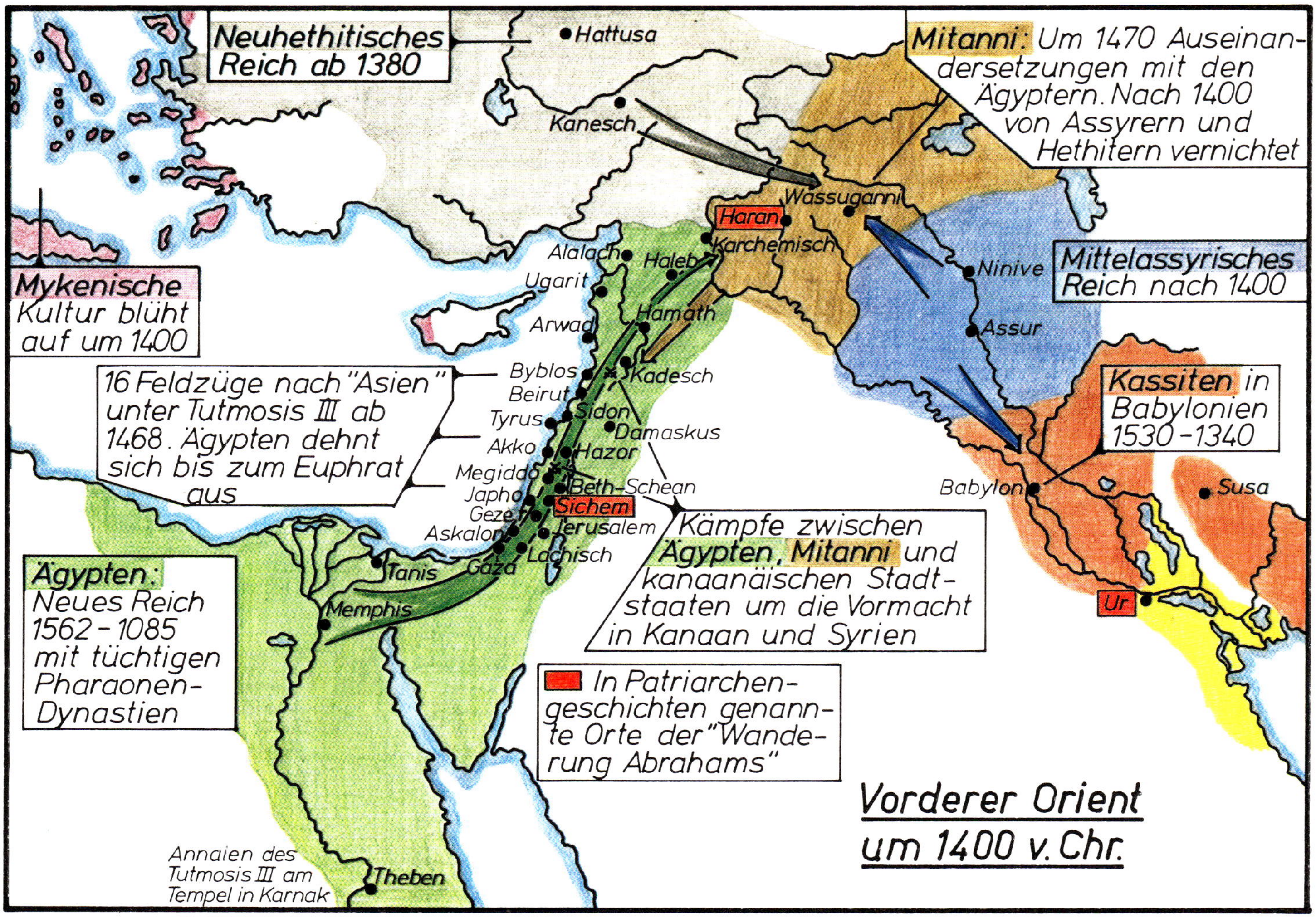


## Vorderer Orient im 15. Jahrhundert v. Chr.

Im gesamten 15. Jahrhundert erlebt **Ägypten** nach Vertreibung der »Hyksos« unter tüchtigen Herrschern der 18. Dynastie, mit denen das **Neue Reich** beginnt, seine bedeutendste Machterweiterung nach Nordosten bis zum Euphrat. Schon die ersten Pharaonen unterwerfen Palästina und Syrien. Vor allem aber **Tutmosis III** konsolidiert diese Herrschaft durch zahlreiche Feldzüge, bei denen er kanaanäische Stadtkoalitionen und die mit ihnen verbündeten Hurriter des Mitannireichs in mehreren Schlachten besiegt.

**Mitanni** wird freilich gegen Ende dieser Periode dem Zangenangriff der neuerstarkten **Hethiter** und **Assyrer** erliegen, obgleich die ägyptische Politik zu seiner Erhaltung einen Frontwechsel gegen die Hethiter vornimmt.

**Assur** ist auch für längere Zeit den babylonischen **Kassiten** überlegen und zwingt dieses ohnehin schwache Reich zeitweilig in ein Vasallenverhältnis.

Umstritten ist die Einordnung einer soziologischen Gruppe, die ebenfalls gegen Ende des 15. Jahrhunderts vielerorts im Bogen des »Fruchtbaren Halbmonds« in Erscheinung tritt. Sie werden **Hapiru** oder ähnlich genannt, ein Name, auf den sicher auch das Wort **Hebräer** zurückgeht. Es ist allerdings unwahrscheinlich, daß man diese Hebräer einfach mit den Israeliten identifizieren kann. Möglicherweise haben wir semitische Söldner-, Abenteurer- und Lehnsgruppen vor uns, die soziologisch am ehesten eine »niedere Kaste« genannt werden dürften. Die landnehmenden israelitischen Stämme hätte man dann später einfach unter diesem Oberbegriff einzuordnen versucht.

Immerhin werden im Stammbaum **Abrahams** Orte des gesamten Bogens genannt, aus dem semitisch-beduinische Volksgruppen ins Kulturland einsickern. Um **Ur** sind dies die späteren **Chaldäer**, um **Haran** die **Amoriter** und **Aramäer**, in **Kanaan** schließlich die **Israeliten** und ihre Stammesverwandten (vgl. Gen. 11, 27-32; 12, 1-9; 24, 4. 10; 27, 43 u.a.).

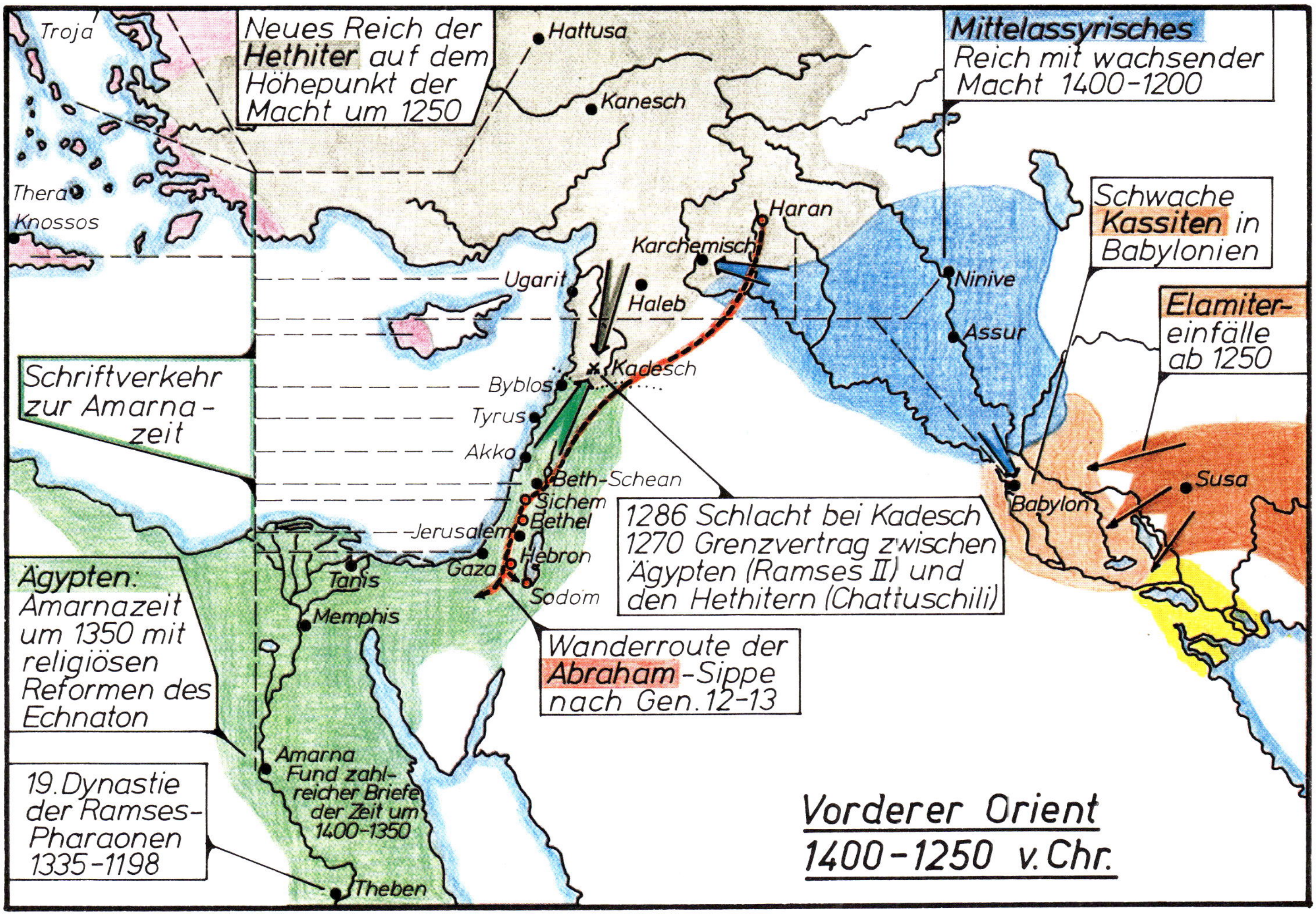


**Vorderer Orient zwischen 1400 und 1250 v. Chr.**

Diese Zeitperiode ist deutlich in zwei Abschnitte zu gliedern, die mit Ereignissen im **Pharaonenreich** zusammenhängen. Hier kommt es in der »Amarnazeit«, so nach einer neuerrichteten Hauptstadt genannt, aus inneren Gründen zu einer Vernachlässigung der Machtpolitik nach Nordosten. Der exzentrisch-geniale Pharao Amenophis IV **Echnaton** ist dafür verantwortlich, da ihn seine Religions- und Kultreformen vollauf beschäftigen. Eigenartigerweise haben wir gerade aus dieser Zeit die besten Quellen, enthalten in einem ganzen **Briefarchiv**, das man in **Amarna** ausgegraben hat. Ägyptentreue Vasallen aus Palästina und Syrien führen bewegte Klage über abgefallene Stadtstaaten, die sie bedrängen, über unruhestiftende »Hebräer« und über hethitische Bedrohung. Auch andere Adressaten im Norden und Osten konstatieren mit Erstaunen die ägyptische Untätigkeit.

Innerhalb dieses Machtvakuums müssen wir uns das erste Einsickern von **Israeliten** in Kanaan vorstellen, das sich in der Bibel mit den Namen **Abraham, Lot, Isaak, Jakob** und den Söhnen der **Lea** verbindet.

Mit der 19. Dynastie ändert sich die Lage. Ägyptische Heere erscheinen wieder in Syrien. Aber hier ist ein mächtiger Gegner im **Neuhethitischen Reich** entstanden. Es erlebt unter **Muwatalli, Chattuschili III** und **Tutchalija IV** seinen Höhepunkt. Nach unentschiedener Schlacht muß Pharao **Ramses II** um 1270 einen Grenzvertrag hinnehmen, der den Hethitern Syrien, den Ägyptern aber nur noch Palästina überläßt. Ramses II gilt in der Regel auch als Pharao des **»Auszugs« der Israeliten aus Ägypten.**

Zur selben Zeit kann das **Mittelassyrische Reich** unter bedeutenden Herrschern wie **Assur-Uballit I, Adad-nirari I, Salmanassar I** und **Tukulti-ninurta I** im Zweistromland die führende Rolle spielen und die **Kassiten**herrscher in Babylon immer wieder unterwerfen. Diese müssen sich freilich auch noch schwerer Einfälle der **Elamiter** aus dem Osten erwehren.

## Geschichte des Vorderen Orients

Tafel 3a

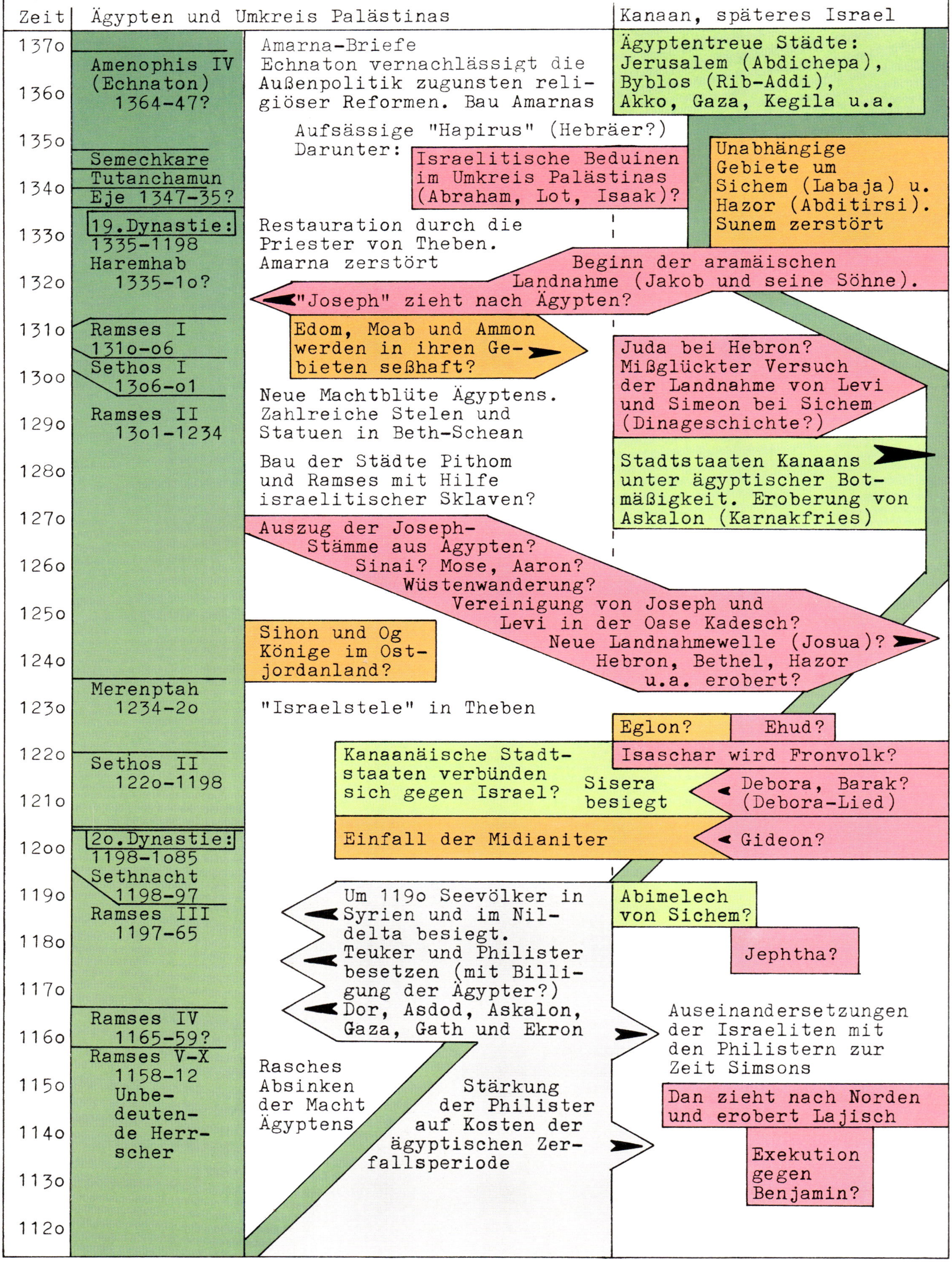

## Geschichte des Vorderen Orients

Tafel 3b

### Syrien, Norden

Hethiter und Assyrer vernichten das Mitannireich

Starke Ausdehnung Assyriens nach Westen

Blütezeit Phöniziens (Ugarit, Arwad, Byblos, Sidon, Tyrus)

Kämpfe der Assyrer gegen Wüstenbeduinen

Hethiter dringen in Nordsyrien ein

1286 Schlacht am Orontes bei Kadesch endet unentschieden

Teilung Syriens. Vertrag 1270 zwischen Hethitern und Ägyptern

Gleichgewicht zwischen Hethitern und Assyrern

Um 1225 erstes Auftreten der "Seevölker"

Um 1200 zweiter Vorstoß der "Seevölker", die das Reich der Hethiter vernichten. See- und Landschlacht bei Arwad 1191

Schamgar siegt über die Philister(?)

Es verbleiben syrische Stadtstaaten und Kleinfürstentümer mit phönizischer und aramäischer Kultur (Zoba, Beth-Rehob, Maaka, Gesur, Damaskus)

### Hethiter

Schuppiluliuma 1380–46

Murschili II 1345–15

Muwatalli 1315–1285

Urhi Tesup 1285–83

Chattuschili III 1282–50

Tutchalija IV 1250–20

Arunwanda III 1220–05

### Assyrien

Eriba-Adad I 1390–64

Assur-uballit I 1363–28 Briefwechsel mit Echnaton

Assyrien nimmt Einfluß in Babylon

Ellil-nirari 1328–21?

Arik-den-ilu 1321–05?

Adad-nirari I 1305–1274 Vorstoß der Assyrer bis Karchemisch

Salmanassar I 1273–44 Kämpfe mit den Hethitern und Babyloniern

Tukulti-ninurta I 1243–07 ?

Babylon erobert und zerstört 1220

Assur-nadin-apal 1207–1197 ?

Assur-nirari III

Ellil-kudur-usur 1197–91

Ninurta-apal-ekur I 1191–70 ?

Babylon nimmt Einfluß in Assur

Assur-dan I 1170–40 ?

Ninurta-tukulti-assur 1139 ?

Mutakkil-nusku 1138–30 ?

Assur-resch-ischi I 1130–13

### Babylonien

Burnaburiasch II 1367–46

Briefwechsel mit Echnaton

Kurigalzu III 1343–21 Enkel Assur-uballits

Nazimaruttasch 1295–68

Kadaschman-turgu 1295–68 ?

Briefwechsel mit Chattuschili III

Erste Elamitereinfälle in Babylonien

Kaschtiliasch IV 1227–20

Adad-schum-idin 1220–16 ?

Adad-schum-nasir 1216–1191 ?

Melischipak II 1191–78 ?

Marduk-apal-idin I 1178–68 ?

2. Dynastie von Idin 1168–1039?

1160 Einfall der Elamiter

Nebukadnezar I 1136–13 ?

Elamiter vertrieben

### Zeit

1370, 1360, 1350, 1340, 1330, 1320, 1310, 1300, 1290, 1280, 1270, 1260, 1250, 1240, 1230, 1220, 1210, 1200, 1190, 1180, 1170, 1160, 1150, 1140, 1130, 1120

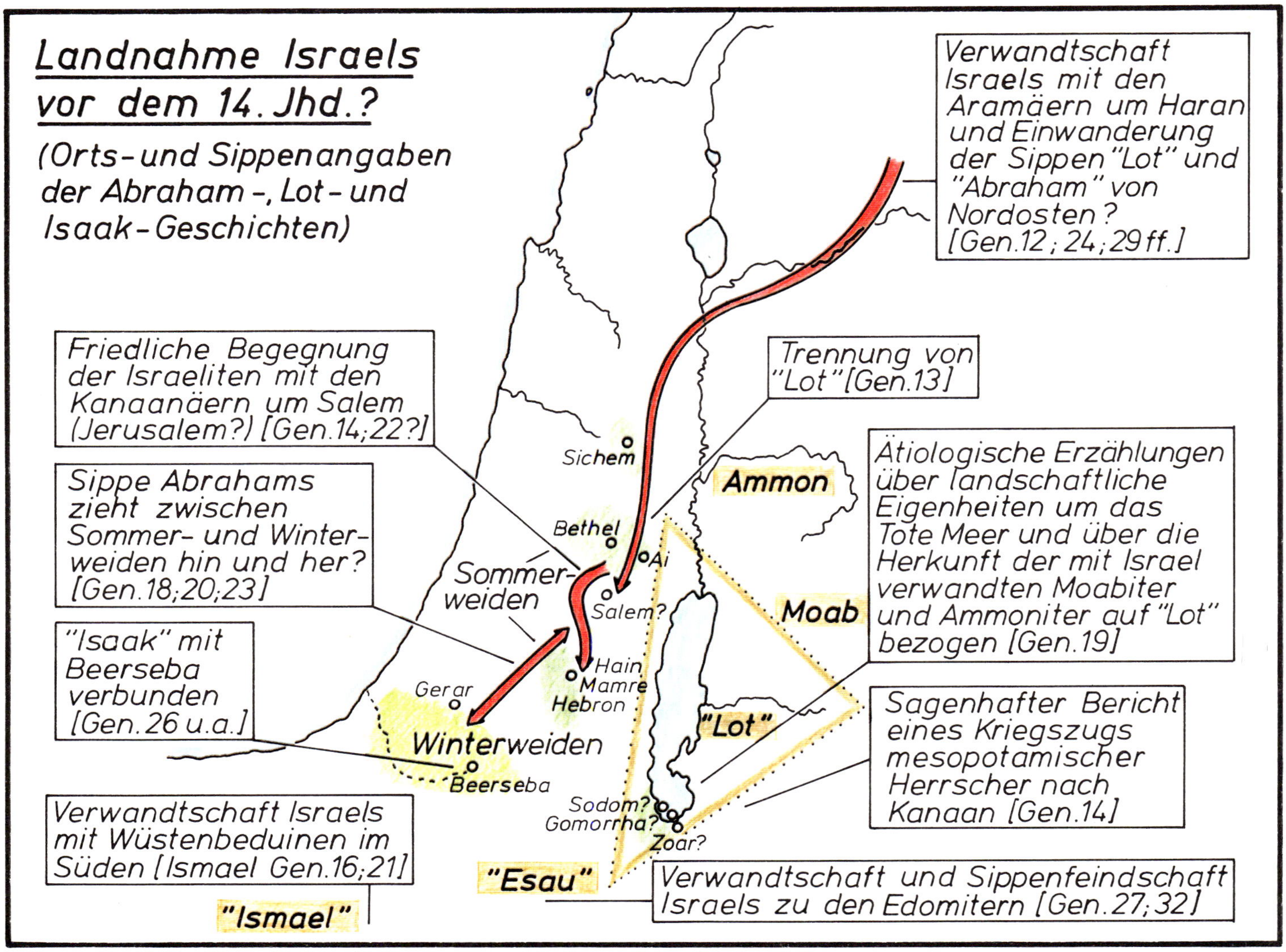


**Landnahme Israels vor dem 14. Jahrhundert v. Chr.?**

Die Genesis (1. Mosebuch) scheint eine bewegte **Familiengeschichte** zu erzählen. So ist sie auch nach der Meinung derer, die sie in ihre heutige Form brachten, zu verstehen. Daneben spiegelt sich aber in ihr, manchmal direkt, manchmal sehr verborgen, auch **stammesgeschichtliche Tradition** über die **Landnahme** der »Israeliten« wider. Namen stehen stellvertretend für Sippen, Personenschicksale entsprechen solchen ganzer Völker. Vergleicht man die Angaben mit außerisraelitischen Überlieferungen und Ausgrabungsbefunden, so ergibt sich ein — sehr hypothetisches — Bild dieser Landnahme.

Es scheint, daß — schon vor dem 14. Jahrhundert? — semitische Beduinensippen aus dem Nordosten in Israel eingewandert sind. Die Verwandtschaftslisten zwischen **»Abraham«**, **»Lot«** und den **Aramäern um Haran** sowie mehrere Geschichten zwischen diesen beiden Gruppen sprechen dafür (Gen. 12 Auszug Abrahams; Gen. 24 Isaak und Rebekka; Gen. 29ff Flucht Jakobs nach Haran). Welcher Art dieser Zusammenhang war, läßt sich nicht sicher feststellen. Allerdings heißt es in einem frühen »Bekenntnis« Israels (Ex. 26, 5): »Ein umherirrender **Aramäer** war mein Vater.«

Ihre Sommerweiden werden diese Beduinen dann im Gebirge Juda gehabt haben. Genannt werden **Sichem, Bethel** und **Hebron.** In welcher Weise die Trennung von **»Lot«** und der Zusammenhang mit den ebenfalls semitischen Stämmen **Moab** und **Ammon** östlich des Toten Meers gedeutet werden muß, bleibt angesichts anderer Überlieferungen, die nicht eingeordnet werden können, unklar (Gen. 14 Einfall mesopotamischer Könige; Gen. 19 Sodom- und Gomorrha-Geschichte).

Vermutlich an Orten ihrer Sommerweiden im Negev (Südland) treffen wir Israeliten dann zwischen **Gerar** und **Beerseba** wieder (»Isaak« und »Jakob«). In diesem Zusammenhang erfahren wir von eher feindlichen Beziehungen zu artverwandten Südbeduinen (Gen. 16 und 21 »Ismael«; Gen. 27 und 32 »Esau«-Edom).

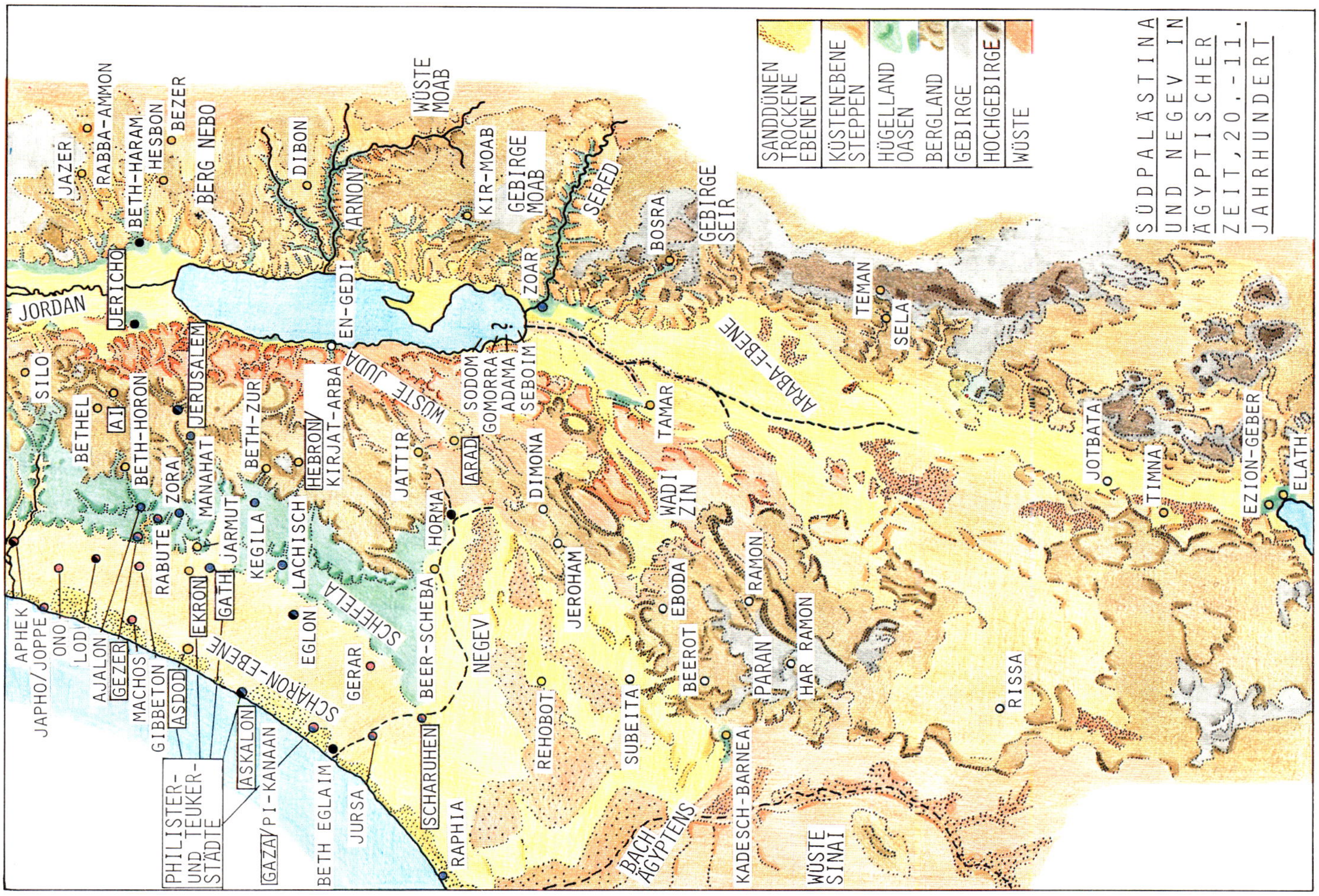
SÜDPALÄSTINA UND NEGEV IN ÄGYPTISCHER ZEIT, 20.-11. JAHRHUNDERT
SANDDÜNEN TROCKENE EBENEN
KÜSTENEBENE STEPPEN
HÜGELLAND OASEN
BERGLAND
GEBIRGE
HOCHGEBIRGE
WÜSTE
JAZER
RABBA-AMMON
BETH-HARAM
HESBON
BEZER
BERG NEBO
DIBON
WÜSTE MOAB
ARNON
KIR-MOAB
GEBIRGE MOAB
SERED
BOSRA
GEBIRGE SEIR
ZOAR
TEMAN
SELA
ARABA-EBENE
JORDAN
JERICHO
EN-GEDI
SILO
BETHEL
AI
BETH-HORON
JERUSALEM
BETH-ZUR
HEBRON/KIRJAT-ARBA
WÜSTE JUDA
SODOM
GOMORRA
ADAMA
SEBOIM
TAMAR
JATTIR
ARAD
DIMONA
ZORA
MANAHAT
RABUTE
JARMUT
KEGILA
LACHISCH
HORMA
WADI ZIN
JOTBATA
TIMNA
EZION-GEBER
ELATH
APHEK
JAPHO/JOPPE
ONO
LOD
AJALON
GEZER
MACHOS
GIBBETON
ASDOD
EKRON
GATH
EGLON
SCHEFELA
JEROHAM
EBODA
RAMON
GERAR
BEER-SCHEBA
NEGEV
SCHARON-EBENE
BEEROT
PARAN
HAR RAMON
RISSA
ASKALON
PHILISTER- UND TEUKER-STÄDTE
GAZA/PI-KANAAN
BETH EGLAIM
JURSA
SCHARUHEN
RAPHIA
REHOBOT
SUBEITA
KADESCH-BARNEA
BACH ÄGYPTENS
WÜSTE SINAI

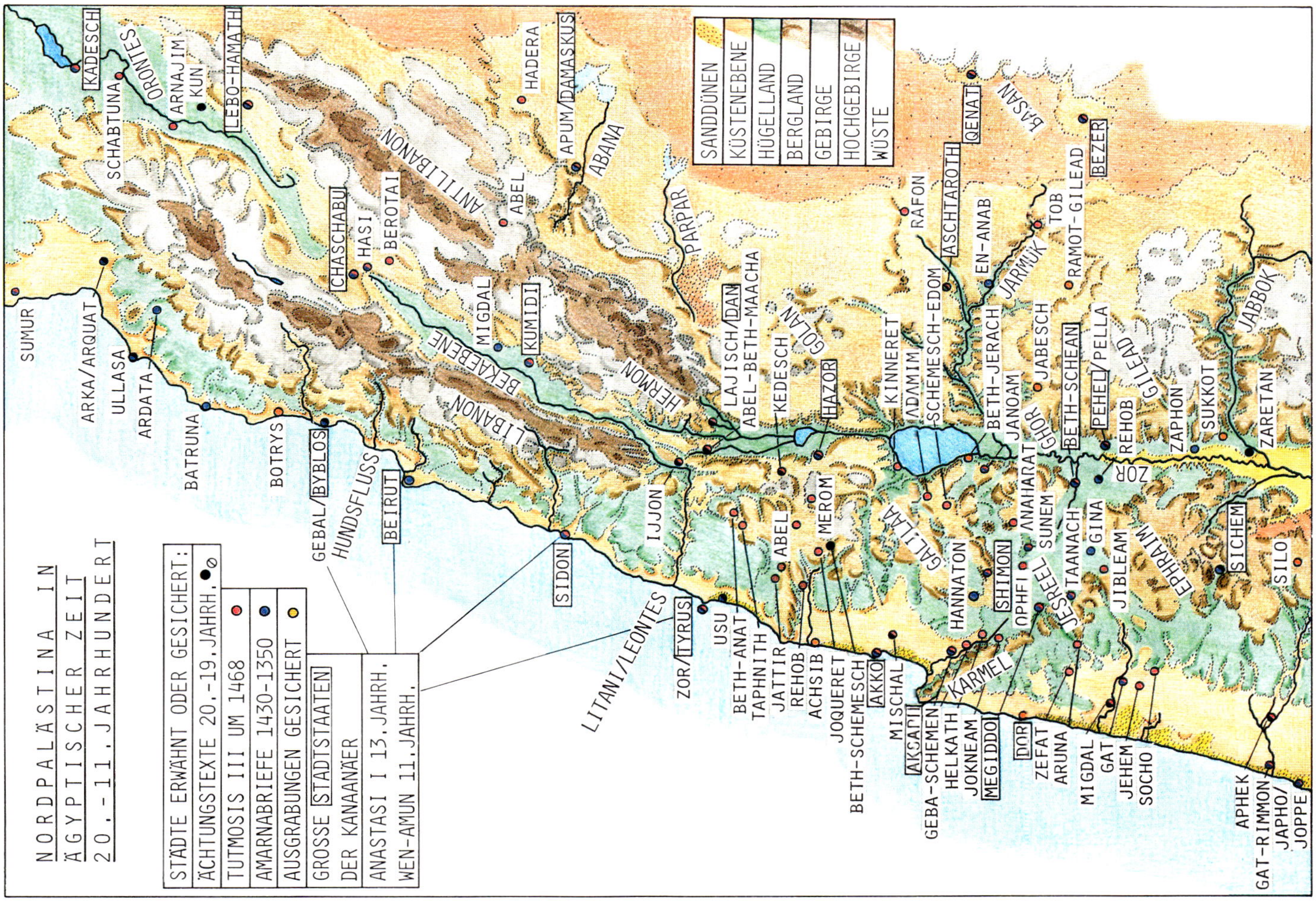
NORDPALÄSTINA IN ÄGYPTISCHER ZEIT 20.-11. JAHRHUNDERT
STÄDTE ERWÄHNT ODER GESICHERT:
ÄCHTUNGSTEXTE 20.-19.JAHRH.
TUTMOSIS III UM 1468
AMARNABRIEFE 1430-1350
AUSGRABUNGEN GESICHERT
GROSSE STADTSTAATEN DER KANAANÄER
ANASTASI I 13.JAHRH.
WEN-AMUN 11.JAHRH.
SANDDÜNEN
KÜSTENEBENE
HÜGELLAND
BERGLAND
GEBIRGE
HOCHGEBIRGE
WÜSTE
KADESCH
ORONTES
SCHABTUNA
ARNAJIM
KUN
LEBO-HAMATH
HADERA
APUM/DAMASKUS
ABANA
ANTILIBANON
BASAN
QENAT
ABEL
BEROTAI
HASI
CHASCHABU
PARPAR
RAFON
ASCHTAROTH
EN-ANAB
TOB
BEZER
RAMOT-GILEAD
JARMUK
SUMUR
ARKA/ARQAT
ULLASA
ARDATA
MIGDAL
KUMIDI
BEKAEBENE
HERMON
LAJISCH/DAN
ABEL-BETH-MAACHA
GOLAN
KEDESCH
HAZOR
KINNERET
ADAMIM
SCHEMESCH-EDOM
BETH-JERACH
JABESCH
JABBOK
LIBANON
BATRUNA
BOTRYS
GEBAL/BYBLOS
HUNDSFLUSS
BEIRUT
IJJON
SIDON
MEROM
ABEL
GALILÄA
JANOAM
GHOR
BETH-SCHEAN
PEHEL/PELLA
GILEAD
ZAPHON
SUKKOT
ZARETAN
REHOB
ZOR
ANAHARAT
SUNEM
TAANACH
GINA
JIBLEAM
EPHRAIM
SICHEM
SILO
HANNATON
SHIMON
OPHFI
JESREEL
LITANI/LEONTES
USU
ZOR/TYRUS
BETH-ANAT
TAPHNITH
JATTIR
REHOB
ACHSIB
JOQUERET
BETH-SCHEMESCH
AKKO
MISCHAL
AKSAPH
GEBA-SCHEMEN
HELKATH
JOKNEAM
MEGIDDO
KARMEL
DOR
ZEFAT
ARUNA
MIGDAL
GAT
JEHEM
SOCHO
APHEK
GAT-RIMMON
JAPHO/JOPPE

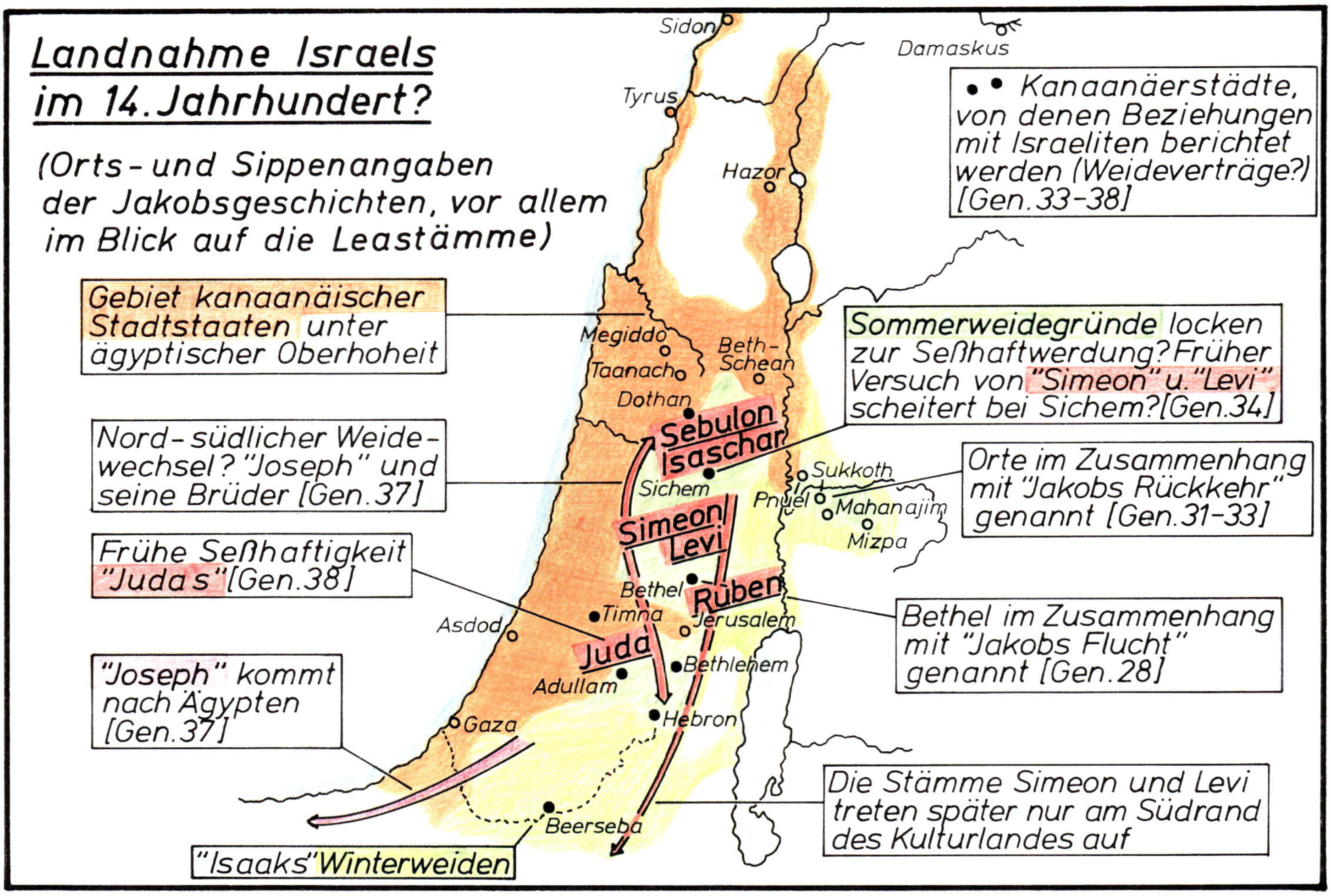


**Landnahme Israels im 14. Jahrhundert v. Chr.**

Die Kapitel 26-38 der Genesis enthalten eine Reihe von Berichten und Einzelangaben, die sich der geistlichen Auslegung spröde widersetzen, die aber möglicherweise in der **Landnahmegeschichte** Israels eine **Lücke** etwa im 14. Jahrhundert ausfüllen. Wieder treten Einzelpersonen, Isaak, Jakob und seine Söhne, an die Stelle von Großsippen und späterer Stämme Israels.

Zunächst fällt auf, daß sich Ortsangaben in der Patriarchengeschichte nach dem Tod Abrahams immer stärker **von Süden nach Norden** verlagern. **»Isaak«** tritt im Raum **Beerseba-Hebron** auf (Gen. 26), **»Jakob«**, abgesehen von seinem Aufenthalt in Haran und seiner Rückkehr über das Ostjordanland (Gen. 28-33), im Raum **Bethlehem-Bethel-Sichem** (Gen. 34-35). Seine **»Söhne«** treffen wir in der frühen Josephsgeschichte noch nördlicher bei **Dothan** (Gen. 37). Wahrscheinlich spiegelt sich hier ein immer stärkeres Eindringen israelitischer Beduinen ins Kulturland wider. Im regenarmen Sommer werden sie Weideverträge mit einzelnen Kanaanäerstädten geschlossen haben. Im regenreicheren Winter kehrten sie dann nach Süden zurück.

Die nächste Phase wären dann Versuche, im Kulturland seßhaft zu werden. Voraussetzung war ein friedliches Einvernehmen mit den Einheimischen. An solchen Versuchen scheint vor allem eine Gruppe der »Jakobstämme« beteiligt gewesen zu sein, die **»Lea-Söhne« Ruben, Simeon, Levi, Juda, Isaschar** und **Sebulon.** Am ehesten mag **Juda** dieser Versuch geglückt sein, er siedelte auch in größter Nähe der alten Winterweiden (Gen. 38 kann so interpretiert werden). **Simeon** und **Levi** müssen bei demselben Versuch in der Nähe **Sichems** gescheitert sein (Gen. 34, die Dinageschichte). Sie erholten sich, offensichtlich schwer geschwächt, nie wieder von ihrem Rückzug in den Süden. Die **übrigen Lea-Stämme** scheinen erfolgreicher gewesen zu sein, wenn man ihre späteren Stammesgebiete mitberücksichtigt.

Bei dieser Wanderbewegung ist es den Israeliten höchstens gelungen, in Randgebiete kanaanäischer Stadtstaaten einzudringen, und auch das nur durch **friedliche Verträge.** Die Kanaanäer blieben vorläufig die Herren.

# Stammväter Israels und verwandter Völker

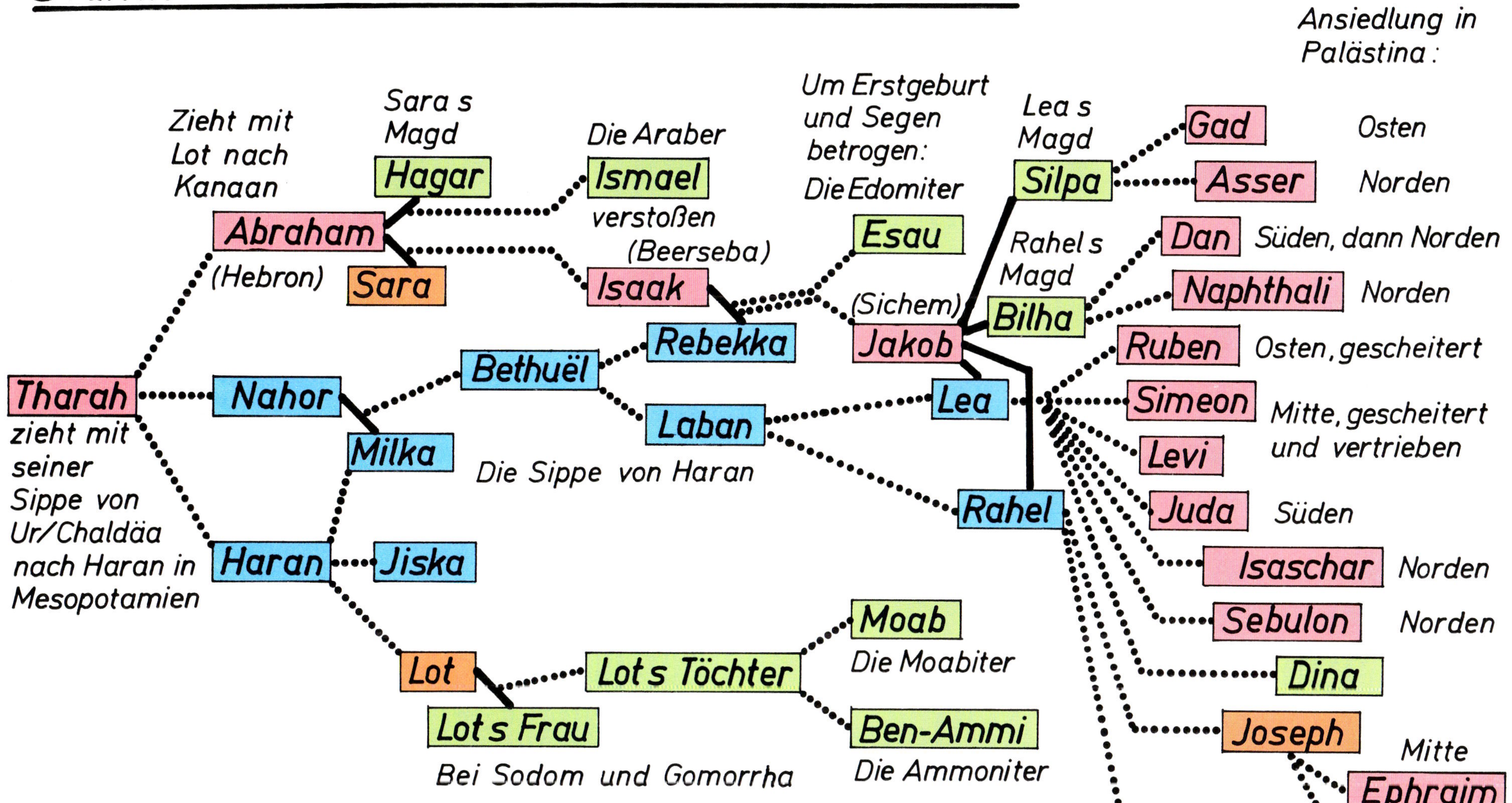


Bekanntlich spiegeln sich in Abstammungs- und Verwandtschaftslisten alter Völker die Schicksale und Beziehungen von Sippen, Volksgruppen und Völkern wider. Unter diesem Gesichtspunkt ist es reizvoll, die Stammesliste Abrahams auf ihre ätiologische Bedeutung abzufragen. So wird der Gegensatz nichtseßhaft werdender und seßhaft gewordener Beduinen bei »Esau« und »Ismael« ausgedrückt. Die Verbindung mit den Aramäern zeigt sich an den Verwandtschaftsbanden mit Haran, die mit den östlichen Beduinenstämmen an den Lot-Enkeln. Der Versuch, die Jakobsfrauen einzelnen Einwanderergruppen israelitischer Stämme zuzuordnen, muß erlaubt sein, diese Zuordnung ist aber natürlich nicht zu beweisen.

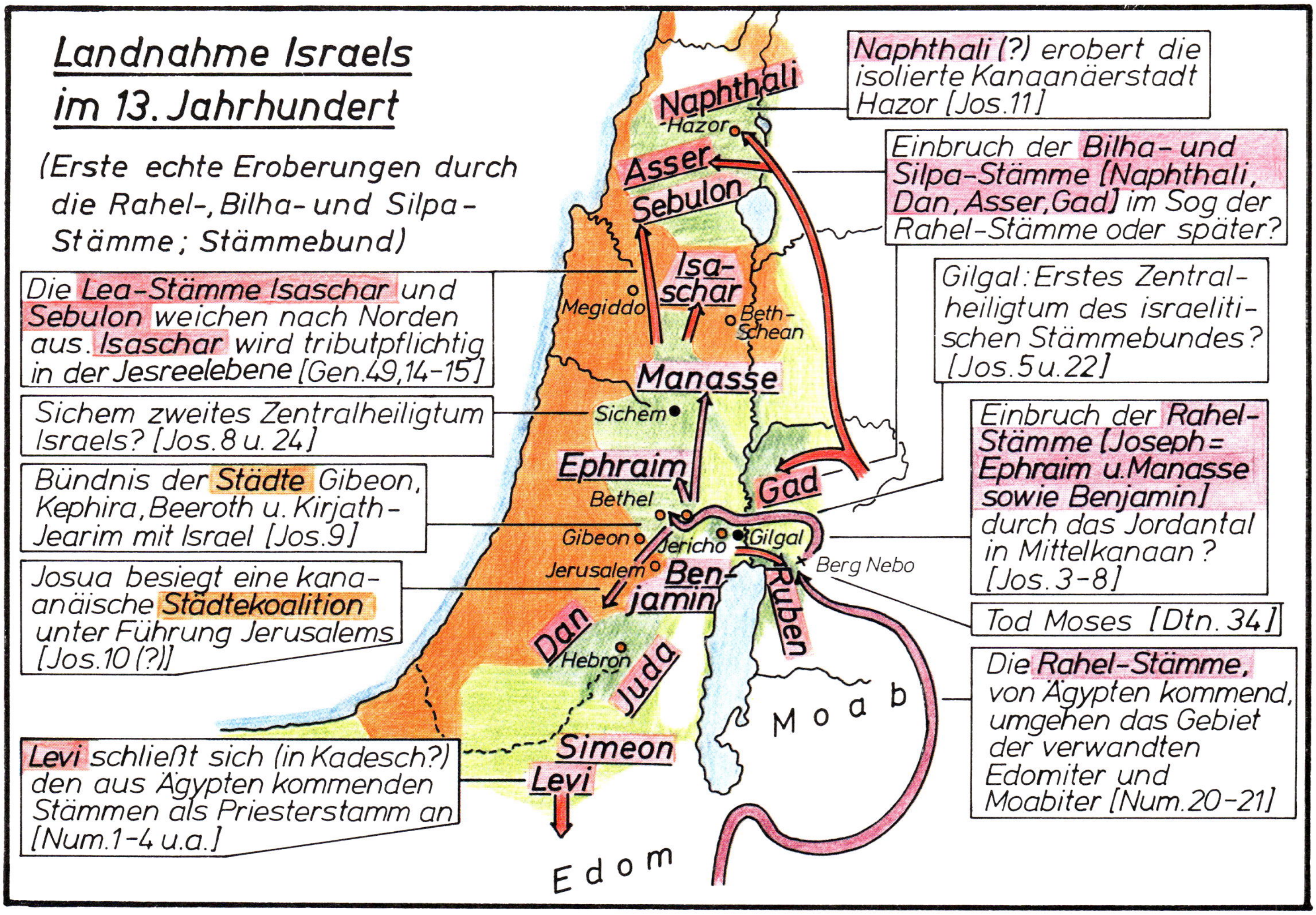


Landnahme Israels im 13. Jahrhundert v. Chr.

Meist spricht man bei Israel erst im 13. Jahrhundert von »Landnahme«. Jetzt wurde in der Tat Land mehr oder weniger mit Gewalt weggenommen. Damit kam aber nur eine größere Bewegung zu ihrem vorläufigen Abschluß.

Im Josua-Buch wird die Eroberung Palästinas durch die von Ägypten heimkehrenden Israeliten unter ihrem Feldherrn Josua geschildert. Es fällt auf, daß hierbei vorwiegend die **Söhne der Rahel,** der jüngeren Lieblingsfrau Jakobs, beteiligt gewesen zu sein scheinen. **Joseph,** der »nach Ägypten Verkaufte«, hatte sich in zwei Stämme gegliedert, **Ephraim und Manasse.** Den jüngeren (kleineren) **Benjamin** bringt er mit, ebenso wohl den abgesprengten Stamm **Levi** aus der Wüste, der aber nicht erbberechtigt war, sondern priesterliche Funktionen hatte. Dies könnte bedeuten, daß es »Levi« war, der die Patriarchen-Traditionen der alten **Lea-Stämme** mit den Auszug-Sinai-Traditionen der jüngeren **Rahel-Stämme** verknüpfte und damit die Voraussetzungen schuf für eine »Amphiktyonie«, einen sakralen **Stämmebund** einheimischer und neu zugewanderter Stämme, die gemeinsam Jahwe anbeten und (in **Gilgal** und **Sichem**?) erste gemeinsame Heiligtümer hatten.

Unter Umgehung stammverwandter Edomiter und Moabiter brachen die **Rahel-Stämme** von Osten her in Kanaan ein und besetzten, teils mit Gewalt, teils nach Verträgen, das Mittelstück des Landes, das **Simeon und Levi** einst hatten wieder verlassen müssen. **Sebulon und Isaschar** wichen den Eindringlingen nördlich aus, dabei geriet **Isaschar** in der Jesreelebene wohl in kanaanäische Halbsklaverei. Ungefähr gleichzeitig müssen die **Bilha- und Silpa-Stämme (Gad, Naphthali, Asser** und **Dan)** ins Land gekommen sein. Über ihre Herkunft wissen wir fast nichts. Ihnen gelang vor allem in Galiläa und um **Hazor,** was den Joseph-Stämmen um **Bethel** und **Sichem** gelungen war: sich festzusetzen. An den mit Kriegswagen verteidigten Städtegruppen der Kanaanäer in den fruchtbarsten Ebenen scheiterten die Israeliten vorläufig.

# *Kain, die Keniter und die Rechabiter*

| | |
|---|---|
| **Kain** | Die Geschichte von Kain und Abel ist sicher aus einer Stammesgeschichte der Keniter entstanden. Manche jetzt negativen Züge waren ursprünglich positiv gemeint! |
| Henoch | "Soll ich meines Bruders Hüter sein?" (Gen.4,9): Unabhängigkeit im Verband der israelitischen Stämme? |
| Irad | "Unstet und flüchtig sollst du sein" (Gen.4,12): Festhalten am Nomadentum nach der Landnahme? |
| Mahujaël | "Der Acker soll dir sein Vermögen nicht geben" (Gen.4,12): Mißglückter Landnahmeversuch der Keniter? |
| Methusaël | |
| **Lamech** | "Kain soll siebenmal gerächt werden, aber Lamech siebenundsiebzigmal" (Gen.4,24): Blutrache? |
| ∞ Zilla ∞ Ada | Frauen und Kinder Lamechs (Gen.4,2o-22): |
| Jabal | "Von ihm stammen, die in Hütten wohnten und Vieh zogen" |
| Jubal | "Von ihm stammen die Geiger und Pfeifer" |
| Thubalkain | "Meister in allerlei Erz- und Eisenwerk" Sowohl das Musikantentum als auch die Geheimnisse der Erzverhüttung sind heute noch bei vielen Völkerschaften im Nomadentum zu Hause - vgl. die Zigeuner! |
| **Reguël** | Priester in Midian mit sieben Töchtern (Ex.2,18) |
| Zippora | Frau Moses bei seinem Aufenthalt in Midian |
| Hobab | Zieht mit Israel ins Land Kanaan (Num.1o,29) "Die Nachkommen des Keniters Hobab, mit dem Mose verschwägert war, zogen herauf aus der Palmenstadt mit den Männern von Juda in die Wüste Juda, die im Süden von Arad liegt, und gingen hin und wohnten mitten unter dem Volk" |
| **Heber** | "...war von den Kenitern, dem Geschlecht Hobabs, weggezogen und zeltete bei Kedesch" (Ri.4,11) |
| ∞ Jaël | Frau Hebers, tötet den Sisera nach seiner Niederlage gegen Barak und Debora (Ri.4,17-22; 24-27) |
| Hammath | Keniter und Stammvater der Rechabiter (1.Chr.2,55) Diese Angabe stammt zwar aus einer sehr späten Zeit, ist also historisch nicht sicher, doch läßt das Verhalten der Rechabiter sie als möglich erscheinen. |
| **Rechab** | |
| **Jonadab** | Sohn Rechabs, hilft Jehu, das Königsgeschlecht des Ahab und den Baalskult in Israel auszurotten. Hält sich also offenbar für einen besonders treuen Jahweanhänger, obwohl er dem Volksverband nicht angehört (2.Kön.1o,15-28). |
| Habazzinja<br>Jeremija<br>Jaasanja | Die Sippe der Rechabiter bildet zur Zeit des Propheten Jeremia eine Sondergemeinschaft in Judäa unter strengen Regeln aus Vorväterzeiten: "Unser Vater Jonadab, der Sohn Rechabs, hat uns geboten: Ihr und eure Nachkommen sollt niemals Wein trinken und kein Haus bauen, keinen Samen säen, keinen Weinberg pflanzen noch besitzen, sondern ihr sollt in Zelten wohnen euer Leben lang, auf daß ihr lange lebet in dem Lande, in dem ihr umherzieht" (Jer.35,6f). Die nomadische Lebensweise ist also überliefertes Gesetz, wohl, damit die Rechabiter als Jahweanhänger den Fruchtbarkeits- und Baalskulten entgingen, die mit der Seßhaftigkeit der Stämme Israels aufgenommen worden waren. |

**Geschichte des Vorderen Orients** Tafel 4a

| Zeit | Ägypten und Umkreis Palästinas | Kanaan, israelitische Staaten |
|---|---|---|
| 112o | Ramses X? — Philisterherrschaft in der Küstenebene Palästinas | Zeit der "Kleinen Richter" in Israel. Genannt werden: Tola aus Manasse, Jair aus Gilead, |
| 111o | Ramses XI 1112-1o85? | **Ibzan aus Juda?** Elon aus Sebulon, Abdon aus Ephraim. |
| 11oo | Um 11oo Hauptstadt nach Theben verlegt | Jurisdiktionsbereiche bleiben unsicher, Zeitangaben sind unmöglich |
| 1o9o | 21. Dynastie: 1o85-95o Theben: — Um 1o9o Reisebericht des Wen-Amon | Unterdrückung Israels durch die Philister verstärkt sich |
| 1o8o | Tanis: Smendes 1o85-54 — Schwache ägyptische Herrscher, im Süden (Theben) gleichzeitig Hohepriester des Amun | Eli Hoherpriester bei der Bundeslade in Silo. |
| 1o7o | Herikor ab 1o85 | Jugend Samuels |
| 1o6o | | Schlacht bei Aphek, Niederlage Israels. Verlust der Bundeslade, |
| 1o5o | Psusennes I 1o54-o9 | Silo zerstört, Israel von den Philistern entwaffnet. Eisenmonopol verhindert |
| 1o4o | Pianchi I | heimliche Wiederbewaffnung |
| 1o3o | Pinodjem I | Samuel Richter in Israel. Lokale Erfolge gegen die Philister? |
| 1o2o | Aufstand in Theben — Ammoniter bei Jabesch, Philister bei Michmas von Saul besiegt | Saul König in Israel 1o12-o4? |
| 1o1o | Menechpere; Amenemitut Amenemope 1oo9-oo — David Söldnerführer, teils bei Philistern | Krieg mit Philistern und Amalekitern. Tod Sauls bei Gilboa — Juda bleibt abseits |
| 1ooo | Siamon 1ooo-984 | David König 1oo4-965? Erst in Hebron, dann |
| 99o | Siege Davids bei Jerusalem über die Philister. | nach Beseitigung des Ischbaal und Eroberung Jerusalems Regierung in ganz Israel |
| 98o | Psusennes II 984-5o? — Entmachtung der Moabiter, Ammoniter, Edomiter, deren König Hadad nach Ägypten flieht | Aufstände Absaloms und Schebas |
| 97o | Pinodjem II bis 95o | Schwere Auseinandersetzungen um Davids Thronfolge. **Adonia** und Teil der Hofclique ausgeschaltet durch Nathan und Bathseba |
| 96o | Handelsbeziehungen Salomos bis nach Südarabien | Salomo König 965-26? Starke Bautätigkeit, Tempelbau. |
| 95o | 22. Dynastie: 945-73o (Bubastiden) | Grenzstädte mit Streitwagen belegt. Salomo gibt aber Herrschaftsansprüche Davids auf. |
| 94o | Scheschonk I (Sisak) 945-24 — Gegner Salomos suchen Schutz in Ägypten (Jerobeam) | Harte Fronlasten für Israeliten führen zur Entfremdung der beiden Teile des Reichs |
| 93o | Sisaks Beutezug nach Palästina 925 (Liste eroberter Städte in Karnak) | Reichsteilung nach Salomos Tod: |
| 92o | Osorkon I 924-895 | Juda (Südreich): Rehabeam 926-1o — Israel (Nordreich): Jerobeam I 926-o7 |

**Geschichte des Vorderen Orients**

Tafel 4b

## Syrien, Norden

Tiglatpilesar I dringt zum Vansee vor

Erster Beutezug bis zum Mittelmeer

Aramäer um Palmyra (Aram Naharaim) erstarken und greifen die Assyrer an

Blütezeit der aramäischen und phönizischen Stadtstaaten
(Soba, Beth-Rehob, Maaka, Gesur, Tob, Hamath, Byblos, Tyrus, Damaskus)

Weitere aramäische Angriffe auf Assyrien

Im leeren Raum zwischen schwacher ägyptischer und schwacher assyrischer Macht kann Israel neben den Aramäerstaaten ein beachtliches Großreich aufbauen

Hadadeser von Soba und andere aramäische Staaten im südlichen Syrien werden David tributpflichtig

Verträge mit Tyrus. Hiram 959-36 hilft Salomo beim Tempelbau

Salomo verliert die syrischen Gebiete bis zum Jarmuk

Rezon erobert um 95o Damaskus

Hiram von Tyrus erhält Gebiete um Kabul in Galiläa

Benhadad I von Damaskus bis 875

## Assyrien

Assur-resch-ischi I 113o-13

Tiglatpilesar I 1112-1o74
Kurzzeitiges Erstarken Assyriens

Ninurta-apal-ekur II
Assur-bel-kala 1o74-53?
Auf das Stammland beschränkt

**Eriba-Adad II** 1o53-48?

**Schamschi-Adad IV** 1o48-43?

Assur-nasirpal I 1o43-25?

Salmanassar II 1o25-14?

Assur-nirari IV 1o14-o9?

Assurabi II 1oo9-968?
Assyrien spielt keine politische Rolle

Assur-resch-ischi II 968-63?

Tiglatpilesar II 963-32
Assyrien weiterhin schwach

Assur-dan II 932-12
Wiedererstarken Assyriens

## Babylonien

Nebukadnezar I 1136-13

Marduk-nadin-ach 1113-1o89?

Schwache assyrische Vasallen der 2. Dynastie von Idin

**Chaldäische** Aramäer erobern die Gebiete um die Mündung von Euphrat und Tigris

2. Dynastie des Meerlands 1o38-17 (3 Könige)

Dynastie von Bassu 1o16-996 (3 Könige, wieder als Vasallen Assyriens)

Elamiterkönig 996-91

Dynastie "H" 22 Könige 99o-732

Schamasch-mudammik 941-o1?
Versuch, die Selbständigkeit zurückzugewinnen, scheitert

## Zeit

112o, 111o, 11oo, 1o9o, 1o8o, 1o7o, 1o6o, 1o5o, 1o4o, 1o3o, 1o2o, 1o1o, 1ooo, 99o, 98o, 97o, 96o, 95o, 94o, 93o, 92o

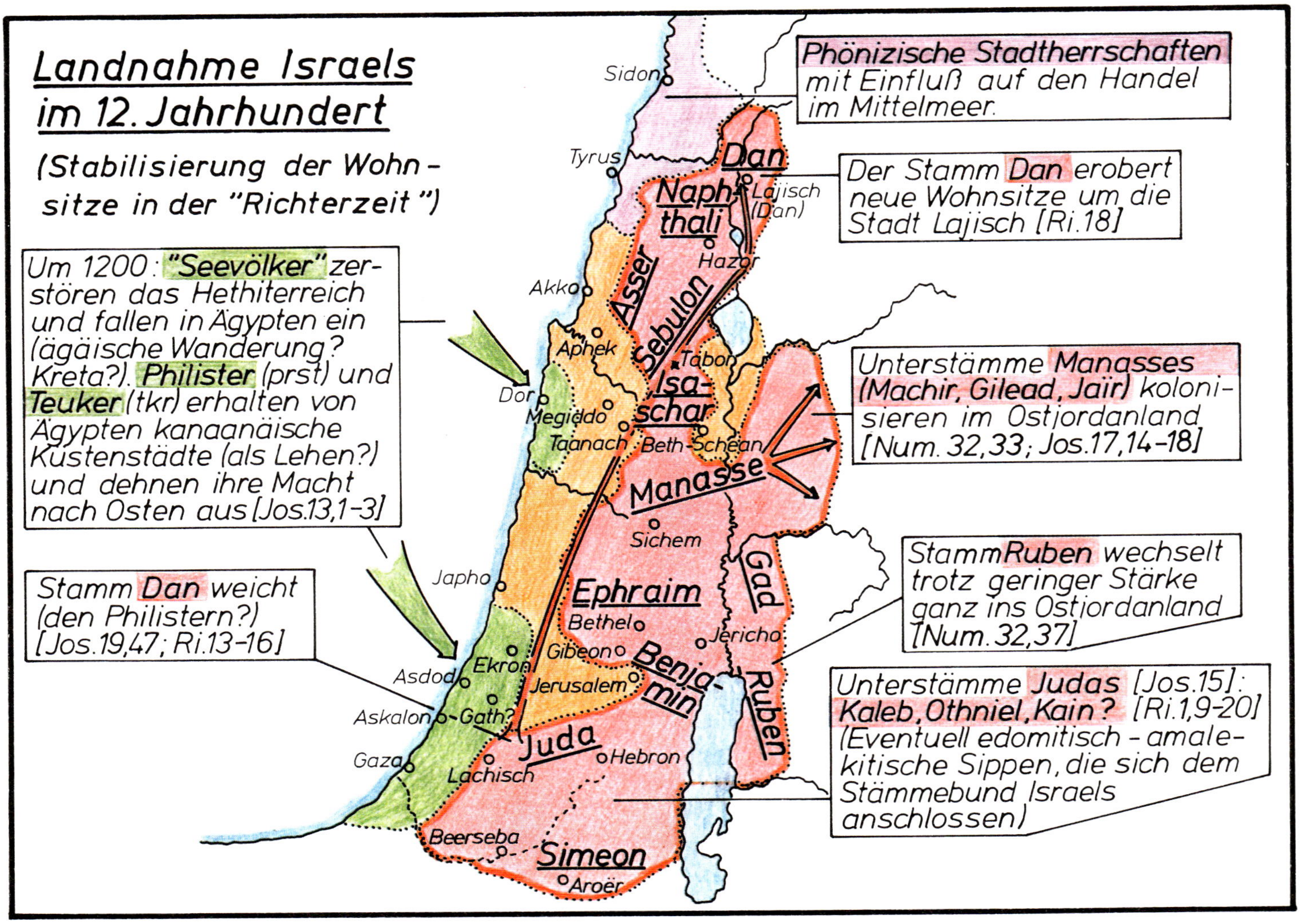


**Landnahme Israels im 12. Jahrhundert v. Chr.**

Das 12. Jahrhundert, Zeit der frühen Richtergestalten, bringt im Siedlungs- und Landnahmegeschehen Kanaans nur noch wenige Veränderungen. Drei Stämme Israels geraten in Bedrängnis und suchen nach Auswegen.

Am radikalsten und erfolgreichsten gelingt dies dem Stamm **Dan,** der die ursprünglichen Wohnsitze am Westabfall des Gebirges Juda nicht halten kann. Die **Simson**-Geschichten berichten zunächst noch von einem sicher idealisierten Kleinkrieg gegen die »Philister«. Schließlich wandert der ganze Stamm quer durch Mittel- und Nordpalästina in die Gegend der Jordanquellen, erobert die Kanaanäerstadt **Lajisch** und erwirbt damit nicht nur günstiges Siedlungsland, sondern auch eine Schlüsselstellung an der Handelsstraße zwischen Phönizien und Aram/Damaskus. Diese nützt er wahrscheinlich zur Straßenräuberei (vgl. Gen. 49, 17 und Dtn. 33, 22).

**Isaschar** beugt sich vorläufig der Übermacht der Kanaanäerstädte in der fruchtbaren Jesreel-Ebene. Wie hart die Fronsklaverei in der ersten Zeit empfunden wird, wissen wir nicht (vgl. Gen. 49, 14-15).

Unklar ist, aus welchem Grund der Stamm **Ruben** ins Ostjordanland ausweichen muß und dadurch die Führungsstellung (Erstlingsschaft) unter den Lea-Stämmen einbüßt (Gen. 49, 3-4 und Dtn. 33, 6).

Dagegen gelingt es dem Halbstamm **Manasse,** dessen ursprüngliches Gebiet durch die Kanaanäerstädte im Westen und im Jordantal beengt ist, durch Kolonisation weit ins Ostjordanland auszugreifen.

Die Konsolidierung der Israeliten im Kulturland, verbunden mit gelegentlichen Erfolgen gegenüber den Kanaanäern, wird in diesem und dem folgenden Jahrhundert bedroht. Nachdrängende **Beduinen aus dem Osten** müssen abgewehrt werden. In der **Küstenebene** ersteht ein neuer, gefährlicher Gegner. Um sie vom ägyptischen Staatsgebiet abzulenken, überlassen die Ägypter den weitesten Ausgreifern unter den »Seevölkern« der ägäischen Wanderung (?), den **Philistern** und ihren Verwandten, kanaanäische Küstenstädte in Palästina, von wo aus sie in Zukunft zur Hauptgefahr für Israel werden (vgl. Jos. 13, 1-3).

## Die Richterzeit in Israel

Unsere Karte beschreibt Israel zu einer Zeit, über die das Buch der »Richter« berichtet. Das Volk hat sich in Kanaan niedergelassen und ist dabei, seine Wohnsitze zu sichern. Dabei gerät es mehrmals in bedrohliche Situationen, da ihm andere landnehmende Völker seinen Lebensraum streitig machen. Diese Bedrohungen werden im Richterbuch als Folgen des Ungehorsams gegenüber Ordnungen Jahwes gedeutet, die Retter als Heilande in dessen Auftrag.

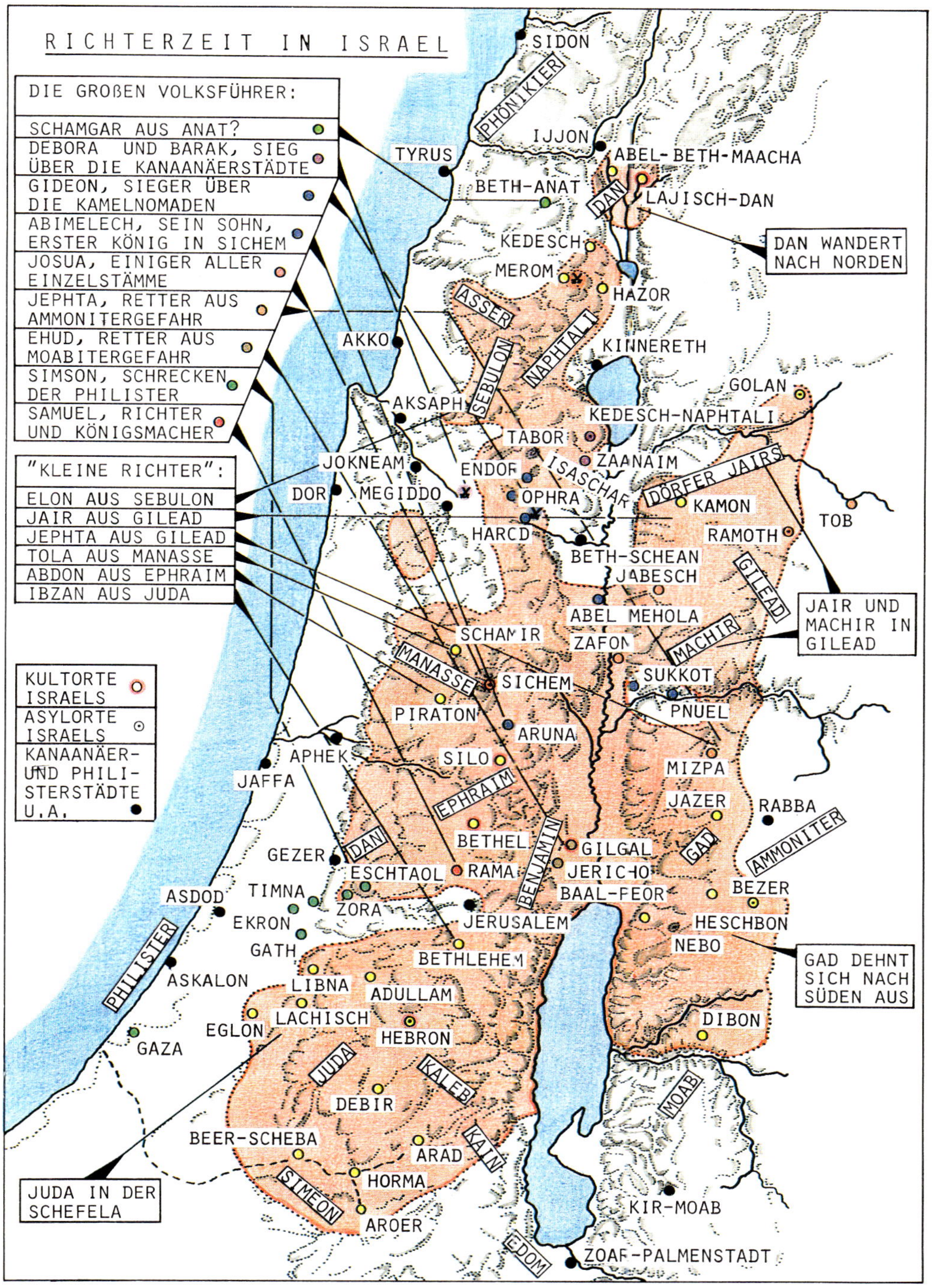


**Ehud** aus Benjamin beendet eine Invasion der **Moabiter** durch Ermordung ihres Königs **Eglon** (Ri. 3).

**Barak** und **Debora** besiegen, von einem Gewittersturm unterstützt, mit ihrem Bauernaufgebot eine Koalition **kanaanäischer Städte** unter **Sisera** und entlasten dadurch den unterdrückten Stamm **Isaschar** (Ri. 4-5).

**Gideon** vertreibt die in den Norden Israels eingedrungenen **Midianiter** mit einem geringen Aufgebot (Ri. 6-8).

Sein Sohn **Abimelech** versucht, mit kanaanäischer Hilfe ein Königtum zu errichten, scheitert aber (Ri. 9).

**Jephta** besiegt im Ostjordanland die **Ammoniter** (Ri. 11-12).

Ins Reich der Fabel sind Einzelheiten der Heldentaten **Simsons** gegen die **Philister** zu verweisen (Ri. 14-16).

**Samuel** ist Richter in Rama, gilt als Prophet und bestimmt Saul und David zu Königen (1. Sam. 1-25).

In unserer Karte sind alle Richter und ihre Wirkungsorte eingetragen, ferner die Kult- und Asylorte der verschiedenen Stämmegruppen Israels sowie Kanaanäer- und Philisterstädte.

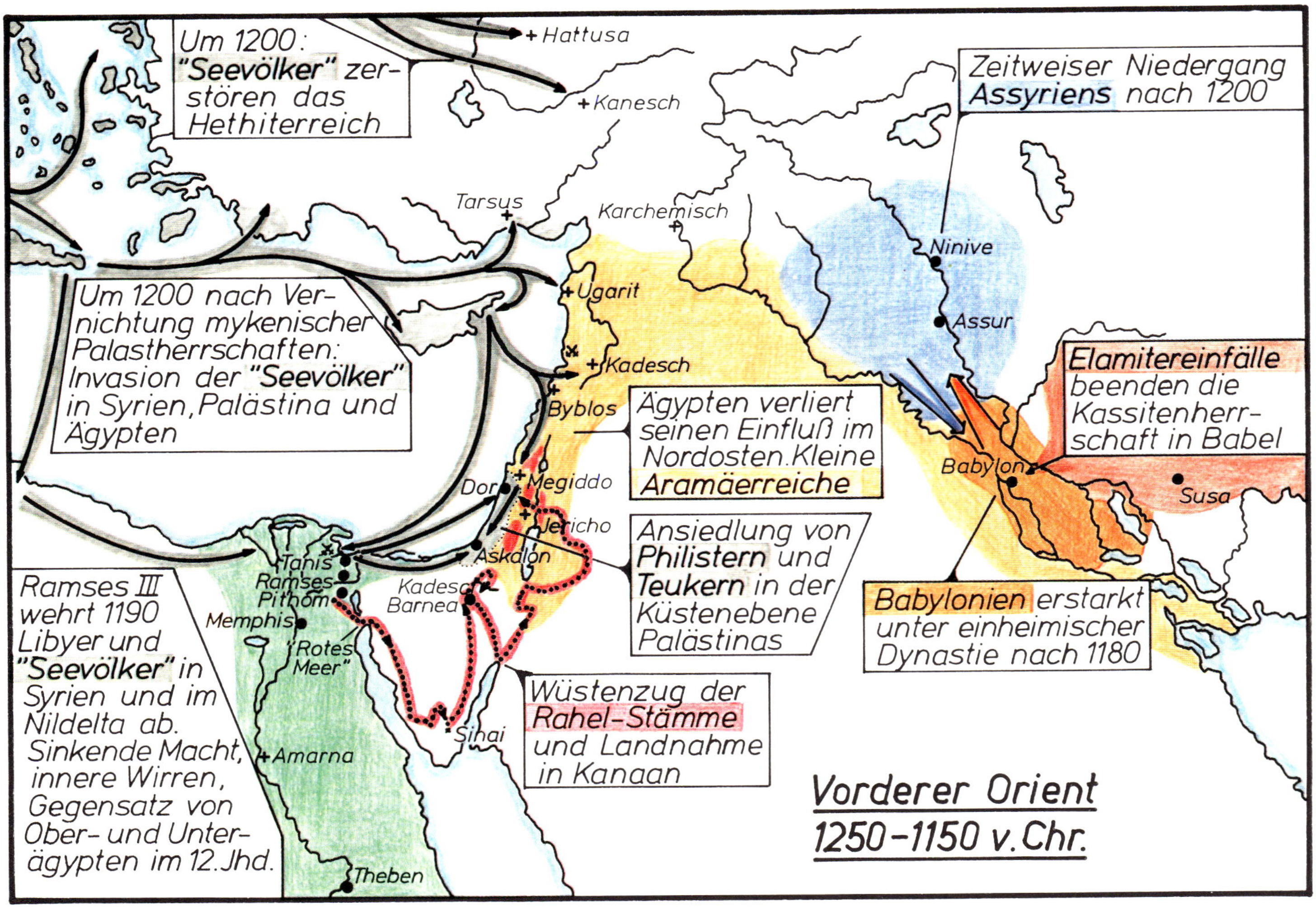


**Vorderer Orient zwischen 1250 und 1150 v. Chr.**

Um 1200 tritt eine neue Kraft in die Welt des Vorderen Orients ein, die das Kräftespiel für einige Zeit grundlegend verändern wird. Wer die **»Seevölker«**, die plötzlich die Küsten des östlichen Mittelmeers unsicher machen, eigentlich sind, darüber streiten sich die Gelehrten. Ihr Aufbruch scheint durch eine Wanderbewegung ausgelöst worden zu sein, die ihren Ursprung auf dem Balkan hat. Zunächst bereiten sie den zahlreichen Palastreichen der **Mykener** ein Ende, dann fällt ihnen das mächtige **Hethiterreich** zum Opfer. Sie erscheinen zu See und Land in **Syrien,** wo sie blühende Handelszentren vernichten, und schließlich greifen sie, vielleicht im Bündnis mit den **Libyern,** das **ägyptische Mutterland** selbst an. Der tüchtige **Ramses III** kann sie zwar in zwei gewaltigen Schlachten abwehren, aber sein Sieg ist keineswegs vollständig.

So siedeln sich **Philister** und **Teuker** an der Küste Palästinas an und bilden eine Koalition von Stadtstaaten, vermutlich mit Duldung oder auf Geheiß der Ägypter selbst, die in der Folgezeit eine Schwächeperiode erleiden. Für die Geschichte Israels ist dies natürlich entscheidend wichtig.

Zur gleichen Zeit setzt eine lebhafte **Landnahmewelle der Aramäer** und anderer Semiten ein, unter denen uns vor allem **Israel** interessiert. Seine stärksten Stämme brechen nach langer Wüstenwanderung unter Josua in Kanaan ein. Aber auch in Syrien und Mesopotamien bilden sich semitische Kleinstaaten auf dem Boden früher ägyptischer, hethitischer und assyrischer Gebiete.

**Assyrien** erlebt nach einigen Erfolgen über die **Kassiten** eine Periode des Niedergangs, während sich **Babylonien** von einer kurzzeitigen **Elamiter**herrschaft unter der Dynastie von Idin befreit und sogar Assur unterwirft.

Insgesamt muß man festhalten, daß der Seevölkereinbruch in Kanaan ein Machtvakuum hinterlassen hat, das es den Israeliten später ermöglichen wird, zur Staatenbildung zu gelangen.

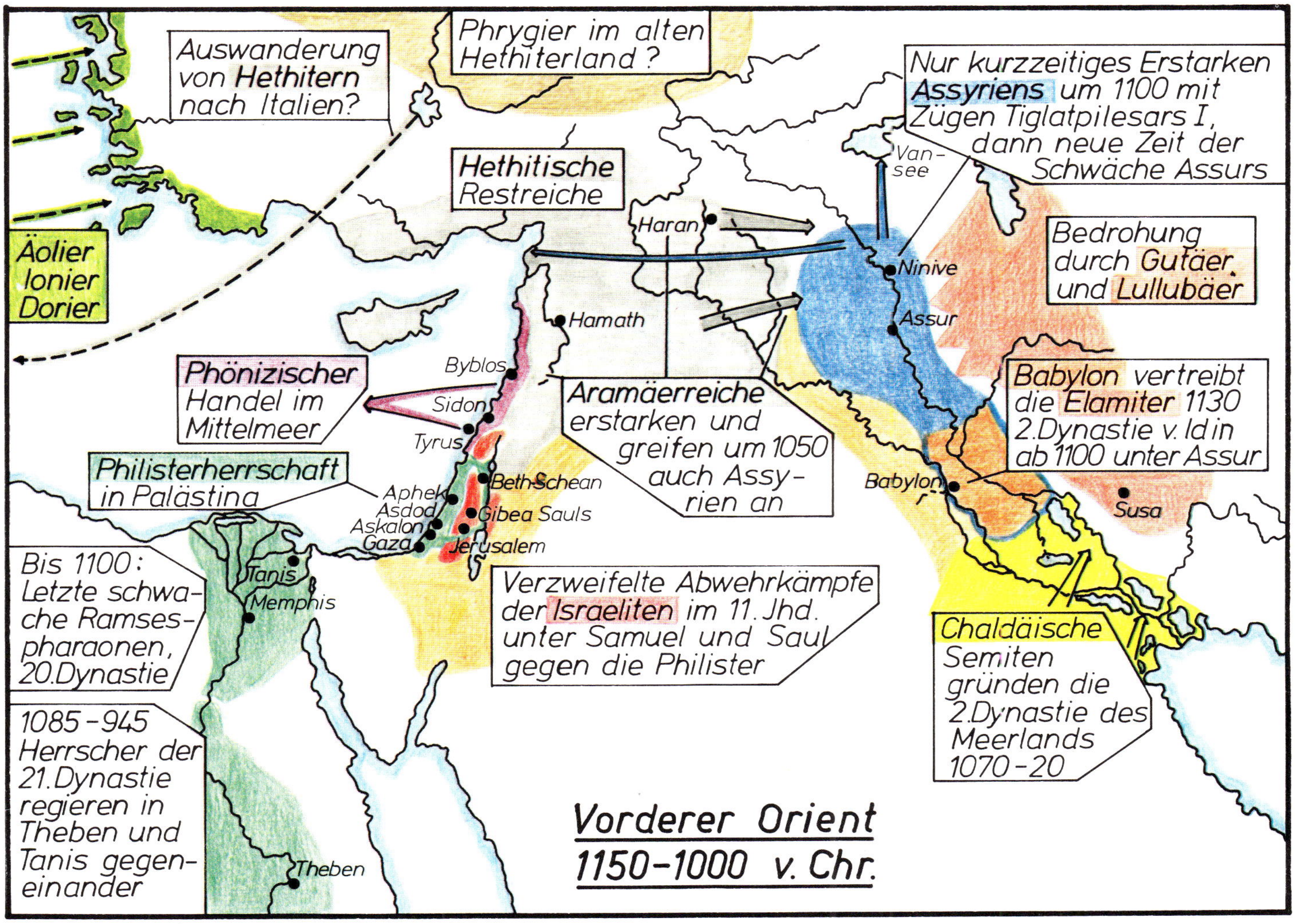


**Vorderer Orient zwischen 1150 und 1000 v. Chr.**

Nicht nur die **Israeliten** bezogen in der Zeit vor 1000 feste Wohnsitze im Kulturland und gelangten schließlich zur Staatenbildung. Ihre Seßhaftwerdung steht im Gesamtzusammenhang mit einer breiten **semitisch-aramäischen Kulturlanderoberung** im ganzen »Fruchtbaren Halbmond«. Diese traf aber auf weitere, **nichtsemitische Kleinreiche** wie die Philister, Phönizier und Neuhethiter, mit denen die Eroberer sich ebenso auseinandersetzen mußten wie mit den seitherigen alten Flußkulturen.

Kleinstaaten bildeten sich im Vorderen Orient immer in Zeiten eines Machtvakuums. Ägypten und Assyrien/Babylonien zeigten jahrhundertelange Perioden der Schwäche. **Ägypten** lebte zur Zeit der 21. Dynastie unter schwachen Pharaonen und starkem Priestereinfluß im Streit zwischen **Tanis** und **Theben. Assur** hatte zwar unter **Tiglatpilesar I** einen kurzen Aufschwung genommen, und dieser war in Kriegszügen bis ans Mittelmeer und zum Vansee vorgestoßen. Dann aber erfuhr das Reich einen inneren Zerfall, der auch **Babylonien** einschloß, obgleich dieses die **Elamiter** vertrieben hatte.

So brachen semitische **Chaldäer** in die Flußmündung ein und legten den Grundstein für ein späteres Großreich. Reste **hethitischer** Kleinreiche und **nordaramäische** Staaten wie das in der Bibel genannte Aram Naharaim bedrängten Assur von Westen. Die Küstenstädte der **Phönizier** begannen den Handel im Mittelmeer zu beherrschen (Wen-Amon-Bericht!). Neben Israeliten setzten sich auch **Ammoniter, Moabiter, Edomiter** und andere Semiten am Rand des Kulturlands fest. In Kleinasien begann die griechische Kolonienbildung.

Am erfolgreichsten im Umkreis Kanaans waren zunächst die **Philister,** die im Bündnis mit alten Kanaanäerstädten Israel zeitweilig fast versklavten. Dies führte zum Entschluß der Einzelstämme, das mehr charismatische **Richteramt** durch ein festes **Königtum** zu ergänzen. Aber auch dem ersten König, **Saul,** gelangen nur kleinere Teilerfolge. Eine schwere Niederlage beendete seine Regierung.

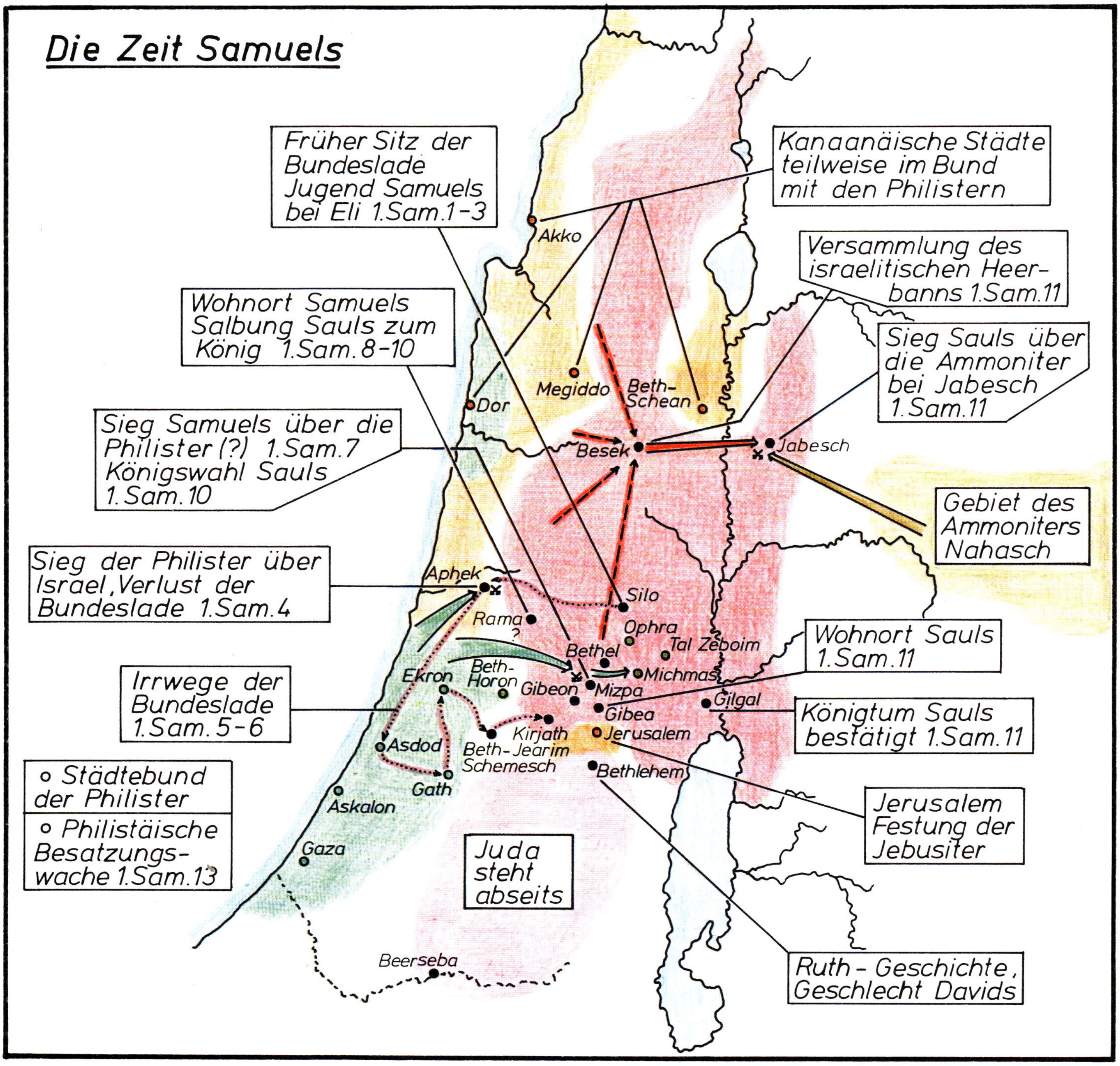


## Die Zeit Samuels und die Wahl Sauls zum König

In die spät-richterliche Zeit fällt die schwerste Bedrohung Israels. Die **Philister** haben sich in der Küstenebene festgesetzt und versuchen, sich auch das Bergland zu unterwerfen. Immer wieder dringen ihre Streifscharen vor allem in das Gebiet Ephraims vor und setzen sich als »Wachen« fest.

In einer Schlacht bei **Aphek** geht die bisher in **Silo** untergebrachte **Bundeslade** verloren und kehrt erst auf abenteuerliche Weise zurück (1. Sam. 4-6).

Ob Samuel selbst Teilerfolge gegen die Philister erringt, ist fraglich. Aber er muß, vermutlich unwillig genug, dem Stämmeverband einen **König** als Volksführer geben. **Saul,** in **Rama** gesalbt, wird in **Mizpa** eingesetzt (1. Sam. 8-10). Aber erst nach seinem erfolgreichen Entsatzunternehmen für das von den Ammonitern belagerte **Jabesch** in Gilead kann er sich in **Gilgal** als König bestätigen lassen (1. Sam. 11).

Wie groß Sauls Einfluß auf die Stämme zunächst ist, bleibt unsicher. **Juda** jedenfalls steht unabhängig abseits. **Benjamin,** sein Heimatstamm, **Ephraim, Manasse** und Teile der **Nordstämme** mögen ihm gefolgt sein, als er den Kampf gegen die Philister aufnimmt. **Samuel** macht aus seiner Abneigung gegen das Königtum kein Hehl. Er ist ohnehin eine undurchsichtige Gestalt.

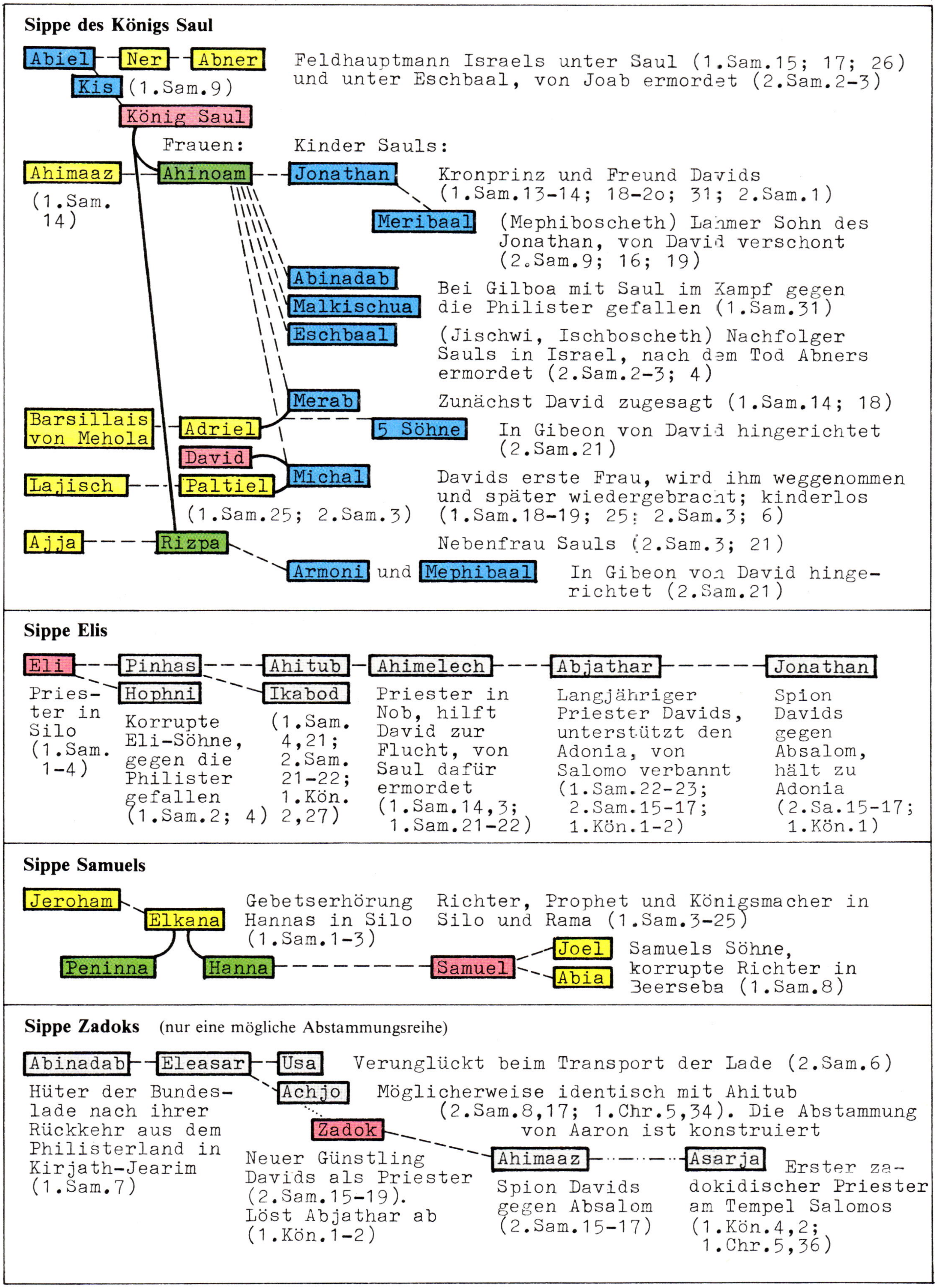
Sippe des Königs Saul
Abiel
Ner
Abner
Feldhauptmann Israels unter Saul (1.Sam.15; 17; 26) und unter Eschbaal, von Joab ermordet (2.Sam.2-3)
Kis (1.Sam.9)
König Saul
Frauen:
Kinder Sauls:
Ahimaaz
(1.Sam. 14)
Ahinoam
Jonathan
Kronprinz und Freund Davids (1.Sam.13-14; 18-2o; 31; 2.Sam.1)
Meribaal
(Mephiboscheth) Lahmer Sohn des Jonathan, von David verschont (2.Sam.9; 16; 19)
Abinadab
Malkischua
Bei Gilboa mit Saul im Kampf gegen die Philister gefallen (1.Sam.31)
Eschbaal
(Jischwi, Ischboscheth) Nachfolger Sauls in Israel, nach dem Tod Abners ermordet (2.Sam.2-3; 4)
Merab
Zunächst David zugesagt (1.Sam.14; 18)
Barsillais von Mehola
Adriel
5 Söhne
In Gibeon von David hingerichtet (2.Sam.21)
David
Michal
Lajisch
Paltiel
Davids erste Frau, wird ihm weggenommen und später wiedergebracht; kinderlos (1.Sam.18-19; 25; 2.Sam.3; 6)
(1.Sam.25; 2.Sam.3)
Ajja
Rizpa
Nebenfrau Sauls (2.Sam.3; 21)
Armoni und Mephibaal
In Gibeon von David hingerichtet (2.Sam.21)
Sippe Elis
Eli
Priester in Silo (1.Sam. 1-4)
Pinhas
Hophni
Korrupte Eli-Söhne, gegen die Philister gefallen (1.Sam.2; 4)
Ahitub
Ikabod
(1.Sam. 4,21; 2.Sam. 21-22; 1.Kön. 2,27)
Ahimelech
Priester in Nob, hilft David zur Flucht, von Saul dafür ermordet (1.Sam.14,3; 1.Sam.21-22)
Abjathar
Langjähriger Priester Davids, unterstützt den Adonia, von Salomo verbannt (1.Sam.22-23; 2.Sam.15-17; 1.Kön.1-2)
Jonathan
Spion Davids gegen Absalom, hält zu Adonia (2.Sa.15-17; 1.Kön.1)
Sippe Samuels
Jeroham
Elkana
Gebetserhörung Hannas in Silo (1.Sam.1-3)
Richter, Prophet und Königsmacher in Silo und Rama (1.Sam.3-25)
Peninna
Hanna
Samuel
Joel
Abia
Samuels Söhne, korrupte Richter in Beerseba (1.Sam.8)
Sippe Zadoks (nur eine mögliche Abstammungsreihe)
Abinadab
Hüter der Bundeslade nach ihrer Rückkehr aus dem Philisterland in Kirjath-Jearim (1.Sam.7)
Eleasar
Usa
Verunglückt beim Transport der Lade (2.Sam.6)
Achjo
Möglicherweise identisch mit Ahitub (2.Sam.8,17; 1.Chr.5,34). Die Abstammung von Aaron ist konstruiert
Zadok
Neuer Günstling Davids als Priester (2.Sam.15-19). Löst Abjathar ab (1.Kön.1-2)
Ahimaaz
Spion Davids gegen Absalom (2.Sam.15-17)
Asarja
Erster zadokidischer Priester am Tempel Salomos (1.Kön.4,2; 1.Chr.5,36)

## Die Großsippe König Davids

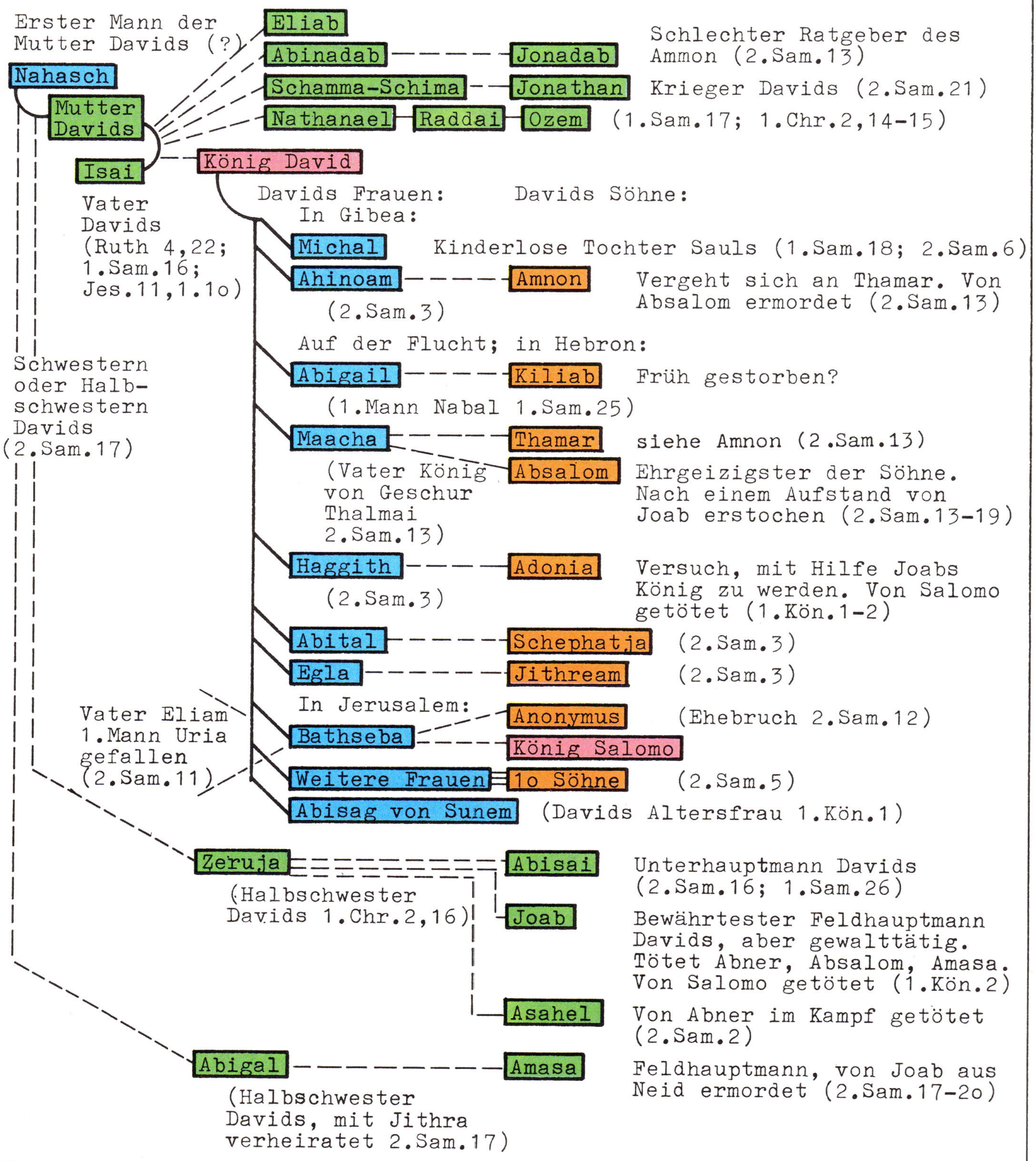


### Ratgeber und andere Freunde Davids

**Benaja** Sohn Jojadas, Führer der Krether und Plether (2.Sam.8; 1.Kön.2)

**Josaphat** Kanzler (2.Sam.8;2o) **Seraja** Schreiber, Historiker? (2.Sam.8)

**Nathan** Hofprophet (2.Sam.7;12) **Gad** Prophet (1.Sam.22; 2.Sam.24)

**Ahithophel** **Huschai** Ratgeber Davids und Absaloms (2.Sam.15-17)

**Abjathar** **Zadok** Oberpriester (1.Sam.22-23; 2.Sam.15-19; 1.Kön.1-2)

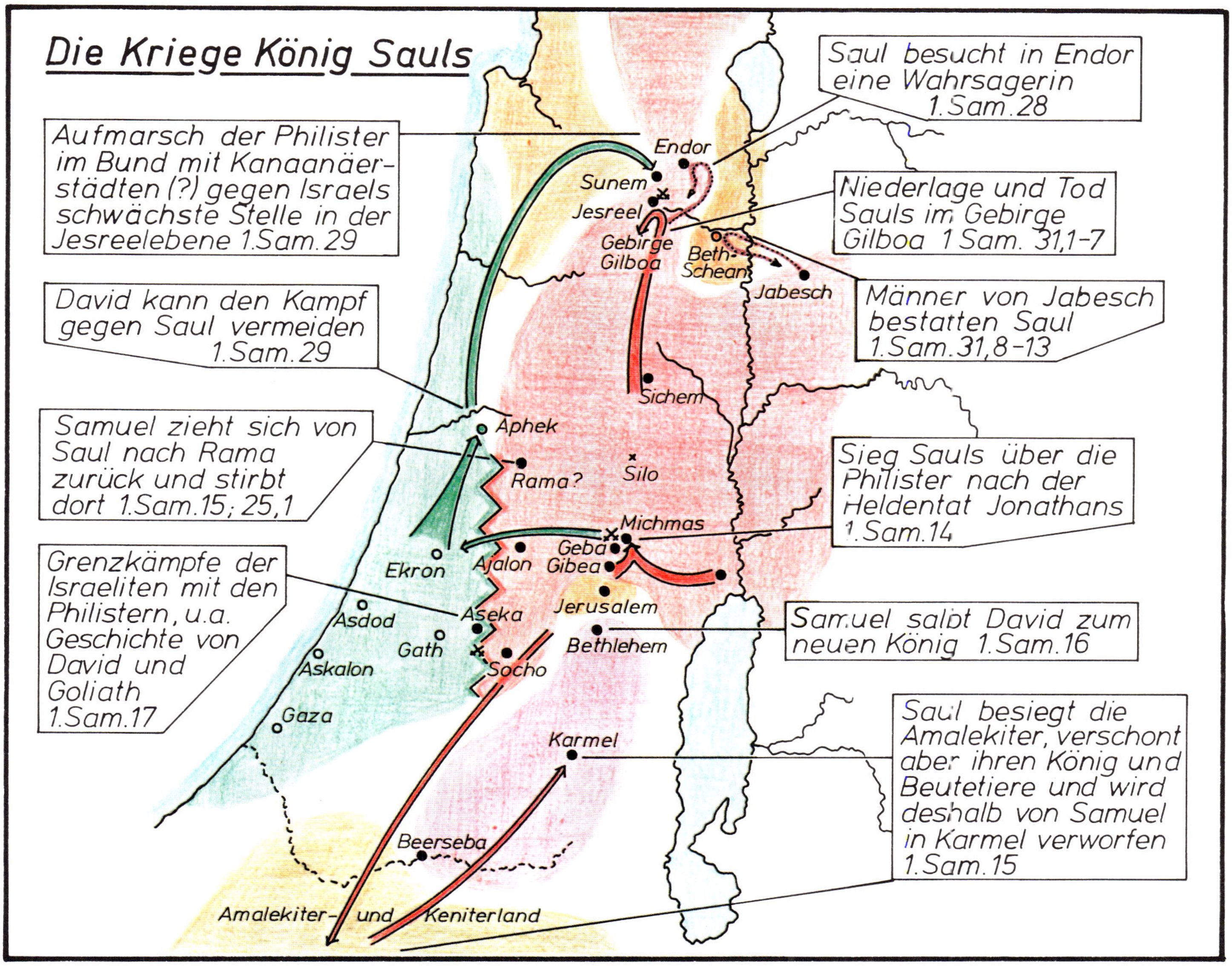


## Die Kriege König Sauls und seine Katastrophe

Der große Feind Sauls bleibt die Koalition der **Philisterstädte,** mit denen offensichtlich auch Kanaanäerstädte wie **Beth-Schean** im Jordangraben verbündet sind. Zwar gelingt es, nach einer Heldentat **Jonathans** bei **Michmas,** ihre Besatzungstruppen auf dem Gebirge zu vertreiben (1. Sam. 14, 1-46).

Dann aber beginnt ein aufreibender Kleinkrieg im Grenzbereich, von dem neben kurzen Notizen (1. Sam. 14, 47-52) vor allem Geschichten wie die von **David und Goliath** und anderen Heldentaten Davids berichten (1. Sam. 17 und 18). Saul scheint hierbei den israelitischen Heerbann weitgehend durch eine **Söldnertruppe** ersetzt zu haben.

Auf einem Kriegszug gegen die **Amalekiter,** die schwer geschlagen werden, zieht sich Saul erneut den Zorn **Samuels** zu. Dieser läßt ihn fallen und kündigt ihm die **Verwerfung** durch Jahwe an (1. Sam. 15). Als Nachfolger wird der junge Judäer **David aus Bethlehem** zum König gesalbt, der sich am Hof Sauls zum Heerführer empordient (1. Sam. 16).

Dies wirft ein Licht auf die Beziehungen Sauls zum Stamm **Juda.** Sie sind offensichtlich nicht unfreundlich. Judäer, wie die Isai-Söhne, gehören zu Sauls Truppe. Abwehrkämpfe gegen die Philister finden vorwiegend im Grenzgebiet Judas statt. Später verfolgt Saul David auf judäischem Gebiet. Er kann Juda allerdings nicht wirksam gegen Einfälle südlicher Nomaden schützen, diese Aufgabe wird David erfolgreicher betreiben (1. Sam. 23-27).

Sauls Herrschaft zerbricht, als die Philister zu einem Generalangriff gegen Israels schwächste Stelle in der **Jesreelebene** ansetzen. An sich selber schon vorher verzweifelt und wohl auch geistig umdüstert, verliert Saul bei einer Entscheidungsschlacht im Gebirge **Gilboa** Reich und Leben (1. Sam. 28; 29 und 31).

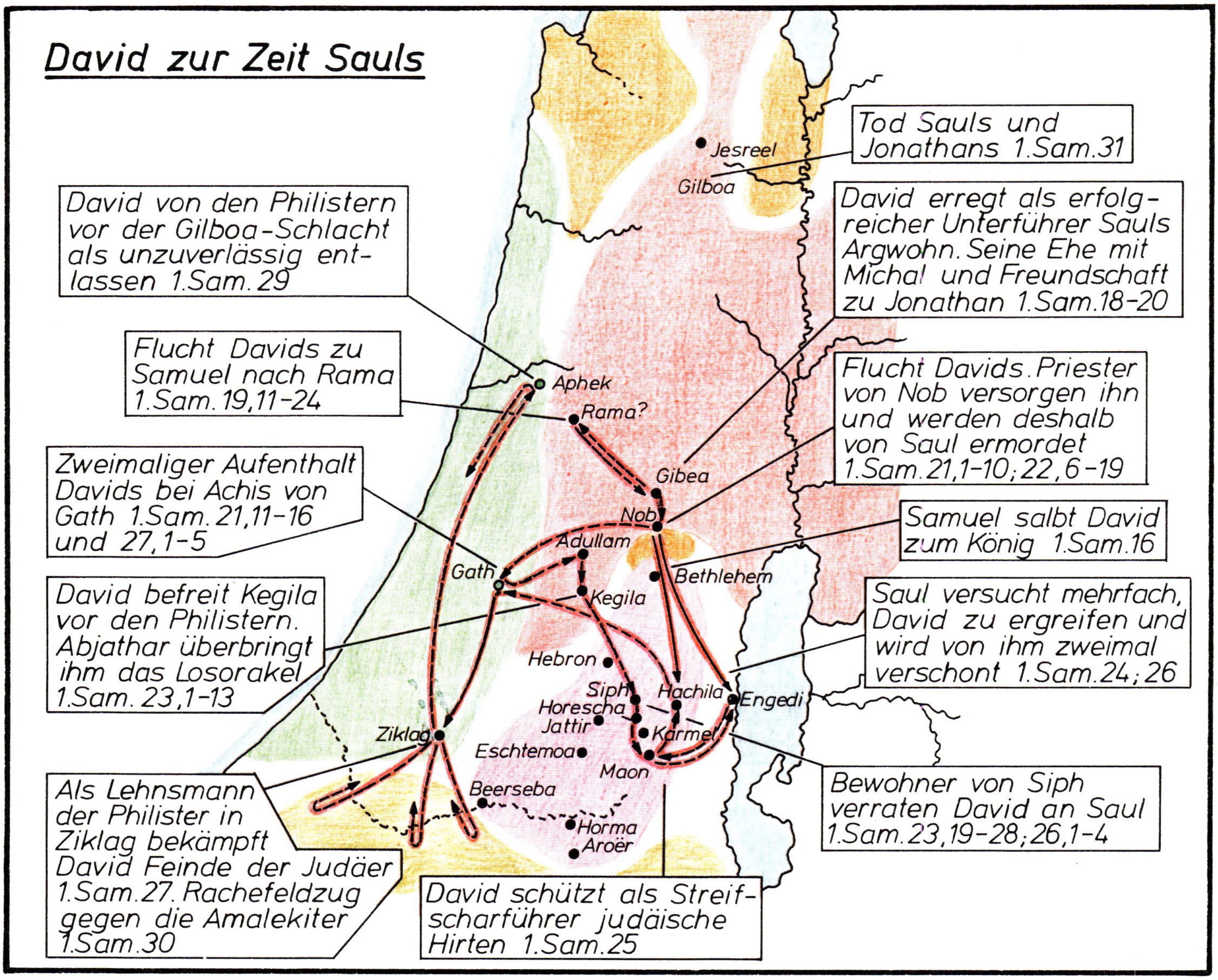


**Davids abenteuerlicher Lebensweg zu Lebzeiten Sauls**

David hatte es schwer, sich das Königtum zu verschaffen. Er war nicht der vorgesehene Nachfolger Sauls, sondern sein bestgehaßter Feind, sobald klar wurde, daß sich die Gunst des Volkes dem jungen Helden zuwandte.

So lassen sich deutlich **vier Perioden** für diese Zeit unterscheiden:

Während seines **Aufstiegs am Hof** ist David mit dem König noch eng verbunden. Er gewinnt die Freundschaft des Königssohns **Jonathan** und die Liebe der Königstochter **Michal.** Als er sich in den Grenzkämpfen mit den Philistern ungewöhnlich bewährt, ruft er **Sauls Mißtrauen** hervor (1. Sam. 16-18).

Der tödlichen **Gefährdung durch Saul** kann sich David nur durch mehrmalige **Flucht** entziehen, obgleich Jonathan immer wieder vermittelt. Daß die Flucht tatsächlich notwendig ist, zeigt der brutale Racheakt Sauls an den unschuldigen **Priestern von Nob** (1. Sam. 19-22).

Als **Führer einer Streifschar,** die sich in Höhlen und Bergnestern Judas versteckt, macht David deutlich, daß er nunmehr auf geschickte Weise die Nachfolge Sauls vorbereitet. Obgleich Sauls Einfluß auch im Süden groß ist und die Bewohner **Kegilas** und **Siphs** David verraten, macht er sich bei den **Judäern** als Beschützer gegen Philister und Raubnomaden beliebt. Versuche Sauls, ihn zu ergreifen, schlagen fehl, beweisen aber auch Davids fromme oder kluge Achtung vor dem noch herrschenden König (1. Sam. 23-26).

Schließlich kann sich David vor Sauls Nachstellungen nur noch schützen, indem er **zu den Philistern übertritt.** Aber auch als Lehnsmann des **Achis** von **Gath** in **Ziklag** erwirbt er durch Feldzüge gegen die südlichen Feinde Judas und durch Geschenke an die **Judäer** deren Vertrauen. Glücklicherweise wird David durch das Mißtrauen der Philister davor verschont, im Entscheidungskampf selbst gegen Saul zu Feld ziehen zu müssen (1. Sam. 27-30).

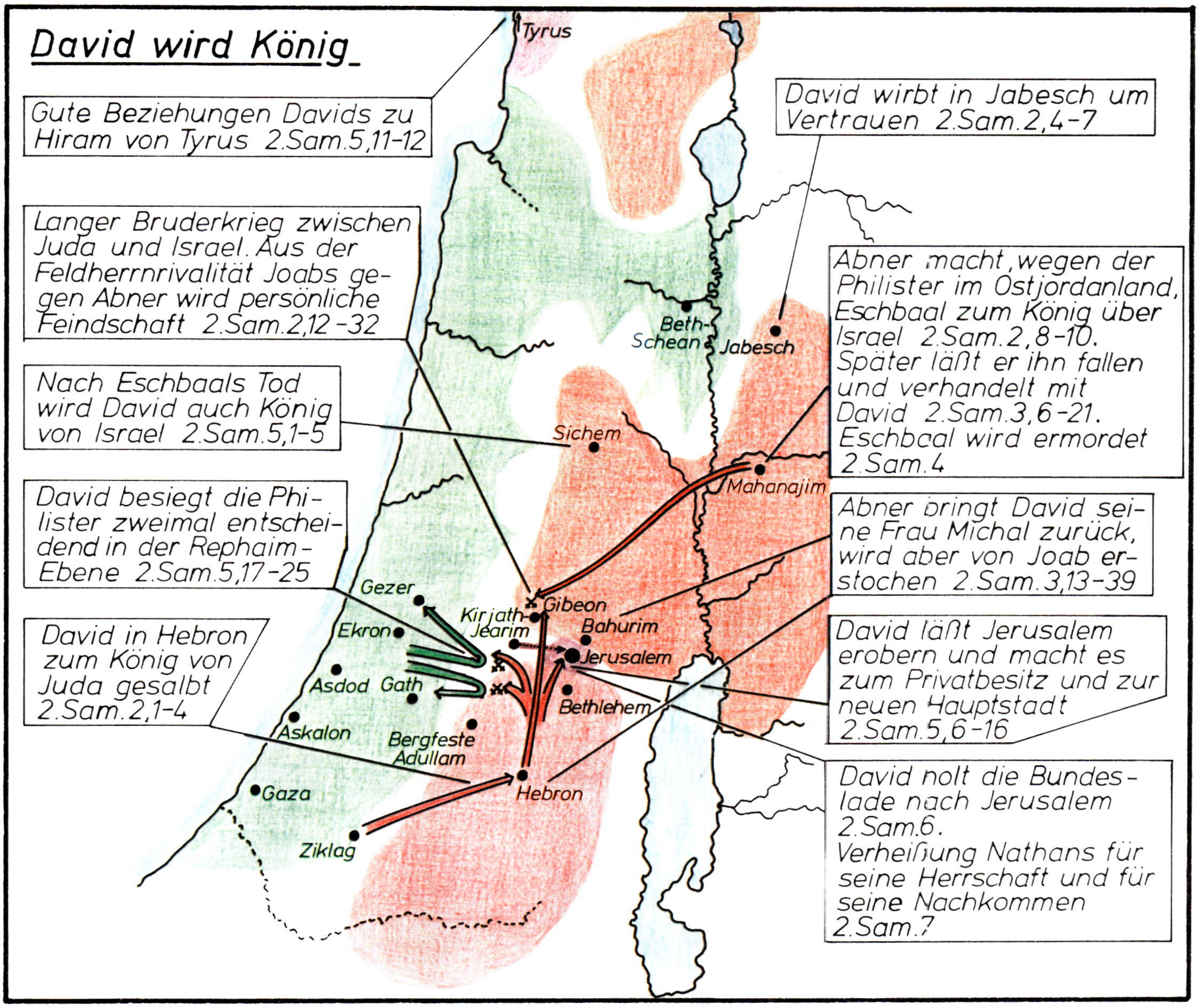


## David wird König in Juda und Israel

**Sauls und Jonathans Tod** im Philister-Kampf macht **David** den Weg zum Königtum frei. Aber wie bisher geht er behutsam und geduldig vor und läßt sich zunächst in **Hebron** nur über seinen Heimatstamm **Juda** zum König machen (2. Sam. 1, 1 - 2, 7).

Das übrige Israel duldet noch eine Weile den vierten der Söhne Sauls über sich, **Eschbaal,** der glücklos und aus Furcht vor der philistäischen Bedrohung im ostjordanischen **Mahanajim** residiert. Aber bald zeigt sich die Überlegenheit Davids. Nach erfolgreichen Kämpfen seines Feldherrn **Joab** gegen Sauls Vetter **Abner** wechselt dieser die Partei, verliert allerdings dabei sein Leben (2. Sam. 2, 8 - 3, 39). Da auch **Eschbaal** einem Mordanschlag erliegt, fällt das **nördliche Teilreich** David eigentlich von selbst zu (2. Sam. 4, 1 - 5, 5).

Um seine Herrschaft zu festigen und die Rivalität zwischen den beiden Reichsteilen auszugleichen, erobert David die Jebusiterstadt **Jerusalem** an der Nahtstelle zwischen Nord- und Südreich. Er macht die Stadt zum Privatbesitz (Davidsstadt) und zum **religiösen Zentrum** der vereinigten Reichsteile, indem er die **Bundeslade** dorthin überführen läßt (2. Sam. 5, 6-16; 6, 1-23).

In mehreren glücklichen Schlachten bricht er die Vorherrschaft der **Philister** endgültig und beschränkt sie auf die Stadtstaaten der Küstenebene. Auch andere kanaanäische Städte werden nun wohl in das Davidreich einbezogen (2. Sam. 5, 17-25; vgl. auch die Listen des Josua-Buchs). Gute Beziehungen zur phönizischen Handelsstadt **Tyrus** sichern die Nordgrenze (2. Sam. 5, 11).

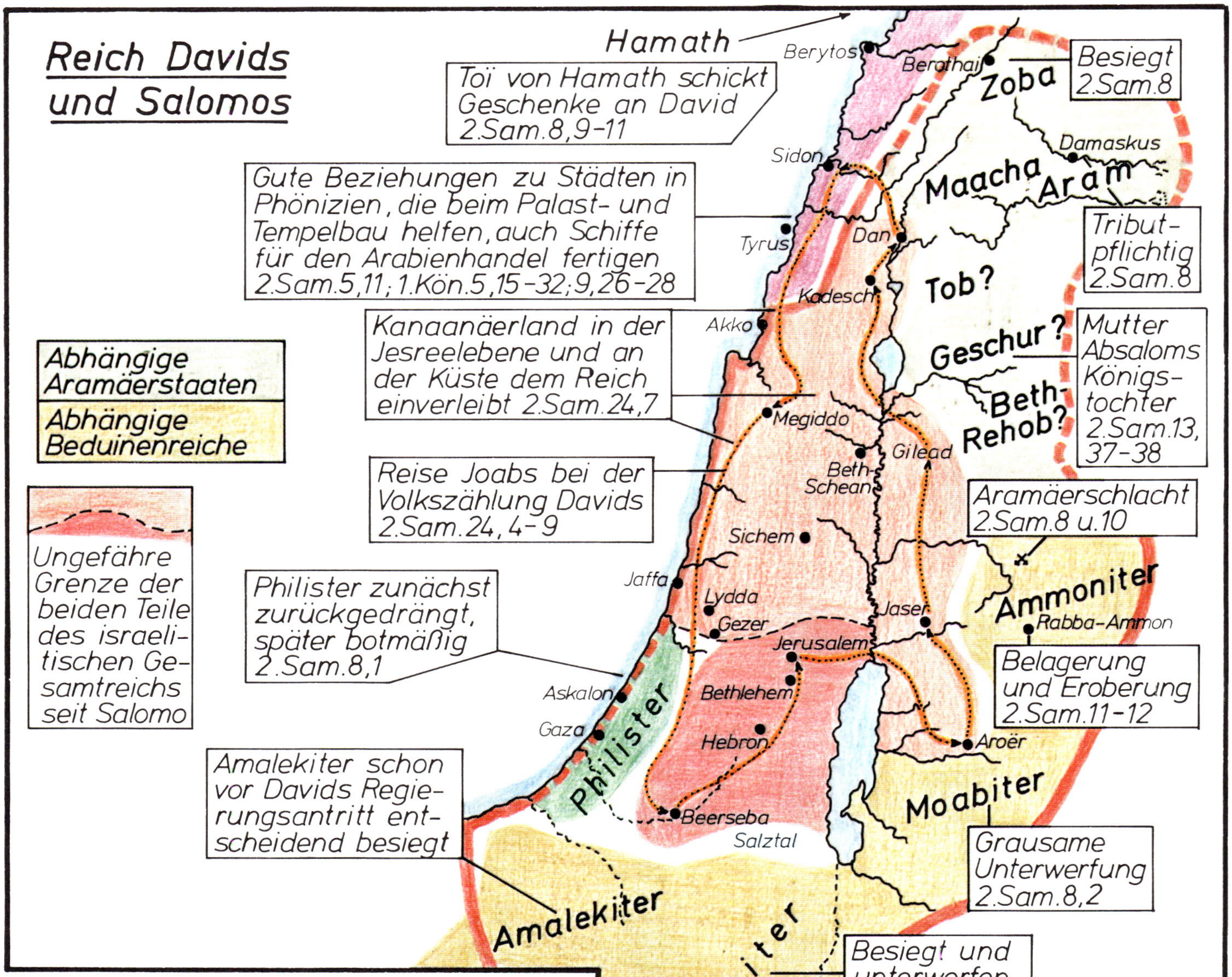
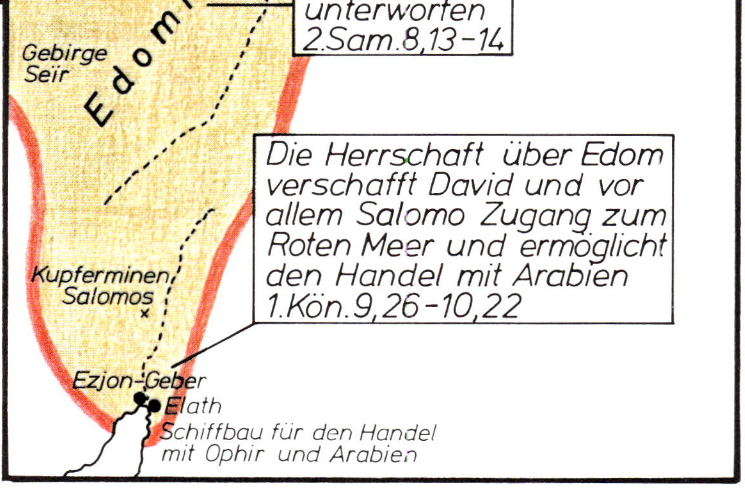


## Reich Davids und Salomos

König **David** hinterließ seinem Nachfolger ein Reich, das erstmals auf dem Boden Palästinas eine politisch ernstzunehmende Größe darstellte. Er nutzte geschickt die weltpolitische Lage, in der **Assur** und **Ägypten** Perioden der Schwäche durchstehen mußten. So machte er sich mit dem Aufgebot der erstarkten Stämme Israels und einer tüchtigen Söldnertruppe eine Reihe umliegender Kleinstaaten botmäßig.

Dies waren im Südwesten die fünf **Philisterstädte,** am Karmel und in der Jesreelebene eine Reihe immer noch selbständiger **Kanaanäerstädte,** im Nordosten die **Aramäerkleinreiche** wie **Zoba, Beth Rehob, Maacha, Tob, Aram** und **Geschur,** welches er anheiratete.

Auch die beduinischen Verwandten **Moab, Ammon, Edom** und **Amalek** mußten für längere Zeit tributpflichtig werden. 2. Sam. 8-12 bietet gutes historisches Material über diese Eroberungen. Besonders wirksam wurde die Unterwerfung der Edomiter, die Salomo von **Elath** aus den Handel im Roten Meer ermöglichte.

Daß David die Erfolge zu Kopf stiegen, zeigt die Geschichte der **Volkszählung** 2. Sam. 24. Aber Großmannssucht fand nicht Gottes Wohlgefallen, zumal Israels Königtum als abgeleitete Gottesherrschaft verstanden werden sollte.

## Spannungen am Hof Davids

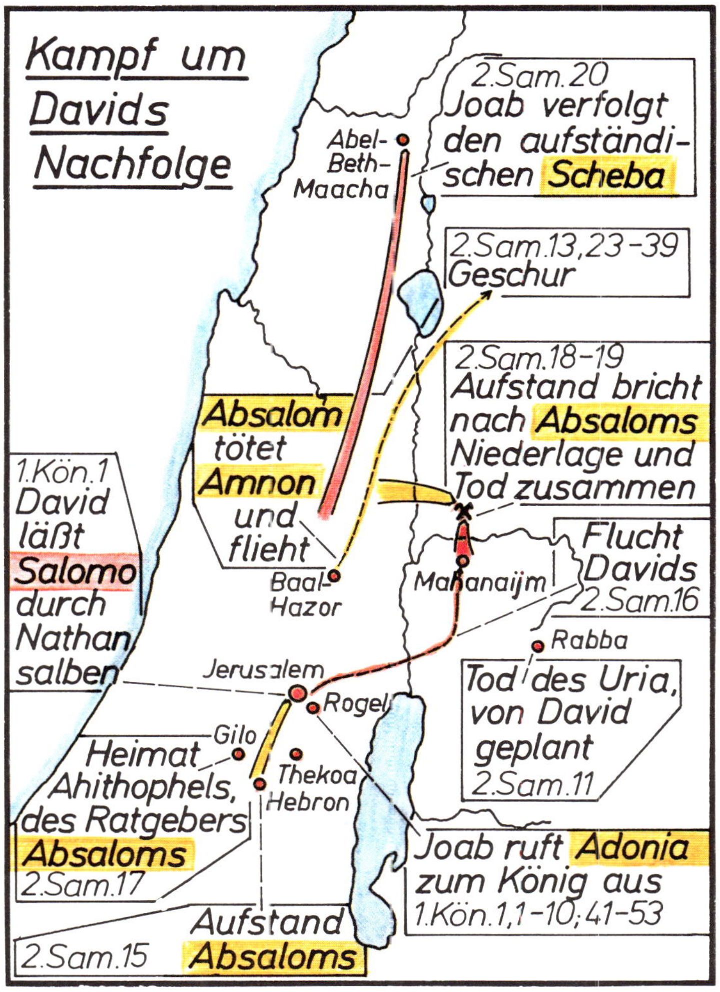


In ungeschminkter Wahrheitstreue schildert das 2. Samuelbuch den großen israelitischen König David und seinen Hof. Weder seine Schwäche noch seine Schuld bleibt unerwähnt, so wenig wie die Rückschläge und Gefahren für seine Innenpolitik, die vorwiegend von Gliedern der eigenen Familie ausgehen. Die Aneinanderreihung der Ereignisse soll freilich auch die Konsequenz der Herrschaft Gottes über Israel sichtbar machen: Eine schwere Blutschuld Davids löst die Kette der Verwicklungen in der eigenen Familie aus.

Davids **Ehebruch** mit **Bathseba** und der **Mord** an ihrem Mann **Uria** stehen am Beginn des Unheils (2. Sam. 11-12). Auf derselben Ebene liegt dann die **Schandtat** des designierten Thronfolgers **Amnon** an seiner Stiefschwester **Thamar** und die **Ermordung** desselben durch den ehrgeizigen **Absalom,** der danach zu seinem Großvater, dem König von **Geschur,** flieht (2. Sam. 13).

**Joab** ist es, der **Absaloms** Begnadigung erreicht. Dieser organisiert nun freilich einen gefährlichen **Aufstand,** dem sich David nur durch Flucht entziehen kann. Kluges Intrigenspiel und größere Erfahrung des Königs lassen den Aufstand bald zusammenbrechen. Dabei kommt Absalom zum Leid seines Vaters ums Leben (2. Sam. 15, 1 - 19, 41).

Im Gefolge dieser Krise enthüllt sich deutlich die immer noch vorhandene **Rivalität** zwischen den beiden Reichsteilen, die sich in einem erneuten Aufstand des **Scheba** entlädt (2. Sam. 19, 42 - 20, 22). Vermutlich aufgrund dieser Erfahrung entschließt sich David zur völligen Ausrottung der restlichen **Verwandten Sauls.** Der Vorwand ist durchsichtig (2. Sam. 21).

Gegen Ende der Regierungszeit Davids kommt es unter dem Königssohn **Adonia** und seinen Anhängern zu einer Palastrevolution, der er nur durch die Übergabe des **Königtums an Salomo** zuvorkommen kann (1. Kön. 1).

Schwerwiegende personelle Veränderungen in der Schar der Anhänger Davids sind die Folge der wechselnden Koalitionen am Königshof. **Joab,** der Vetter Davids, sein tüchtigster Heerführer, der freilich vor Mord und Intrige nicht zurückschreckt, ist das prominenteste Opfer. Er wird durch Salomo auf Geheiß Davids gestürzt und ermordet. Auf sein Konto kommt der Tod Absaloms und der Heerführer **Abner** und **Amasa.** Vermutlich hat ihm David aber auch die peinliche Komplizenschaft in der Uriageschichte nicht vergessen (1. Kön. 2, 5-6. 28-34).

Wichtig für die Folgezeit ist der Machtwechsel bei den **Priesterdynastien. Abjathar,** Nachkomme Elis und treuer Freund aus schweren Zeiten, fällt in Ungnade und wird durch **Zadok** ersetzt, dessen Nachkommen später das Hohepriesteramt im Tempel erhalten (1. Kön. 1, 38-39; 2, 26-27. 35).

Unverkennbar bleiben trotz aller Schatten die Verdienste Davids auch in der Organisation des Staatswesens, unverkennbar auch seine tiefe, bußbereite Frömmigkeit, die sich unter anderem in der hohen Stellung der Propheten **Gad** und **Nathan** am Hof zeigt (2. Sam. 7; 12, 1-15; 24, 11-25; 1. Kön. 1, 11-40).

Es gelingt David freilich nicht, **Israel** und **Juda** zu einer wirklichen Einheit zusammenzuschweißen. Da auch Salomo und erst recht sein schwacher Sohn Rehabeam die Warnungszeichen dieses Zwistes nicht verstehen, wird das Reich in **zwei Teile** zerbrechen. Damit wird die kurze Periode beendet sein, in der es ein bestimmender Machtfaktor im Vorderen Orient ist.

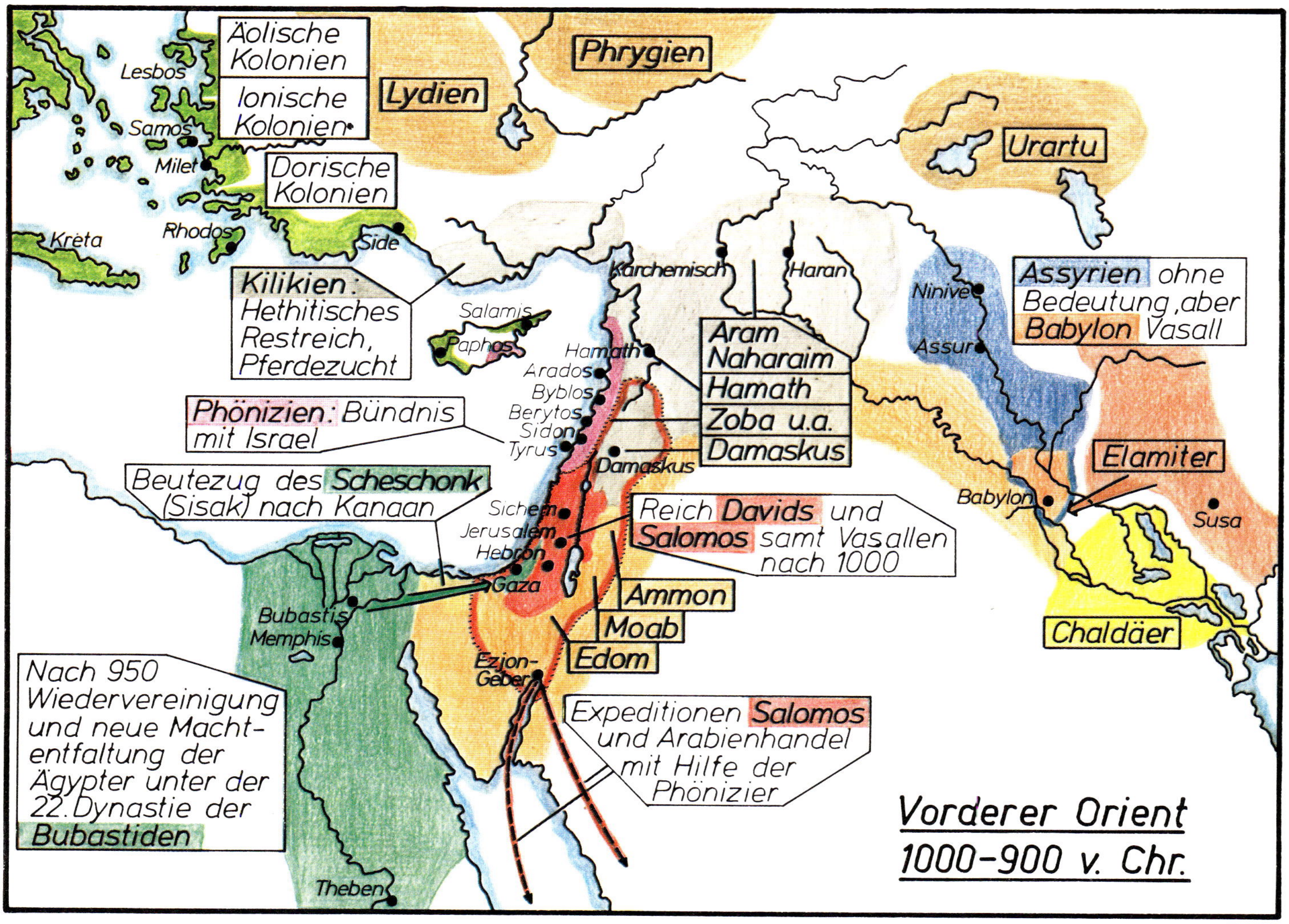


**Vorderer Orient im 10. Jahrhundert v. Chr.** (Zeit des Davidreichs)

Für weitere 200 Jahre erhielten die Kleinreiche im Vorderen Orient zwischen den geschwächten Großmächten **Assur** im Osten und **Ägypten** im Südwesten den nötigen Spielraum, um ihre Staatsgebilde zu konsolidieren und sich in der Illusion großpolitischer Bedeutung zu wiegen. Die **Israeliten** haben diese Chance im frühen 10. Jahrhundert genutzt, gegen sein Ende aber wieder vertan.

Der **Aufstieg** des israelitischen Reichs ist stärker mit dem Namen des Judäers **David** verbunden als mit dem seines nur scheinbar glänzenderen Sohns **Salomo,** der durch innenpolitische Unklugheit die Wurzeln zum äußeren Zerfall des überkommenen Staates legte. David gelang es, die Kernstämme Israels einigermaßen zu einigen, in der Jebusiterstadt **Jerusalem** eine neue Hauptstadt zu schaffen und eine Reihe von **aramäischen** Kleinstaaten im Nordosten und von **beduinischen** Reichen im Südosten botmäßig zu machen. Noch wichtiger war die Beschränkung der **Philister** auf die Küstenebene und das glückliche Bündnis mit **phönizischen** Städten, die im 10. Jahrhundert das zweite Machtzentrum in dieser Gegend waren.

**Salomo** nützte diese Ausgangsposition zu einträglichen Handelsunternehmungen. Aus **Kilikien** bezog er Pferde, mit **Arabien** (Ophir, Saba) trieb er Gold- und anderen Handel, wobei ihm die Phönizier ihre Kenntnisse in Schiffbau und Seefahrt liehen. Das neue Reich wurde wohlhabend, allerdings auch auf Kosten des inneren Sozialgefüges. Der schwache Nachfolger **Rehabeam** führte das Ende durch ein töricht hartes Regierungsprogramm sofort herbei. Israel zerfiel in ein **nördliches** und ein **südliches Teilreich** und verlor seine Vasallen.

In der ganzen Zeit war **Assur** schwach und hatte mit **Babylon** zu tun, das seinerseits die Flußmündungen an die **Elamiter** und **Chaldäer** verloren hatte. Dagegen zeigte **Ägypten,** die zweite Macht, die später die geringere politische Rolle spielen sollte, unter Pharaonen aus **Bubastis** eine überraschend neue Stärke. Die eben getrennten Reiche Israel und Juda bekamen dies durch Raubzüge des Pharao **Scheschonk I** (Sisak) schmerzhaft zu spüren.

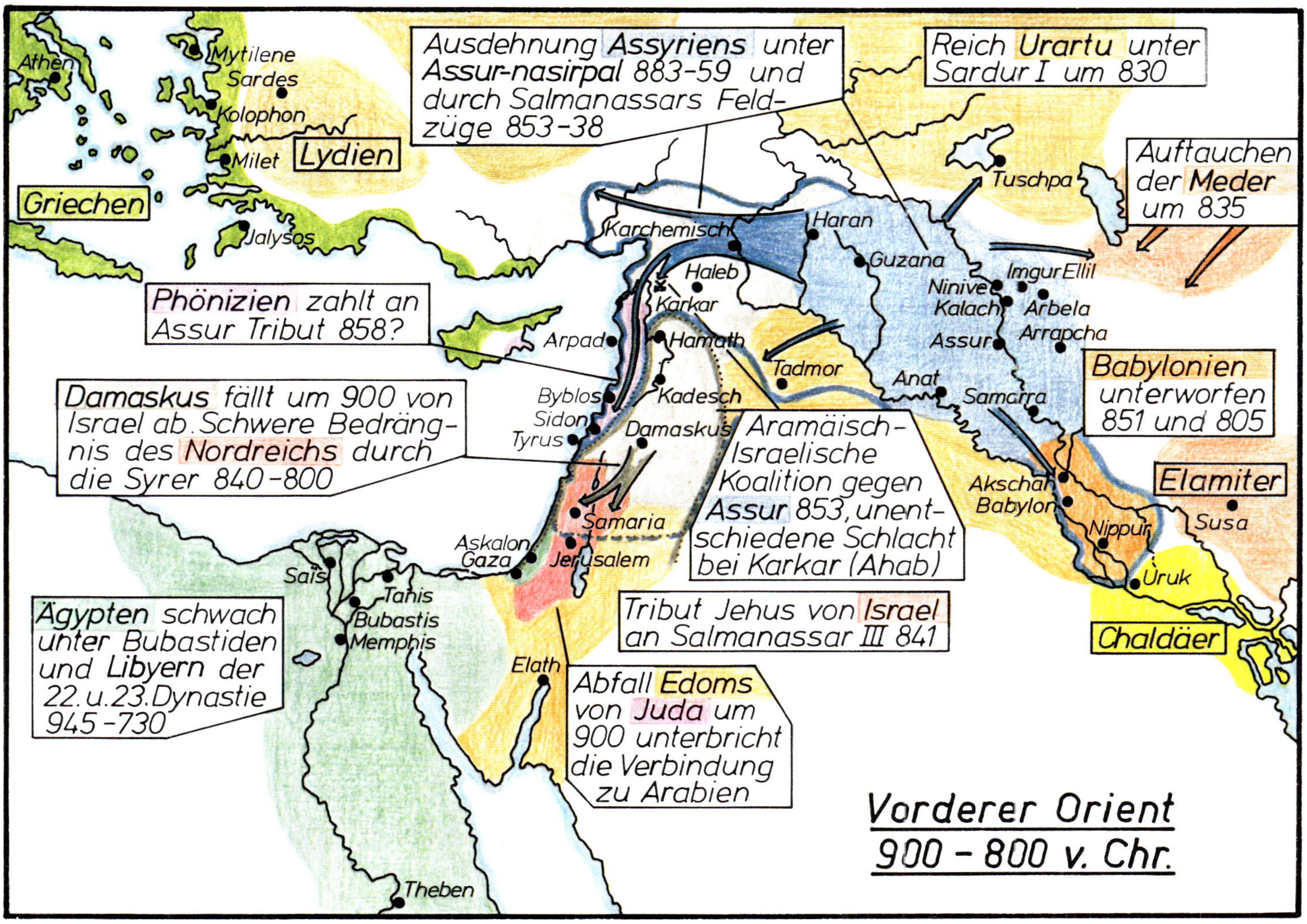


**Vorderer Orient im 9. Jahrhundert v. Chr.** (Nach der Teilung des Davidreichs)

Das 9. Jahrhundert ist im Großraum des Vorderen Orients geprägt durch die beginnende **Expansion Assyriens.** Fast alljährlich und mit unbeschreiblicher Grausamkeit brechen assyrische Heere in die Nachbarländer ein, erpressen Tribute, zerstören Städte, deportieren ihre Einwohner und unterwerfen ganze Landstriche. Diese Periode ist mit den Namen **Adad-nirari II, Tukulti-ninurta I, Assur-nasirpal II** und vor allem **Salmanassar III** verbunden, die hintereinander bis 824 herrschen. Besonders letzterer führte eine große Zahl von Raub- und Eroberungszügen durch und führte darüber gewissenhaft »Buch«.

Bleibende Erfolge erzielten die Assyrer vor allem nach Westen. Im Norden und Nordosten leisteten die **Phrygier,** die **Urartäer** und die frisch aufgetauchten **Meder** noch entschlossenen Widerstand. Dagegen hatten die westlichen **Aramäerreiche** dem Angriff wenig entgegenzusetzen.

Einmal nur ermannten sie sich zu gemeinsamer Abwehr. Die Schlacht bei **Karkar** 853 scheint, entgegen assyrischer Berichterstattung, unentschieden ausgegangen zu sein. In ihr kämpfte auch ein Aufgebot **Ahabs von Israel** mit. Dann aber verzettelten die **aramäischen, israelitischen, phönizischen** und **beduinischen** Kleinreiche ihre Kräfte in gegenseitigem Kleinkrieg. Durch Tribute versuchten sie, die Assyrer fernzuhalten, weckten dadurch aber ihre Begehrlichkeit nur um so heftiger.

Für das **Nordreich Israel** waren die **Syrer aus Damaskus** fast 100 Jahre lang die schwerste Bedrohung. Die **Omri**-Dynastie, erst recht aber die **Jehu**-Dynastie, litt unter ihnen. **Ahab,** der Sohn Omris, versuchte, durch ein Bündnis mit Tyrus Spielraum zu erhalten, was zu religiösen Auseinandersetzungen mit den frühen Propheten, vor allem mit **Elia** führen mußte.

Das kleinere **Südreich Juda** verlor unter den Davididen zwar seinen Zugang zum Roten Meer, lebte aber noch eine Zeitlang im politischen Windschatten, zumal die schwachen **Bubastiden und Libyer Ägyptens** keine Gefahr darstellten.

**Geschichte des Vorderen Orients** Tafel 5a

| Zeit | Ägypten | Land Kanaan und Süden | Könige in Juda | in Israel |
|---|---|---|---|---|
| 920 | Osorkon I 924-893 | Prophet Schemaja warnt vor einem Bruderkrieg | Rehabeam 926-10 | Jerobeam I 926-07 |
| 910 | Libyer, schwache Pharaonen | Jerobeam baut Heiligtümer in Bethel und Dan. Grenzkrieg; Nadab belagert die Philister in Gibbethon | Abia 910-08 | Nadab 907-06 |
| 900 | | Asa schlägt den Kuschiten Serah bei Marescha? | Asa 908-868 | Baësa 906-883 |
| 890 | Takelothis I 893-70? | Grenzkämpfe mit Israel um Rama, Geba und Mizpa | | Ela 883-82 |
| 880 | | Revolutionen in Israel. Omridynastie siegt. Bau Samarias und Jerichos | | Simri 882; Omri 882-71 |
| 870 | Osorkon II 870-47 | Ahab führt den Baalskult ein | | Ahab 871-52 (Isebel) |
| 860 | | Wirksamkeit der Propheten Elia und Micha ben Jimla | Josaphat 868-47 | |
| 850 | Scheschonk II 847? | Mißglückte Fahrt nach Ophir; Josaphat und Joram schlagen Moab und Ammon | Joram 847-45 | Ahasja 852-51; Joram 851-45 Sohn Ahabs |
| 840 | Takelothis II 847-23 | Wirksamkeit Elisas; Revolution in Israel Jehudynastie behauptet sich | Ahasja 845; Athalja 845-40 | Jehu 845-18 |
| 830 | | Philister und Araber fallen in Juda ein | Joas 840-01 | |
| 820 | Scheschonk III 823-772 | Hasaël verlangt Tribut auch von Juda. Zeit syrischer Unterdrückung | | |
| 810 | 23. Dynastie: 817-730 Nebenlinie starker Lokalfürsten | Hasaël schlägt Joas | | Joahas 818-02 |
| 800 | Petobastis | 814 Karthago gegründet Phönizier Mittelmeermacht | Amazja 801-773 | Joas 802-787 |
| 790 | Osorkon III | Amazja schlägt die Edomiter und wird von Joas besiegt | | |
| 780 | | Die Chronologie der Königsbücher weist nun schwer ausgleichbare Widersprüche auf | Usia (Asarja) 787-35 | Jerobeam II 787-47 |
| 770 | Pemu 772-67?; Scheschonk IV 767-30? | Usia baut Elath wieder auf und wird aussätzig (758?) | | |
| 760 | Takelothis III | Schriftpropheten: Amos um 760 im Nordreich (stammt aus Juda) | Regierungsverweser Jotham 758-43 | |
| 750 | Pianchi 751-16 erster äthiopischer Herrscher | Hosea um 750; Micha ben Moresche th | | Sacharja 747; Schallum 747 |
| 740 | | Jesaja ab 735 (Tod Usias) | Ahas 743-25 | Menahem 747-38; Pekachja 737f |
| 730 | 24. Dynastie: 730-15 Saïs Tefnachte | 733-32 Krieg Rezins und Pekachs gegen Ahas | | Pekach 735-32; Hosea 731-23 |
| 720 | 730-20 Bockchoris | Ahas ruft Assur zu Hilfe; Bündnis Hoseas mit Saïs? | Hiskia 725-697 | 723-21 Samaria belagert und zerstört durch Sargon |
| 710 | | Assyrische Gefangenschaft der Israeliten | | |

## Geschichte des Vorderen Orients

Tafel 5b

| Norden und Osten Palästinas | Syrien | Assyrien | Babylonien | Zeit |
|---|---|---|---|---|
| Die geteilten israelitischen Reiche verlieren ihre Vormachtstellung gegenüber den syrisch-phönizischen Kleinstaaten | Benhadad I von Damaskus bis 875? | Assur-dan II 933-12 | Schamasch-mudammik 941-o1? | 92o |
| | | Adad-nirari II 912-891 Feldzüge gegen Chaldäer und Armenier | | 91o |
| Benhadad hilft Asa gegen Baësa und raubt Gebiet im Norden von Galiläa | | | Nabu-schum-ukin I 9oo-886? | 9oo |
| | | Tukulti-ninurta II 891-84 | | 89o |
| Assurnasirpal zieht gegen Syrien und ans Mittelmeer | | Assur-nasirpal II 883-59 Grausame Raubzüge | Nabu-apal-idin 885-51 | 88o |
| Ittobaal v.Sidon,Vater Isebels. Israel und Phönizien kämpfen gegen Syrien; Kabul und Ramoth/Gilead zurückgewonnen | Benhadad II von Damaskus bis 843? | | | 87o |
| 853 Syrien, Israel u.a. wehren Salmanassar bei Karkar ab | | Salmanassar III 859-24 Syrische Feldzüge 853, 849,848,845, 841,838. Babylon 851 | | 86o |
| Hasaël schlägt Ahasja u.Joram. Belagerung Samarias | | | Marduk-zakir-schum 851-28? Babylon unter assyrischer Oberhoheit | 85o |
| 841 Tribut Jehus an Assyrien | | | | 84o |
| Hasaël erobert Gilead. Mescha von Moab abgefallen (Mescha-Stein) | Hasaël von Damaskus 843-797? | | | 83o |
| Zeit schwerer syrischer Bedrängnis. Erfolg Hasaëls gegen Joahas, Israel entwaffnet | | Schamschi-Adad V 823-11 | Marduk-balatsu-ikbi 827-15? | 82o |
| | | Semiramis (Schammuramat) 81o-o6 | Vasallen Assurs 814-o3? | 81o |
| Adad-nirari unterwirft Syrer und Phönizier um 8oo. Israel lebt auf | | Adad-nirari III (81o) 8o6-782 | Eriba-Marduk 8o2-763? Kämpfe gegen Chaldäer im Südosten | 8oo |
| Jerobeam stellt für kurze Zeit den Umfang des Davidreichs wieder her. Letzte Blütezeit des Nordreichs<br>Zeit der Schwäche Assyriens. Erfolglose Züge nach Syrien | Benhadad III von Damaskus 797-73 | Salmanassar IV 781-72 | | 79o<br>78o |
| | | Assur-dan III 771-54 | Nabu-schum-iskum 762-48? | 77o<br>76o |
| Syrer fallen in Israel ein. Niedergang des Nordreichs. Aufstand in Syrien gegen Assur | | Assur-nirari V 753-46 | Nabu-nassir 747-34. Verworrene Lage bis 729, dann assyrische Provinz | 75o |
| 738 Tribut Menahems an Assur<br>734 Aufstand Syriens niedergeschlagen. 732 Damaskus zerstört, 1.israel.Deportation | Rezin v. Damaskus 74o-3o | Tukulti-apal-eschur (Phul) Tiglatpilesar III 745-27 Größte Machtausweitung | | 74o<br>73o |
| 723 Hosea durch die Assyrer gefangen<br>723-21 Belagerung Samarias<br>721 Sargon liquidiert das Nordreich. Ansiedlung fremder Volksteile um Samaria (später Samaritaner) | | Salmanassar V 726-22<br>Sargon II 722-o5 (Scharrukin) | Marduk-apal-idin (Merodach baladan) 721-11 | 72o<br>71o |

**Chronologie der Könige von Juda und Israel**

| Juda | Israel | Regierungsbeginn relativ | Zeit Bibel | Belegstelle Bibel | Chronologie absolut | Zeit absolut |
|---|---|---|---|---|---|---|
| Rehabeam | | | 17 J. | 1.K.14,21 | 926-1o *1 | 16 J. |
| | Jerobeam I | | 22 J.? | 1.K.14,2o | 926-o7 | 19 J. |
| Abia | | 18.J.d.Jerobeam | 3 J. | 1.K.15,1-2 | 91o-o8 | 2 J. |
| Asa | | 2o.J.d.Jerobeam | 41 J. | 1.K.15,8-1o | 9o8-868 | 4o J. |
| | Nadab | 2.J.d.Asa | 2 J. | 1.K.15,25 | 9o7-o6 | 1 J. |
| | Baësa | 3.J.d.Asa | 14 J.? | 1.K.15,33 | 9o6-883 | 23 J. |
| | Ela | 26.J.d.Asa | 2 J. | 1.K.16,8 | 883-82 | 1 J. |
| | Simri | 27.J.d.Asa | 7 Tage | 1.K.16,1o.15 | 882 | – |
| | Omri/Tibni | | 12 J. | 1.K.16,21 | 882-71 | 4 J. |
| | Omri allein | 31.J.d.Asa | | 1.K.16,23 | | 7 J. |
| | Ahab | 38.J.d.Asa | 22 J.? | 1.K.16,29 | 871-52 *2 | 19 J. |
| Josaphat | | 4.J.d.Ahab | 25 J.? | 1.K.22,41-42 | 868-47 | 21 J. |
| | Ahasja | 17.J.d.Josaphat | 2 J. | 1.K.22,52 | 852-51 | 1 J. |
| | Joram v.Isr. Sohn Ahabs | 2.J.d.Joram v.J.? 18.J.d.Josaphat | 12 J.? | 2.K.2,17 2.K.3,1 | 851-45 | 6 J. |
| Joram v.Juda | | 5.J.d.Joram v.Isr. | 8 J.? | 2.K.8,16-17 | 847-45 | 2 J. |
| Ahasja | | 12.J.d.Joram v.Isr. | 1 J. | 2.K.8,25-26 | 845 | – |
| | Jehu | Joram u.Ahasja + | 28 J. | 2.K.9,1o.36 | 845-18 *3 | 27 J. |
| Athalja | | nach Ahasjas Tod | | 2.K.11,1-4 | 845-4o | 5 J. |
| Joas v.Juda | | 7.J.d.Athalja 7.J.d.Jehu | 4o J. | 2.K.11,14 2.K.12,1-2 | 84o-o1 | 39 J. |
| | Joahas | 23.J.d.Joas v.Juda | 17 J. | 2.K.13,1 | 818-o2 | 16 J. |
| | Joas v.Isr. | 37.J.d.Joas v.Juda | 16 J. | 2.K.13,1o | 8o2-787 *4 | 15 J. |
| Amazja | | 2.J.d.Joas v.Isr. | 29 J. | 2.K.14,1-2 | 8o1-773 | 28 J. |
| | Jerobeam II | 15.J.d.Amazja | 41 J. | 2.K.14,23 | 787-47 | 4o J. |
| Asarja (Usia) | | 27.J.d.Jerobeam ? | 52 J. | 2.K.15,1-2 | 787-35 | 52 J. |
| | | (Die biblische Chronologie ergibt einen Sinn, wenn Usia 787 mit Jerobeam, zunächst als Verweser, die Macht erhalten hat. Der Aussätzige 2.K.15,5 wurde wohl 758 durch Jotham, 741 durch Ahas vertreten. Bis zum Tode 735 war er nominell König.) | | | | |
| | Sacharja | 38.J.d.Usia | 6 Mon. | 2.K.15,8 | 747 | – |
| | Schallum | 39.J.d.Usia | 1 Mon. | 2.K.15,13 | 747 | – |
| | Menahem | 39.J.d.Usia | 1o J. | 2.K.15,17 | 747-38 *5 | 9 J. |
| | Pekachja | 5o.J.d.Usia | 2 J. | 2.K.15,23 | 737-36 | 2 J. |
| | Pekach | 52.J.d.Usia | 2o J.? | 2.K.15,27 | 735-32 *6 | 3 J. |
| Jotham | | 3.J.d.Pekach ? | 16 J.? | 2.K.15,32-33 | 758-43 | 17 J. |
| Ahas | | 17.J.d.Pekach ?? | 16 J.? | 2.K.16,1-2 | 743-25 *7 | 17 J. |
| | Hosea | 2o.J.d.Jotham ?? 12.J.d.Ahas | 9 J. | 2.K.15,3o 2.K.17,1.6 | 731-23 | 8 J. |
| Hiskia | | 3.J.d.Hosea ? | 29 J. | 2.K.18,1-2 | 725-697 *8 | 28 J. |
| Manasse | | | 55 J. | 2.K.21,1 | 696-42 | 54 J. |
| Amon | | | 2 J. | 2.K.21,12 | 641-4o | 2 J. |
| Josia | | | 31 J. | 2.K.22,1 | 639-o9 *9 | 3o J. |
| Joahas | | nach Josias Tod | 3 Mon. | 2.K.23,31 | 6o9 *1o | – |
| Jojakim | | (Eljakim) | 11 J. | 2.K.23,31.36 | 6o9-598 | 11 J. |
| Jojachin | | (Jechonja) | 3 Mon. | 2.K.24,8 | 598 | – |
| Zedekia | | (Mattanja) | 11 J. | 2.K.24,18 | 597-87 *11 | 1o J. |

Querverbindungen durch relativ gesicherte Daten der Weltgeschichte:

| | | | |
|---|---|---|---|
| *1 | Scheschonk: Zug gegen Palästina (?) | 1.K.14,25 | 925? 922? (unsicher) |
| *2 | Salmanassar III: Schlacht bei Karkar | | 853 (Ahab beteiligt) |
| *3 | Salmanassar III: 4.Zug nach Westen | | 841 (Tribut Jehus) |
| *4 | Adad-nirari: Syrien und Phönizien unterworfen | | 8oo (Unter Joas) |
| *5 | Tiglatpilesar 745-27: Eroberung von Hamath | | 738 (Tribut Menahems) |
| *6 | Tigl. unterwirft Rezin v.Damaskus | 2.K.16,9 | 732 (Ahas, Pekach) |
| *7 | Sargon 722-o5: Eroberung Samarias | 2.K.17,6 | 721 (9.J.d.Hosea) |
| *8 | Sanherib 7o4-681: belagert Jerusalem | 2.K.18,13 | 7o1 (14.J.d.Hiskia) |
| *9 | Meder und Babylonier zerstören Ninive | | 612 (Zeit Josias) |
| *1o | Zug Nechos, Schlacht bei Megiddo | 2.K.23,29 | 6o9 (Josia, Joahas) |
| *11 | Nebukadnezar 6o5-562: Exilsbeginn | 2.K.25,8 | 587 (sein 19.Jahr) |
| *12 | Awil-Marduk 562-61: begnadigt Jojachin | 2.K.25,8 | 561 (37.J.Jojachins) |

?? In der Bibel widersprüchliche oder fragwürdige Daten

## Geschichtsüberlieferung der Mosebücher und des Josuabuchs (»Hexateuch«)

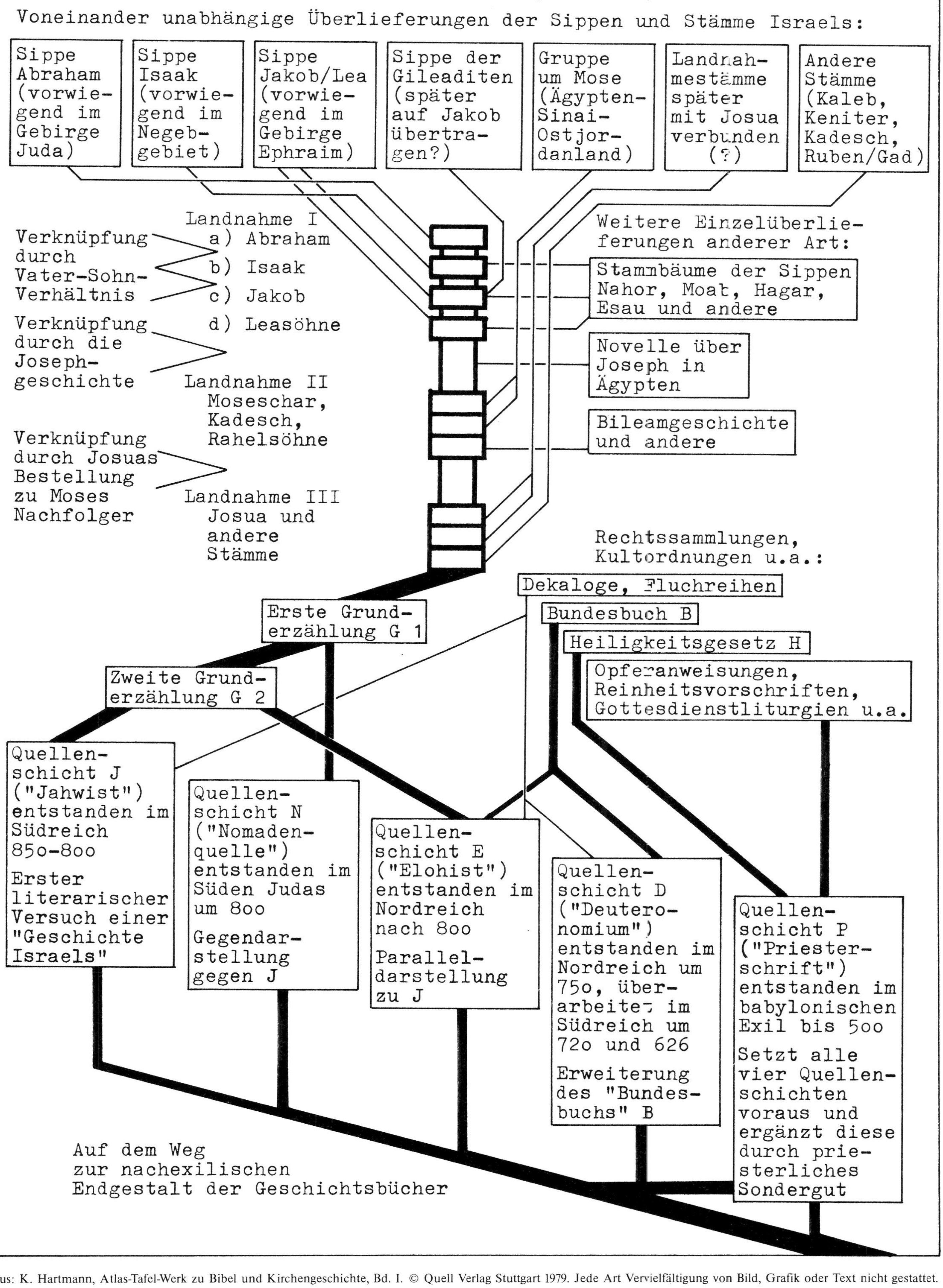

**Entstehung und Grundlinien der Quellenschichten des Hexateuch**

| | |
|---|---|
| Zeit der Richter nach 11oo. | Dekaloge und Fluchreihen u.ä.<br>Bundesbuch B, Gesetzsammlung<br>Übrige Überlieferungen meist mündlich |
| Zeit Davids und Salomos nach 1ooo. | Erste Grunderzählung G 1<br>Zweite Grunderzählung G 2 |
| Zeit Asas / Josaphats und ihrer Reformen im Südreich nach 9oo? Blüte der davididischen Herrschaft | Quellenschicht "J" (Jahwist)<br>Im Südreich entstanden um 85o-8oo? Bejahung der Ackerbaukultur und entsprechender Jahwe-Verehrung (Erntefeste, "Milch und Honig"). Jahwe begleitet das Volk vom Sinai nach Kanaan. Der Mensch hebt durch Sünde die Gottesgemeinschaft auf, dennoch bleibt Gott ihm nahe und setzt seine Herrschaft in Gericht und neuer Erwählung durch. Erwähltes Volk ist Israel, die nationale Macht und das Königtum werden bejaht. Aber in Israel werden auch die Völker universal der Gottesgemeinschaft teilhaftig. Glaube ist Zuwendung zu Jahwe. |
| Zeit der Revolution Jehus nach 85o in Verbindung mit fanatisch nomadenfreundlichen Kräften | Quellenschicht "N" (Nomadenquelle)<br>Im Süden Judas entstanden um 8oo, nach "J"? Gegendarstellung aus nomadisch lebenden Kreisen der Südstämme? (Keniter, Rechabiter)! Kulturland ist böse, da es die Menschen überheblich macht, ihre Grenzen überschreiten läßt und so Gottes Strafe hervorruft. Der wahre Gläubige ist Nomade. Eigentliches Heiligtum bleibt der Sinai, von wo Gott sein Volk ungnädig entläßt. Kritik an israelisch-kanaanäischer Allianz. |
| Zeit der staatlichen Blüte des Nordreichs nach 8oo unter Joas/ Jerobeam II | Quellenschicht "E" (Elohist)<br>Im Nordreich entstanden nach 8oo unabhängig von "J"? Keine Urgeschichte! Jakob-Josephgeschichte und Nordreichsheiligtümer Bethel und Sichem betont. Patriarchen sind erbauliche Vorbilder Israels. Stärkere Betonung des Abstands zwischen Gott und Mensch. Gott vergibt nicht Sünde, sondern ahndet sie zu seiner Zeit, erst danach Neubeginn der Gottesgemeinschaft. Damit Nähe zur frühen Prophetie. Aussonderung Israels wird national-religiös verstanden und schließt andere Völker vom Heil aus. |
| Zeit des untergehenden Nordreichs um 721 und der Reform des Josia nach 626 | Quellenschicht "D" (Deuteronomium)<br>Im Nordreich um 75o durch Erweiterung des Bundesbuchs entstanden, nach 721 ins Südreich gebracht, dort mehrfach ergänzt und überarbeitet. Reformschrift der Zeit Josias. Paränetisch-pathetischer Stil unter drei Grundgedanken: -Einheit des Kults in Jerusalem entspricht der Einheit Gottes. -Jahwes Eifer richtet sich gegen Verehrung fremder Götter und damit gegen Kanaan. -Gottes Liebe zu seinem Volk fordert vom Gläubigen Nächstenliebe. Insgesamt trotz allem "Nein" zum Säkularismus eine positive Zukunftserwartung. |
| Zeit der babylonischen Gefangenschaft nach 587 und Heimkehr in mehreren Schüben nach 538 | Quellenschicht "P" (Priesterschrift)<br>Im babylonischen Exil entstanden etwa bis 5oo. Priesterliche Neubearbeitung aller vorhandenen Quellen, Einfügung priesterlicher Eigentraditionen (Heiligkeitsgesetz, Opferanweisungen, Reinheitsvorschriften, Liturgien, Namenslisten, Urgeschichte u.a. aus mesopotamischen Quellen. Absolut jenseitige Gottesvorstellung. Gottesgesetze setzen Neuanfänge in der Geschichte seiner immer wieder abfallenden Menschheit: -Auf die Schöpfung folgt das Sabbathgebot, auf die Sintflut das Noahgesetz, an Abraham ergeht das Beschneidungsgebot, Mose empfängt das endgültige Sinaigesetz. Programmschrift für die priesterlich-gesetzlich orientierte religiöse Erneuerung nach dem Exil. |

## Nachkommen Davids, Könige in Juda und ihre Frauen

Die Namensangaben stimmen zwischen den Königs- und Chronikbüchern weitgehend überein. Wenige Unsicherheiten sind leicht zu entscheiden.
Mit (+) oder (-) ist das positive oder negative Urteil der Königsbücher über die Regierungszeit des jeweiligen Königs gemeint.

| | | | | | |
|---|---|---|---|---|---|
| | (+) | David | Bathseba | (Siebte Frau Davids, vorher Frau Urias) 2.Sam.12,24 u.a. | 1004-965 |
| | (+-) | Salomo | Naama | (Ammoniterin, neben zahlreichen anderen Ausländerinnen) 1.Kön.14,21; 2.Chr.12,13 | 965-926? |
| | (-) | Rehabeam | Michaja | (Tochter Uriels aus Gibea) falsch 1.Kön.15,2; richtig 2.Chr.13,2 | 926-910 |
| | (-) | Abia | Maacha | (Tochter Abisaloms) Schlechter Einfluß auf Abia 1.Kön.15,10-13 | 910-908 |
| | (+) | Asa | Asuba | (Tochter Schilhis) 1.Kön.22,42; 2.Chr.20,31 | 908-868? |
| | (+) | Josaphat | | Keine Angabe über seine Frau, aber viele Söhne 2.Chr.21,2. Mitregent seit 872? | 868-847? |
| | (-) | Joram | Athalja | (Tochter König Ahabs von Israel!) 2.Kön.8,18; 2.Chr.21,6 | 847-845? |
| Getötet durch Jehu | (-) | Ahasja | Zibja | (aus Beerseba) 2.Kön.12,2; 2.Chr.24,1 | 845 |
| | | Athalja | | Königin in Juda, ermordet 2.Kön.11,1-16; 2.Chr.22,1-23,21 | 845-840 |
| Ermordet | (+) | Joas | Joaddan | (aus Jerusalem) 2.Kön.14,2; 2.Chr.25,1 | 840-801 |
| | (+) | Amazja | Jecholja | (aus Jerusalem) 2.Kön.15,2; 2.Chr.27,1 | 801-773? |
| Auch Usia, aussätzig | (?) | Asarja | Jeruscha | (Tochter Zadoks) Mitregent 787 2.Kön.15,33; 2.Chr.27,1 | 787-735? |
| | (+) | Jotham | | Keine Angabe über seine Frau. Zeitlebens nur Mitregent? | 758-743? |
| Mitregent bis 735? | (-) | Ahas | Abi, Abia | (Tochter Sacharias) 2.Kön.18,2; 2.Chr.29,1 | 743-725 |
| Aufstand gegen Assur | (+) | Hiskia | Hephziba | (keine weitere Angabe) 2.Kön.22,1 | 725-697 |
| | (-) | Manasse | Meschullemeth | (Tochter des Horuz aus Jotba) 2.Kön.21,19 | 696-642 |
| Ermordet | (-) | Amon | Jedida | (Tochter Adajas aus Bozkath) 2.Kön.22,1 | 641-640 |
| Reformkönig, fällt gegen Pharao Necho | (++) | Josia | Hamutal | (Tochter Jeremias aus Libna) 2.Kön.23,31; 24,18 | 639-609 |
| | | | Sebudda | (Tochter Pedajas aus Runa) 2.Kön.23,36 | |
| Sohn Hamutals, abgesetzt von Necho | (?) | Joahas | | Keine Angabe über seine Frau | 609 |
| Sohn Sebuddas, Aufstand gegen Babel | (-) | Jojakim | Nehuschta | (Tochter Elnathans) 2.Kön.24,8 | 609-598 |
| Gefangen nach Babylon | (?) | Jojachin | | (auch Jechonja, Stammvater der späteren Davididen) | 598 |
| Sohn Hamutals | (-) | Zedekia | | (Ende des Reiches Juda, Zerstörung Jerusalems) | 597-587 |

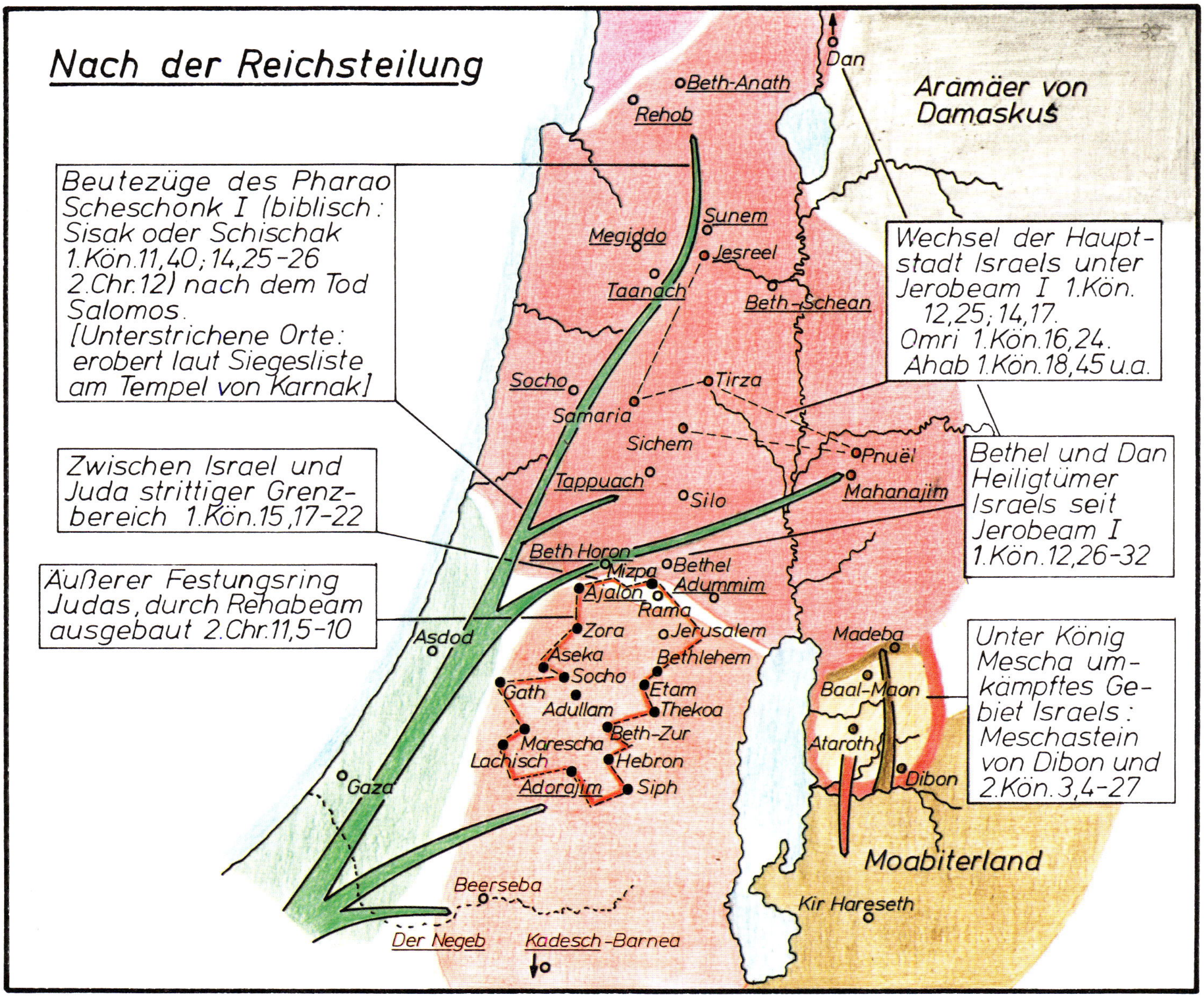


## Nach der Reichsteilung

Die Trennung der beiden Teile des salomonischen Reiches in ein **Südreich** der Davididen und ein **Nordreich** wechselnder Dynastien durch die törichte Großmannssucht des Salomosohnes **Rehabeam** fiel zusammen mit einem kurzzeitigen Erstarken Ägyptens unter dem Bubastiden **Scheschonk I,** in der Bibel Schischak genannt. Eigenartigerweise deuten seine Siegeslisten darauf hin, daß unter seinen Raubzügen das Nordreich weit mehr zu leiden hatte als das Südreich, obgleich in Israel sein früherer Schützling **Jerobeam I** König geworden war (1. Kön. 12-14).

Es mag sein, daß Rehabeam nach ersten Ägyptereinfällen mit der Aufrüstung **Judas** Erfolg hatte. Südlich und südwestlich von Jerusalem wurde eine Kette von Städten in **Festungen** verwandelt. Im Norden gelang unter den Nachfolgern die Sicherung des knappen Vorfelds zwischen **Rama** und **Mizpa/Geba** (1. Kön. 15; 2. Chr. 11).

Der Wechsel der **Hauptstädte im Nordreich** spiegelt die politische Lage wider. Vor Scheschonk wich man von **Sichem** ins Ostjordanland aus, nach **Pnuel. Tirza** und **Samaria** lagen wieder im Zentrum, Samaria näher an der umkämpften Philistergrenze. Daß König Ahab **Jesreel** bevorzugte, mindestens als Sommerresidenz, mag mit seinen Beziehungen zu Phönizien und der Nähe der immer öfter bedrohten Ostgrenze zusammenhängen. Dort erstarkt **Aram-Damaskus** und wird Israels Erbfeind. Um das alte Stammesgebiet **Rubens** gab es Streit mit **Moab.** Um sich von **Jerusalem** unabhängig zu machen, schuf Jerobeam die beiden Heiligtümer **Bethel** und **Dan** für den Jahwe-Kult, was ihm spätere Zeiten verständlicherweise übel vermerkten (»Sünde Jerobeams«).

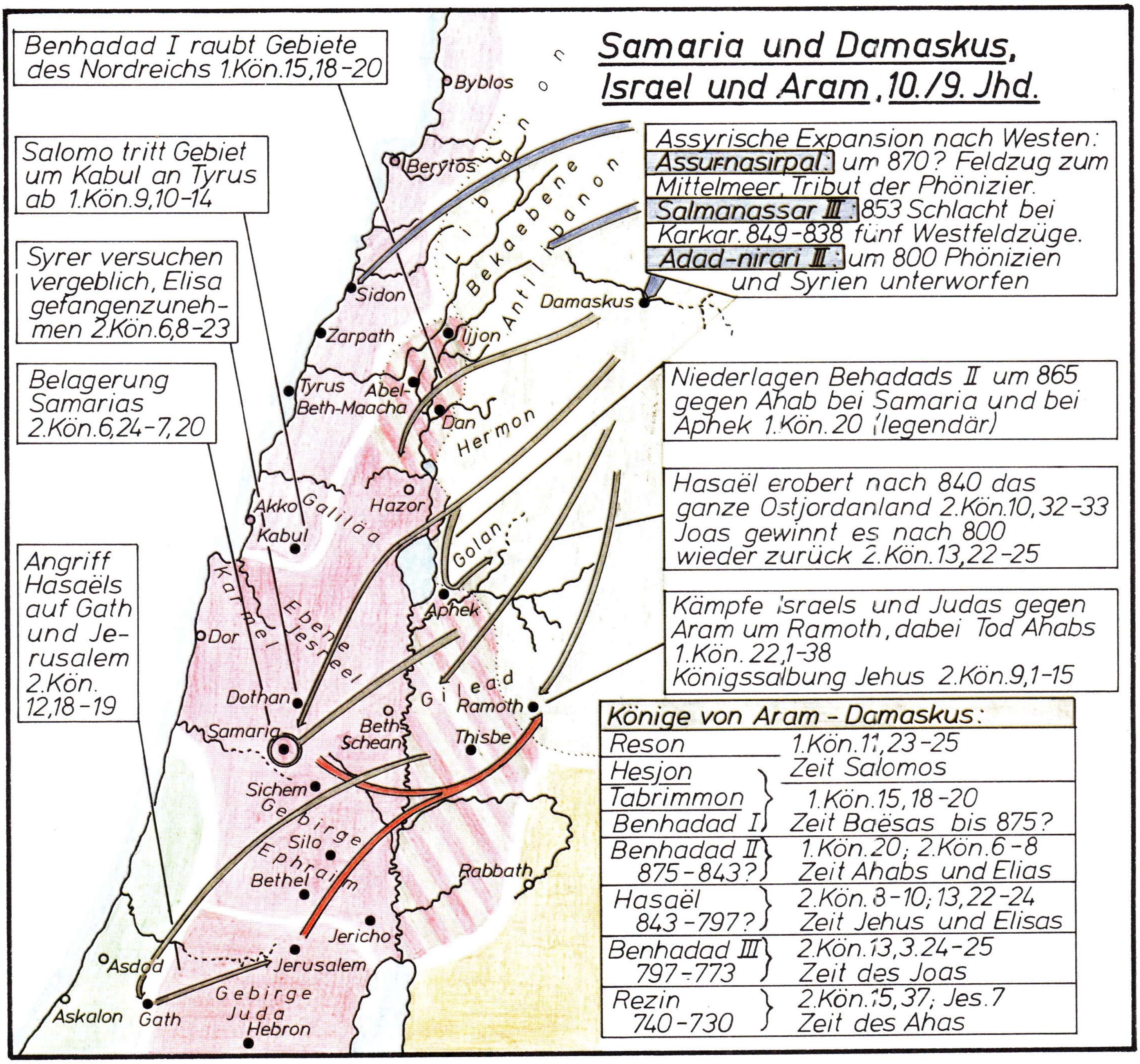


---

**Israel im 10. und 9. Jahrhundert v. Chr.**

Während der überwiegenden Zeit des **Nordreichs** waren seine Könige belastet durch Auseinandersetzungen mit dem **Aramäerstaat von Damaskus,** bei Luther die »Syrer« genannt. Die Kämpfe zwischen diesen etwa gleichstarken Kleinstaaten hinderten beide daran, einer wachsenden Bedrohung durch die Weltmacht Assur rechtzeitig zu begegnen. Das Bündnis Ahabs mit anderen Aramäer- und Phönizierreichen zur Schlacht von **Karkar** von 853 blieb eine Episode.

Damaskus löste sich wohl als erster Aramäerstaat mit dem Usurpator **Reson** aus **Salomos** Tributherrschaft (1. Kön. 11).

**Baësas** Versuch, an Judas Nordgrenze Festungen zu errichten, brachte ein Bündnis **Asas** mit **Benhadad I** zustande. Die Aramäer besetzten vorübergehend das ohnehin ungünstig gelegene Nordgaliläa (1. Kön. 15).

Heftige Kämpfe unterschiedlichen Ausgangs führte **Ahab** gegen **Benhadad II** um Teile des Ostjordanlands. Elia griff ihn dabei wegen seiner Bündnispolitik mit Phönizien und Förderung des Baalskults an (1. Kön. 20 - 2. Kön. 8).

Die bittersten Niederlagen mußte die frühe Dynastie **Jehu** hinnehmen, der **Hasaël** das ganze Ostjordanland abnahm. Er machte Israel praktisch tributpflichtig. Sogar von Juda erzwang er hohe Tribute. Erst unter seinem Sohn **Benhadad III** gelang **Joas** die Rückeroberung Gileads, wie Elisa vorhergesagt hatte. Für kurze Zeit erhielt Israel Ruhe (2. Kön. 8-13).

**Rezins** antiassyrische Allianz mit dem Nordreich gegen **Ahas** von Juda leitete nach 740 den Untergang beider Staaten ein (2. Kön. 15; Jes. 7).

---

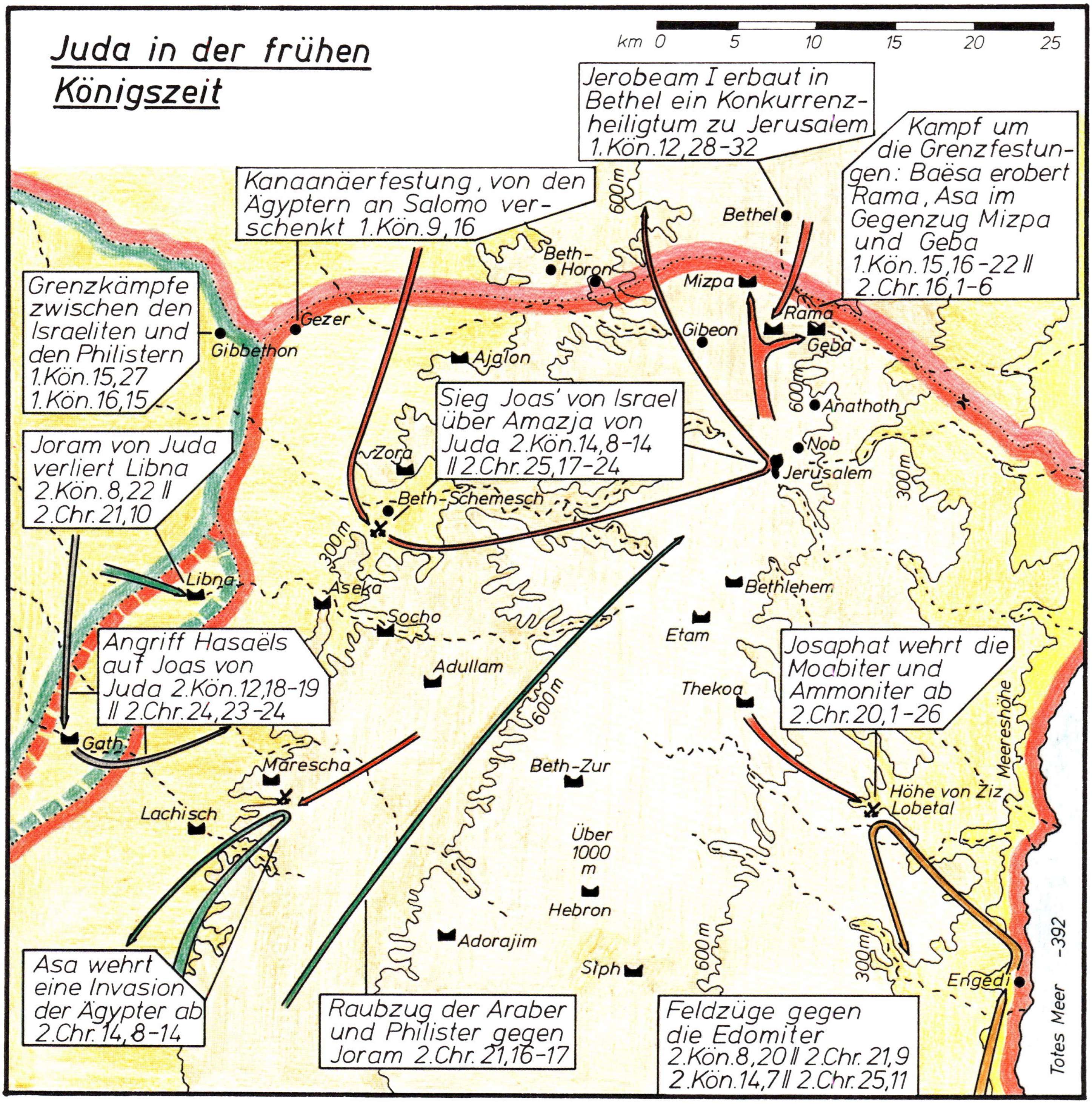


---

## Juda in der frühen Königszeit

Das Südreich unter seinen davididischen Königen lag während der frühen Königszeit in einer wenig gefährdeten politischen Gegend, während das Nordreich den Hauptexpansionsdruck der Assyrer und der Syrer erlebte. **Rehabeam** (926-910) hatte seinen Reichsteil mit einer Kette starker Festungen umgeben. Seine Nachfolger mußten nur gelegentlich Einfälle abwehren.

**Asa** (908-868) gelang es, dem Nordreich die Orte **Mizpa** und **Geba** zu entreißen. Er verbündete sich gegen die Israeliten, die **Rama** besetzt hatten, mit den Syrern. Auch die Ägypter erlitten bei **Marescha** eine Niederlage.

**Josaphat** (868-847) konnte in der Wüste Juda die **Moabiter** und **Ammoniter** abwehren, wenn der Bericht in den Chronikbüchern zuverlässig ist.

**Joram** (847-845) führte einen erfolglosen Feldzug gegen die **Edomiter.** Im Westen verlor er **Libna** an die Philister. Diese setzten im Bündnis mit den Arabern durch eine Invasion bis nach Jerusalem seiner Regierung ein Ende.

**Joas** (840-801) mußte sich durch Tribute von dem Syrer **Hasaël** freikaufen.

**Amazja** (801-773) war gegen **Edom** zwar erfolgreich, sein Kräftemessen mit **Israel** freilich endete mit einer schweren Niederlage.

---

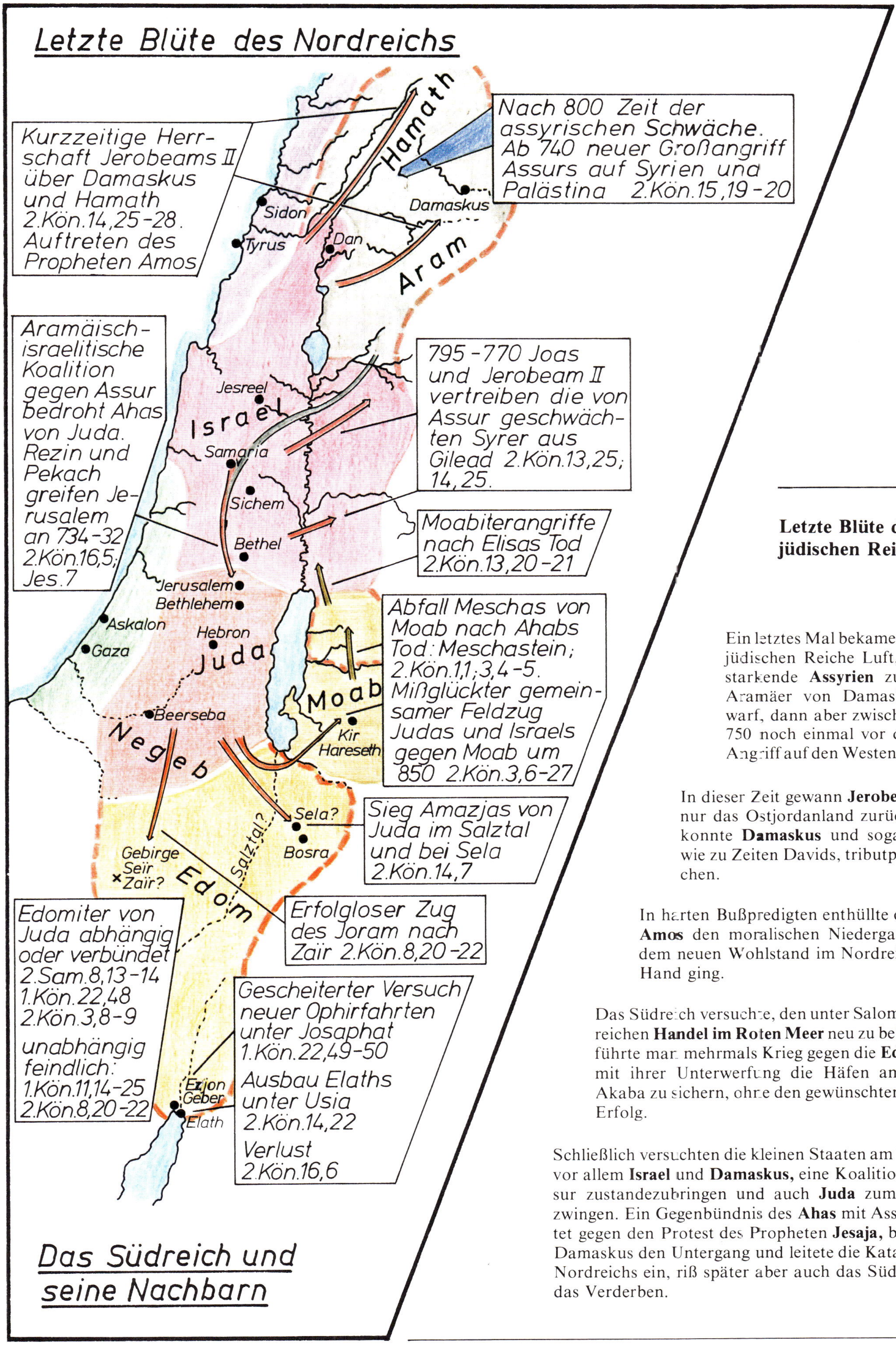


**Letzte Blüte der jüdischen Reiche**

Ein letztes Mal bekamen die beiden jüdischen Reiche Luft, als das erstarkende **Assyrien** zunächst die Aramäer von Damaskus niederwarf, dann aber zwischen 800 und 750 noch einmal vor dem großen Angriff auf den Westen Atem holte.

In dieser Zeit gewann **Jerobeam II** nicht nur das Ostjordanland zurück, sondern konnte **Damaskus** und sogar **Hamath,** wie zu Zeiten Davids, tributpflichtig machen.

In harten Bußpredigten enthüllte der Prophet **Amos** den moralischen Niedergang, der mit dem neuen Wohlstand im Nordreich Hand in Hand ging.

Das Südreich versuchte, den unter Salomo so ertragreichen **Handel im Roten Meer** neu zu beleben. Dazu führte man mehrmals Krieg gegen die **Edomiter,** um mit ihrer Unterwerfung die Häfen am Golf von Akaba zu sichern, ohne den gewünschten dauernden Erfolg.

Schließlich versuchten die kleinen Staaten am Mittelmeer, vor allem **Israel** und **Damaskus,** eine Koalition gegen Assur zustandezubringen und auch **Juda** zum Beitritt zu zwingen. Ein Gegenbündnis des **Ahas** mit Assur, eingeleitet gegen den Protest des Propheten **Jesaja,** brachte zwar Damaskus den Untergang und leitete die Katastrophe des Nordreichs ein, riß später aber auch das Südreich mit in das Verderben.

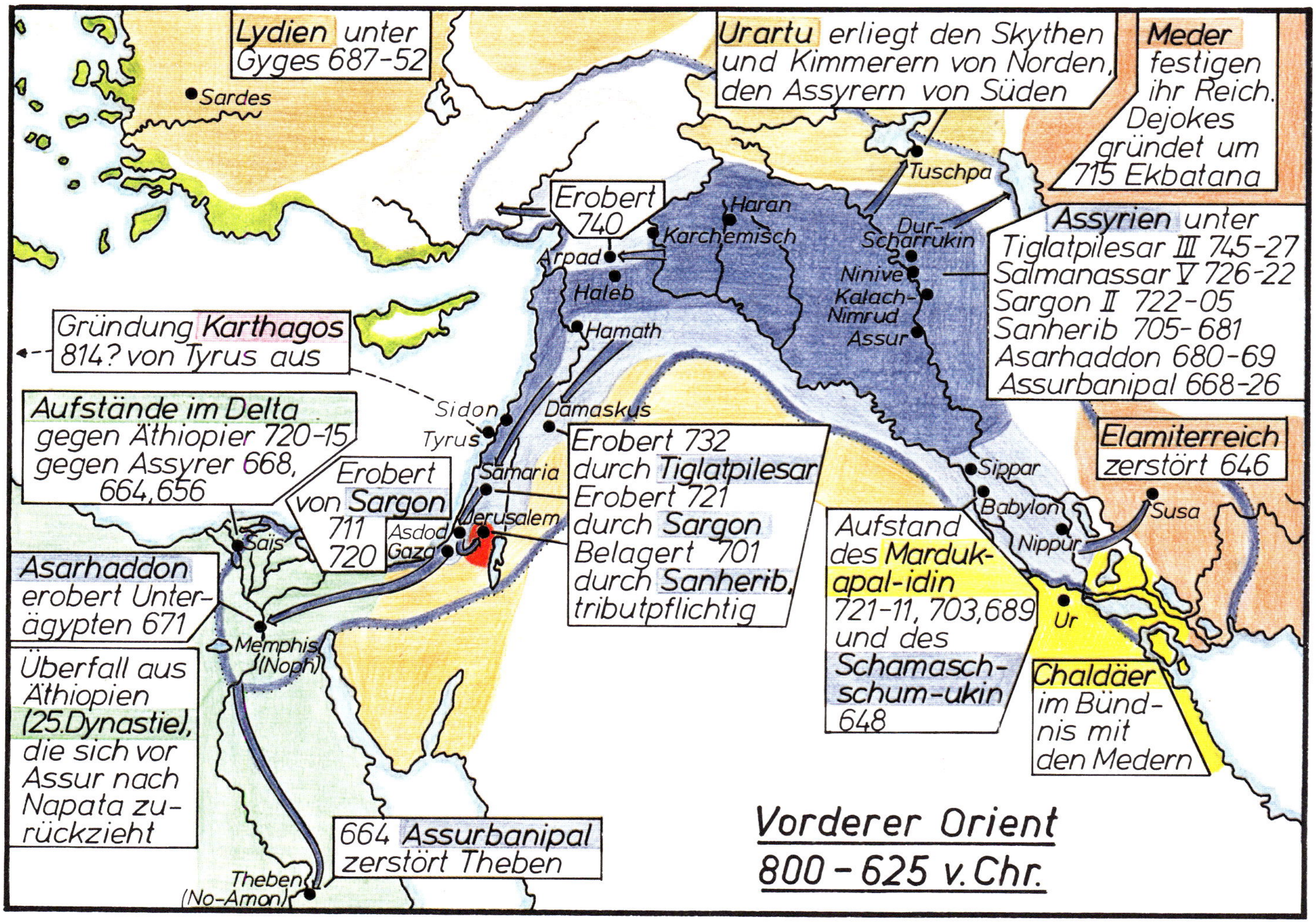


**Vorderer Orient zwischen 800 und 625 v. Chr.** (Zeit der Großmacht Assur)

Nach kurzer Zeit innerer Schwäche zwischen 800 und 750, in der die beiden israelitischen und einige aramäische und phönizische Kleinreiche noch einmal aufblühen, setzt jene brutale Expansion Assurs ein, die es zum Schrecken der Alten Welt macht. Zerstörung ganzer Kulturen, Massenvernichtung und Deportation, Plünderung, Erpressung und Demütigung unterworfener Völker kennzeichnen die jährlichen Raubzüge gutbewaffneter assyrischer Heere.

Unter **Tiglatpilesar III** ereilt dieses Schicksal die **Aramäerstaaten** und **Phönizierstädte** sowie Teile Nordisraels. **Salmanassar V** und der Usurpator **Sargon II** zerstören Samaria und liquidieren das **Nordreich.** Im babylonischen Tiefland bricht der Aufstand des Chaldäers **Marduk-apal-idin,** des biblischen Merodach-Baladan, zusammen. Auch das Reich **Urartu,** biblisch Ararat, von Reitervölkern aus der nördlichen Steppe geschwächt, erliegt Assur.

**Sanherib** beendet die Eroberung Palästinas. Die schon vorher unterworfenen **Philisterstädte** demütigt er erneut. Das aufständische **Südreich Hiskias** engt er räumlich erheblich ein und macht es 701 tributpflichtig. Auch **Babylon** wird 689 von ihm nach einem neuen Aufstand zerstört.

Die beiden letzten großen Assyrer **Asarhaddon** und **Assurbanipal** setzen die Eroberungspolitik durch Einfall in **Ägypten** fort. Die **Äthiopier** der 25. Dynastie werden besiegt und nach Süden verdrängt. Ihre Aufstände und die einheimischer Fürsten können allerdings nur kurze Zeit abgewehrt werden. Dabei wird 664 **Theben** zerstört. Aber schon 656 geht Ägypten wieder verloren. 648 muß **Assurbanipal** erneut in **Babylon** eingreifen und besiegt 646 noch die **Elamiter,** sieht sich dann aber einer Koalition von **Medern, Chaldäern** und **Skythen** gegenüber. Er selbst ist eher am kulturellen Aufschwung Assurs interessiert und hinterläßt eine umfangreiche Tontafelbibliothek in Ninive. Die Vernachlässigung der kriegerischen Stärke hat dann unter schwachen Nachfolgern zwangsläufig den Zusammenbruch dieses Militärstaats zur Folge.

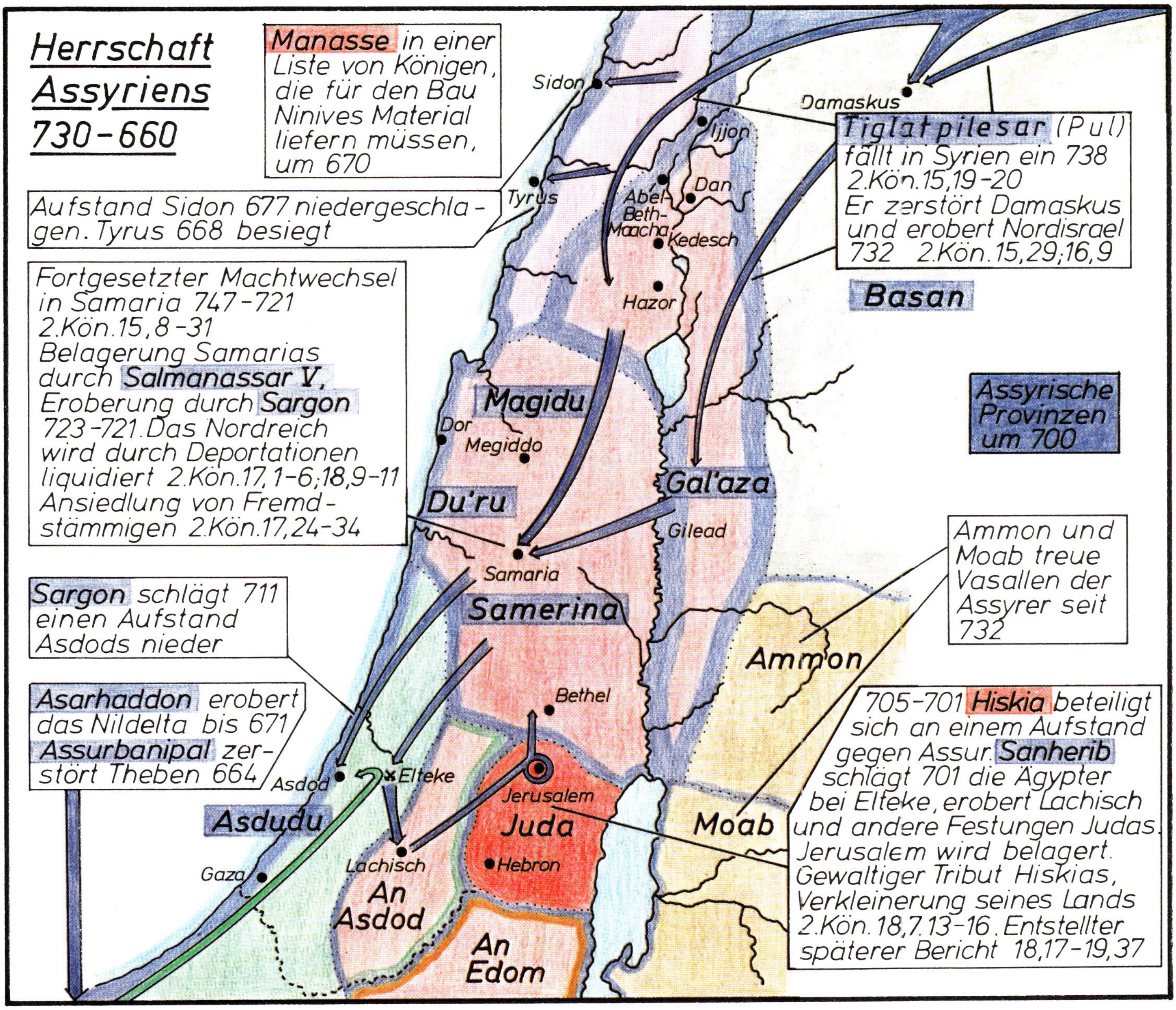


**Herrschaft Assyriens 730-660 v. Chr.**

Nachhaltiger als alle vorhergehenden Nachbarreiche haben die Assyrer in das Geschick der beiden jüdischen Staaten eingegriffen. Für das Nordreich brachte ihre Westexpansion den totalen Untergang. Aber auch das Südreich blieb schließlich nur als abhängiger Rumpfstaat übrig. Fast alle großen assyrischen Könige dieser Zeit sind in der Bibel genannt.

**Tiglatpilesar III** oder **Pul** (1. Kön. 15, 19. 29; 16, 8-10) drang in mehreren Feldzügen nach Westen vor. 738 zahlte der Nordreich-König **Menahem** Tribut. 732 wurde die Koalition **Pekachs** mit Syrien auf Veranlassung des **Ahas** zerschlagen, Damaskus zerstört und Israel seiner Nord- und Ostgebiete beraubt.

**Salmanassar V** (2. Kön. 17, 3-5) beantwortete den Abfall des letzten Königs **Hosea** mit der völligen Besetzung des Landes und der Belagerung Samarias.

**Sargon II,** sein Nachfolger (2. Kön. 17, 6. 24-41), eroberte 721 Samaria, verpflanzte die Bevölkerung des Nordreichs ins Innere seines Reichs und besiedelte das Land mit Fremdstämmigen: die übliche Herrschaftsmethode Assurs.

Sein Sohn **Sanherib** (2. Kön. 18-19) schlug mehrere Aufstände in Palästina nieder; an einem davon war der Südreich-König **Hiskia** maßgeblich beteiligt. Wie immer 701 der Entscheidungskampf ausging (es gelang Sanherib offenbar nicht, die Stadt Jerusalem zu erobern), Hiskias Staat blieb fast auf das Stadtgebiet beschränkt und tributpflichtig zurück.

Um ihre Südwestflanke völlig zu sichern, eroberten **Asarhaddon** (2. Kön. 19, 37) und **Assurbanipal** um 670 Ägypten und schlugen Aufstände dort und in Phönizien nieder. Hiskias Sohn **Manasse** (2. Kön. 21, 1-18; 2. Chr. 33) war Zeit seines Lebens ein mehr oder weniger zuverlässiger Vasall der Assyrer. Doch ließ der völlige Untergang des Südreichs noch ein wenig auf sich warten.

**Zeitliche Einordnung von Texten der Propheten Jesaja, Amos, Hosea, Micha**

Ereignisse der Weltgeschichte und ihre Erwähnung in der Bibel
Könige des Südreichs
Könige des Nordreichs
Versuch der Einordnung prophetischer Texte

Jerobeam II König in Israel 787-747 (2.Kön.15,23-29)
Asarja-Usia König in Juda 787-735? (2.Kön.15,1-7) (758 aussätzig?)

Etwa 77o Jesaja geboren?
Etwa 76o Amos aus Thekoa/Juda zieht nach Samaria und Bethel, wo er ausgewiesen wird ("Amosbuch")

Jotham Thronverweser in Juda 758-743? (2.Kön.15,5-7. 32-36)

Etwa 75o-725 Hosea Prophet im Nordreich ("Hoseabuch")
Nach 75o "Hoseas Ehe als Gleichnis" (Hosea 1-3)

Sacharja König in Israel 747 (2.Kön.15,8-12)
Schallum tötet Sacharja. König in Israel 747 (2.Kön.15,1o.13)
Menahem tötet Schallum. König in Israel 747-738 (2.Kön.15,14-22)

Etwa 747 "Königsmorde" (Hosea 7,3-7; 8,4)

Tiglatpilesar III König von Assur 745-727 (Pul) (2.Kön.15,19.2o.29)

Vor dem syrisch-ephraimitischen Krieg:
"Jesajas Tempelvision" (beschrieben Jes.6,1-13)
"Gegen Vornehme und Frauen" (Jes.3,1 - 4,1?)
"Weinberglied" (Jes.5,1-7) "Weherufe" (Jes.5,8-24; 1o,1-4)

Ahas Thronverweser, dann König in Juda 743-725 (2.Kön.16)

74o Erstes Erscheinen Tiglatpilesars in Syrien und Phönizien
738 Aufstand gegen Assur bricht zusammen. Rezin von Damaskus, Hiram von Tyrus, die Araber von Kedar und Menahem von Israel zahlen Tribut (2.Kön.15,19)

Etwa 738 "Beziehungen zu Assur" (Hosea 5,13; 7,11-16; 8,9; 1o,5-8; 12,2)
Zwischen 736 und 711 Prophetie Michas von Morescheth ("Michabuch", Einzelzuweisungen schwierig)

Pekachja König von Israel 737-736 (2.Kön.15,23-26)
Pekach tötet Pekachja. König von Israel 735-732 (2.Kön.15,25-31)

733-732 Syrisch-ephraimitischer Krieg Pekachs und Rezins gegen Ahas. Ahas holt die Assyrer zu Hilfe (2.Kön.16,5-9)

Im syrisch-ephraimitischen Krieg:
"Glaubt ihr nicht, so bleibt ihr nicht" (Jes.7,1-9)
"Sohn der Jungfrau" (Jes.7,1o-17; 7,18-25?)
"Raubebald und Eilebeute" (Jes.8,1-22)
"Gottes Zorn läßt noch nicht ab" (Jes.9,7-2o+5,25; 5,26-3o? 17,1-6? 28,1-4?)
"Der Bruderkrieg" (Hosea 5,8 - 6,6)

732 Tiglatpilesar zerstört Damaskus, erobert Galiläa, stürzt Pekach
Erste Deportation von Einwohnern des Nordreichs (2.Kön.15,29)

Nach dem syrisch-ephraimitischen Krieg:
"Trost für das Nordreich" (Jes.8,23 - 9,6?)
"Angriff von Norden" (Jes.1o,27-32?)
"Gegen die Philister" (Jes.14,28-32?? 18? 2o?)
Um 725 "Hoseas letzte Worte" (Hosea 7,11-16; 12,2 u.a.)

Hosea König von Israel 731-723, assyrischer Vasall (2.Kön.17,1-6)
Salmanassar V König von Assur 726-722 (2.Kön.17,3)

726-721 Aufstände gegen Assur (Hanno von Gaza, Hosea von Israel). Ahas zahlt Tribut, muß aber assyrische Götter aufnehmen (2.Kön.16,1o-18)

Hiskia König in Juda 725-697 (2.Kön.18-2o)
723-721 Gefangennahme Hoseas, Belagerung Samarias

Sargon II König von Assur (Usurpator) 722-7o5 (Jes.2o,1 genannt)

**Zeitliche Einordnung von Texten des Propheten Jesaja** — Fortsetzung

Ereignisse der Weltgeschichte und ihre Erwähnung in der Bibel
Könige des Südreichs
Versuch der Einordnung prophetischer Texte

721 Eroberung Samarias, Deportation der Nordreichsbevölkerung. Ansiedlung fremder Volksgruppen, die eigene Kulte mitbringen. Grundlage für die spätere Entstehung der "Samaritaner" (2.Kön.17,6-41)

72o Aufstand von Hamath und Gaza. Schlacht bei Karkar und Raphia. Sargon II zerstört Gaza

Marduk-apal-idin König in Babylon (Merodachbaladan) 721-711

"Babylonische Gesandtschaft an Hiskia?" (2.Kön.2o)

715 Sargon zieht gegen arabische Stämme

Schabaka Pharao in Ägypten 716-7o1 (25.Dynastie, Äthiopier)

713? "Äthiopische Gesandte in Jerusalem"(Jes.18,1-7?)
"Gegen Assur" (Jes.1o,5-15? 14,24-27?)

713 Aufstand gegen Assur unter Führung Asdods niedergeschlagen
711 Asdod von Sargon zerstört. Hiskia kann sich durch Tribut retten

711 "Keine Hoffnung auf Ägypten" (Jes.2o,1-6)

Sanherib König von Assur 7o5-681 (2.Kön.18-19 legendär)
Marduk-apal-idin 711 vertrieben, versucht 7o3 erneut, Babylon zu erobern

7o5-7o1 Allgemeiner Aufstand gegen Sanherib unter Anstiftung Ägyptens,
Hiskia schließt sich 7o3 an. Aufmarsch der Assyrer beginnt

"Worte Jesajas zum Krieg gegen Assur" (Jes.28,7-12; 28,14-18; 29,9-1o.13-16; 3o,1-7; 31,1-3)

Hiskia versucht eine Kultreform (2.Kön.18,2-6)

7o1 Sanherib besiegt die Ägypter bei Eltheke (2.Kön.18,2o-21)
7o1 Eroberung der wichtigsten Festungen Judas. Jerusalem erkauft sich die Verschonung durch gewaltigen Tribut. Verkleinerung des Staatsgebiets

Entstellter, legändärer Bericht hierüber (2.Kön.18,13 - 2o,19)
nach dem 4.Jhd. ins Jesajabuch übernommen (Jes.26-39)
Letzte Worte Jesajas (1,2-9.1o-2o? 22,1-4.12-14? 3o,8-17?)

Schabataka Pharao in Ägypten 7o1-689

Manasse König in Juda 696-642 (2.Kön.21,1-18)

Taharka Pharao in Ägypten (Tirhaka) 689-671 (2.Kön.19,9 als Kronprinz?)
Asarhaddon König in Assur und Babylon 68o-669 (2.Kön.19,37)

68o Wiederaufbau des zerstörten Babylon, Bündnis mit den Skythen, erfolgreiche Feldzüge nach allen Seiten. Kulturelle Glanzzeit Assurs
677 Aufstand Sidons, Manasse muß Hilfstruppen für Assur stellen
674 Erster mißglückter Zug der Assyrer gegen Ägypten
671 Zweiter Zug, Tirhaka wird vertrieben, Asarhaddon erobert Memphis

Assurbanipal König in Assur 668-626? Große Tontafelbibliothek in Ninive

Schwer datierbare, aber wahrscheinlich echte Jesajatexte:
1,21-31; 3,1-15; 3,16 - 4,1; 22,15-18 (wohl Frühzeit)

Umstrittene Urheberschaft bzw. zum kleinen Teil von Jesaja:
1o,33 - 11,16; Fremdvölkersprüche 13-23; 21,11-17.19-25

Stücke wahrscheinlich aus zweiter Hand, meist nachexilisch:
1,1; 2,2-5.6-22? 4,2-6; 1o,16-27; 12,1-6; 13,2-22; 14,1-23; 19,1-27; 21,1-1o; 22,5-11; 23,1-14; Jesajaapokalypse 24-27; Teile von 28-32; 33; Edomiterapokalypse 34; Zionszug 35; Jesajalegenden 36-39 von den Königsbüchern übernommen

Quellen: Kaiser und Weiser im ATD; Fohrer, Einleitung.
Wo Fohrer und andere Kaiser widersprechen, ist ? angebracht.

## Geschichte zweier bedeutender Kanaanäerstädte am Rande Israels

### **Megiddo am Karmel** (Har Mageddon)

19. Jhd. v. Chr.: Kanaanäischer Tempelkomplex und Opferstätte in der untersten Ausgrabungsschicht.

Um 1468: **Tutmosis III** besiegt die Kanaanäer bei Megiddo. Eroberung der Stadt. Siegesliste am Tempel von Karnak bei Theben.

Um 1450: Ägyptische Garnison in Megiddo, das damals gegenüber dem nahen Taanach geringe Bedeutung hat.

Um 1360: Ägyptentreue kanaanäische Vasallen in Megiddo (**Amarnabriefe** Nr. 234; 242-46; 248).

Um 1220: Megiddo blühende Stadt der Kanaanäer. **Manasse** kann es nicht unterwerfen (Jos. 17, 11-12; Ri. 1, 27).

Um 1200: Sieg **Baraks und Deboras** über eine kanaanäische Koalition in der Nähe Megiddos (Deboralied Ri. 5, 6. 19).

Um 1160: Statue des Ramses IV weist auf ägyptischen Einfluß hin.

Um 1140: Megiddo zerstört und lange Zeit verlassen, vielleicht beim Auftreten der **Philister** und Teuker?

Um 1100: Teil-Wiederaufbau Megiddos durch den kanaanäischen Adel?

Um 1000: Aufmarsch der Philister bei dem nahegelegenen Aphek gegen **Saul** (1. Sam. 29 und 31).

Um 950: Ausbau Megiddos nach Eroberung durch **Salomo** zur Wagenstadt (1. Kön. 4, 12; 9, 15; 10, 26)? Ausgegraben: Kasemattenanlage, neues Tor und kleinere Häuser.

Um 925: Pharao **Sisak** erobert Megiddo auf einem Beutezug gegen Jerobeam I (Nr. 27 auf seiner Siegesliste).

9. Jhd.: Megiddo unter der **Omri-Dynastie** erneut Streitwagenstadt. Ausgegraben: Stallungen (?), Palastbauten und Magazine aus dieser Zeit.

Um 730: **Assyrischer** Palast. Nach Untergang des Nordreichs assyrische Provinz Magidu in Texten bezeugt.

609: **Josia** fällt bei Megiddo gegen Pharao **Necho.** Die Stadt wird teilweise zerstört (2. Kön. 23, 29).

Um 500: **Persischer** Palast. Später kein Besiedlungsnachweis mehr, aber am strategisch wichtigen Karmelübergang zahlreiche Schlachten.
**»Harmagedon«** apokalyptische Chiffre für eine endzeitliche Entscheidungsschlacht (Offb. 16, 16).

### Beth-Schean am Jordan

19. Jhd. v. Chr.: Besiedlung und Stadtfürstenherrschaft durch Kanaanäer?

1468: **Tutmosis III** besetzt die Stadt ebenso wie die Nachbarorte bei seinem großen Feldzug nach Palästina. 300jährige ägyptische Herrschaft. Burgbau unter **Amenophis III**? Ausgegraben: 2 Tempel aus dieser Periode.

Um 1360: **Amarnabrief** Nr. 289 aus Jerusalem deutet eine kurzzeitige Eroberung Beth-Scheans durch aufständische Fürsten Mittelpalästinas an.

Um 1300: **Sethos I** wirft einen Aufstand der Kanaanäer nieder. Stelen des Pharao und andere ägyptische Gegenstände aus dieser Zeit.

13. und 12. Jhd.: Stelen **Ramses II und III.** Mächtige Lehmsteinmauer. Zwei Tempelneubauten (Astarte/Anath und Mikal/Reschef) mit vielen Votivgaben. Schlangenkult. Private Denkmäler mit echt ägyptischer Arbeit. Beth-Schean scheint administrativer Hauptstützpunkt Ägyptens in Palästina zu sein. Kanaanäischer Stadtadel vertrieben oder entmachtet?

Um 1220: **Manasse** kann bei seiner Landnahme Beth-Schean nicht einnehmen. Hierbei wird eine Streitwagentruppe erwähnt (Jos. 17, 11. 16; Ri. 1, 27).

Um 1100: **Seevölker,** Verwandte der Philister, übernehmen das ägyptische Erbe auch im Jordangraben. Nekropolen in der Nähe von Beth-Schean aus dieser Zeit zeigen ägäische Einflüsse.

Um 1000: Nach **Sauls** Niederlage bei Gilboa wird sein Leichnam in Beth-Schean von Jabeschiten entführt (1. Sam. 31, 10. 12; 2. Sam. 21, 12). Die Stadt ist also philistäisch oder mindestens mit den Philistern verbündet.

Um 950: Besitzergreifung durch **Salomo,** provinzielle Verkümmerung der Stadt (1. Kön. 4, 12).

Um 925: Plünderung Beth-Scheans durch Pharao **Sisak.** Später (wann?) geht die Stadt Israel verloren.

218: **Antiochos III** erobert Beth-Schean. Hellenistischer Tempel des Dionysos aus dieser Zeit.

107: Beth-Schean jüdisch durch den Hasmonäer **Johannes Hyrkanos.**

63: **Pompeius** besetzt Beth-Schean. Es wird als **Skythopolis** wieder aufgebaut und Vorort der »Dekapolis«. Stattliche römische Bauten.

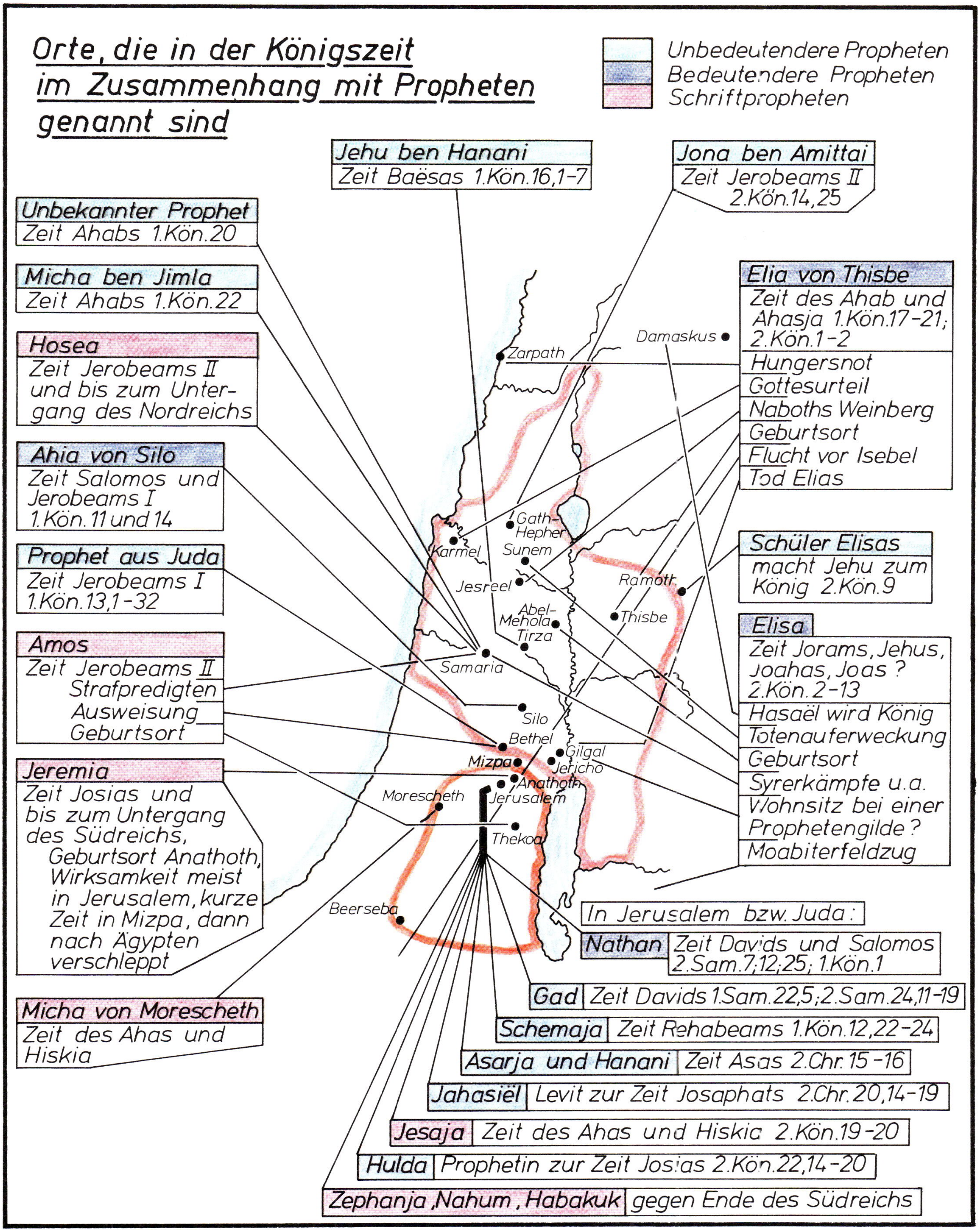


Diese Karte erhebt ebensowenig wie die folgenden Tabellen den Anspruch der historischen Zuverlässigkeit. Sie stellt nur Aussagen der Königs- und Chronikbücher dar, ohne Nachfrage nach dem Legendencharakter mancher Geschichte. Ähnliches gilt für die *vereinfachte Darstellung* der »Gottesdienstarten« in den folgenden Tabellen durch Farbblöcke (nachexilische Geschichtsschau).

# Kult, Könige und frühe Propheten

(Im deuteronomistischen und nachexilischen Urteil von Redaktoren der Königs- und Chronikbücher)

## Gottesdienstarten

Heiligtum in Silo
Kult um Bundeslade und Stiftshütte, Berichte über priesterliche Orakel (Ephod). Tieropfer

Stiftshütte u. Lade in Jerusalem
Zentralisierter Jahwekult

Tempelbau nach phönizischer Art
Zadokiden lösen Eliden ab

Salomo übernimmt Höhenkulte

| Juda: | Israel: |
|---|---|
| Tempeldienst u. Höhenkulte | Stierbilder in Bethel u. Dan |
| Kultprostitution | Höhenkulte |
| Teilweise Kultreform | Biblisch: "Sünde Jerobeams" |
| | Phönizische Baalskulte eingeführt |
| | Karmelgeschichte |
| Baalskult auch in Juda | Baalskult wird eingedämmt |
| Kultreform, Tempelerneuerung unter Jojada | Kultreform mit Jonadab dem Rechabiter |
| Edomitergötter | Ascherakult in Samaria |
| Usias Übergriff im Tempel mit Aussatz bestraft | Verweltlichter Jahwekult in Bethel |
| Ahas übernimmt assyrischen Kult, Priester Uria | |
| Hiskia stellt den vollen Jahwedienst her | |

## Juda

David
Salomo
Rehabeam
Abia
Asa
Josaphat
Joram
Ahasja
Athalja
Joas
Amazja
Asarja (Usia)
Jotham
Ahas
Hiskia

## Israel

Saul
(David)
(Salomo)
Jerobeam I
Nadab
Baësa
Ela, Simri
Omri
Ahab (Isebel)
Ahasja
Joram ben Ahab
Jehu
Joahas
Joas
Jerobeam II
Sacharja
Schallum
Menahem
Pekachja
Pekach
Hosea

## Propheten

Mann Gottes an Eli (1.S.2,27-36)
Samuel, Richter und Prophet
Ekstatische Prophetengilden (1.S.10,10-12; 19,20-24)
Nathan (2.S.7,1-17; 12,1-14; 25; 1.K.1,1-40)
Gad (1.S.22,5; 2.S.24,11-19)
Ahia von Silo (1.K.11,29-39)
Schemaja (1.K.12,22-24)
Unbek. Prophet (1.K.13,1-32)
Ahia von Silo (1.K.14,1-18)
Asarja ben Obed (2.Chr.15,1-7)
Hanani (2.Chr.16,7-10)
Jehu ben Hanani (1.K.16,1+7)
Prophetengilden und -schulen (1.K.18,4; 22,6; 2.K.2,1-6; 9,1-10)
Jahasiël (2.Chr.20,14-17)
Elia aus Tisbe (1.K.17; 18; 19; 21)
Unbek. Prophet (1.K.20,13-22.28.35-43)
Micha ben Jimla (1.K.22,7-28; 2.Chr.18)
Jehu ben Hanani (2.Chr.19,1-3)
Elia (2.K.1,1-17; 2,1-18; 2.Chr.21,12-15)
Elisa (1.K.19,19-21; 2.K.2; 3,1-20; 4-7; 8,1-15)
Jünger Elisas (2.K.9,1-10)
Elisas Tod (2.K.13,14-21)
2 unbek. Propheten (2.Chr.25,7-9.15-16)
Jona ben Amittai (2.K.14,25)
Amos von Juda (Amosbuch)
Hosea (Hoseabuch)
Jesaja (Jesajabuch 1-39)
Micha von Morescheth (Michabuch)
Obed (2.Chr.28,9-11)

Unbedeutende Propheten
Bedeutende Propheten
Schriftpropheten

# Kult, Könige und späte Propheten

## Gottesdienstarten

### Juda

- Assyrischer Kult
- Hiskia stellt den vollen Jahwedienst her
- Manasse führt im Tempel Astarte-, Moloch- und Baalsdienst ein
- Tempelausbesserung. Hilkia findet das Gesetzbuch (5.Mose)
- Kultreform in Juda auch auf Teile Israels ausgedehnt
- Neues Überhandnehmen heidnischer Kulte (Astarte Himmelskönigin)

### Israel

- Heidnisch-israelitische Mischreligion unter assyrischer Herrschaft

## Herrscher

### Juda

- Ahas
- Hiskia
- Manasse
- Amon
- Josia
- Joahas
- Jojakim
- Jojachin
- Zedekia

### Israel

- Hosea
- Assyrische Statthalter
- Ende der Assyrerherrschaft
- Josia erobert Teile des Nordreichs
- Ägypt. Besatzung
- Babylon. Vordringen nach Süden

Nebukadnezar

- In Israel/Juda: Restbestände an Jahwekult mit Fremdkult vermischt
- In Babylon: Erneuerung unter dem Einfluß von Propheten und Priestern

Babylonische Gefangenschaft 587-39

Kyros Perserkönig

Rückkehredikt für die Juden 539

| Gottesdienst | Priester u.a. | Statthalter |
|---|---|---|
| Tempelaufbau. Wiederaufnahme des Opferkults. Gleichzeitig Gesetzauslegung in der Synagoge | Josua | Scheschbazar<br>Serubabel |
| | Eliasib | |
| | Jochanan | Nehemia ab 445<br>Mauerbau<br>(Nehemiabuch) |
| Konsolidierung gesetzlicher Gottesdienstformen | Esra um 400<br>von Babel<br>(Esrabuch) | |
| Entstehung des Schriftgelehrtenstands (Rabbinen) | | |
| Apokalyptik löst die Prophetie ab | | |

## Schriftpropheten / Andere Propheten

- **Jesaja** (Jesajabuch 1-39)<br>735-690 Warnung für Ahas<br>Ermutigung für Hiskia<br>(2.K.19-20; 2.Chr.32)
- **Versch. Propheten** (2.K.21,10-15)
- **Zephanja** um 630 (Zephanjabuch)
- **Hulda** (2.K.22; 2.Chr.34)
- **Nahum** um 620 (Nahumbuch)
- **Jeremia** 627-580 (Jeremiabuch)<br>(2.Chr.35,25; 36,12)<br>Schreiber Baruch
- **Habakuk** um 600 (Habakukbuch)
- **Uria** (ermordet Jer.26,20f.)
- **Jeremia** (2.Chr.36,12)<br>Der große Bußprediger in der Schlußphase des Reiches Juda
- **Hesekiel** 594-571 (Hesekielbuch)<br>Kündigt in Babylon Jerusalems Fall an
- **Obadja** um 580 (Obadjabuch)
- **Jeremia** stirbt in Ägypten
- **Hesekiel** Heilsprophetie bis 571
- **Deuterojesaja** (Jesajabuch 40-55)<br>Seit 550 Heilsprophetie in Babylon
- **Tritojesaja** um 530 (Jesajabuch 56-66)
- **Haggai** um 520 (Haggaibuch)
- **Sacharja** nach 520 (Sacharjabuch 1-8)
- **Maleachi** um 500 (Maleachibuch)
- **Joel** um 400 (Joelbuch)
- **Deutero-Sacharja** (Sacharjabuch 9-14)
- **Unbek. Prophet** (Jonabuch)

## Kult, Könige und Propheten — historische Beurteilung

Das Urteil der Königs- und erst recht der Chronikbücher über das Königtum entstand **nach den Katastrophen,** die über beide Reiche hereinbrachen, und suchte diese zu erklären, indem es den Königen Schuld zumaß. Sie duldeten oder förderten **Gottesdienstformen** und **Gottesdienstorte,** die die nachexilische Zeit ablehnte. **Reine Jahwe-Verehrung** ohne jede Vermischung mit kanaanäischen Naturkulten und strikte Beschränkung des Gottesdiensts auf den Tempel von Jerusalem **(Kultkonzentration)** hatten sich durchgesetzt, und dies wurde zum »Raster« für die Beurteilung der Vergangenheit.

Dann ist es aber selbstverständlich, daß das meist **negative Urteil** über die Könige Israels und Judas **ungeschichtlich und ungerecht** ist. Verehrung Jahwes an **verschiedensten Heiligtümern** war für die vorkönigliche Zeit ganz ohne Probleme. Auch nach Davids Kultkonzentration fand niemand etwas Böses daran, Jahwe anderswo zu verehren. Ebenso wurde die **Vermischung** kanaanäischer und frühisraelitischer Gottesdienstformen keineswegs als »Abfall« empfunden und meist mit gutem Gewissen betrieben, man denke nur an viele ekstatische Erscheinungen bei frühen **Prophetengilden** oder an den bei den Kanaanäern erlernten **Opferkult an Erntefesten.** Schließlich wurden in der Rückschau die Könige für etwas verantwortlich gemacht, für das sie damals gar nicht zuständig waren, lag doch die Gottesdienstgestaltung in den Händen der **Priesterschaft,** mindestens zum größeren Teil.

Dies soll beispielhaft an zwei Gottesdienstformen deutlich gemacht werden, die in den Königsbüchern grundsätzlich negativ beurteilt sind.

**»Höhenkult«** (Verehrung Jahwes oder anderer Gottheiten in Höhenheiligtümern, vermutlich vorisraelitischen Kultstätten Kanaans)

Urteile der Königs- und Chronikbücher über Könige und ihre Haltung:

| | |
|---|---|
| Salomo | Noch ohne negatives Urteil: 1. Kön. 3, 2-4<br>Negativ: Kemosch-Höhe 1. Kön. 11, 7 |
| Jerobeam I | Negativ: 1. Kön. 12, 31-32; 2. Chr. 11, 15<br>Prophetenwarnung: 1. Kön. 13, 2 |
| Rehabeam | Negativ trotz Tempelkult: 1. Kön. 14, 23f |
| Asa | Negativ: 1. Kön. 15, 14; 2. Chr. 15, 17<br>Dagegen aber: 2. Chr. 14, 2-4 |
| Josaphat | Duldet Höhen: 1. Kön. 22, 44; 2. Chr. 20, 33<br>Dagegen aber: 2. Chr. 17, 6 |
| Joram | Schafft neue Höhen: 2. Chr. 21, 11 |
| Joas | Duldet Höhen: 2. Kön. 12, 4 |
| Amazja | Duldet Höhen: 2. Kön. 14, 4 |
| Asarja | Duldet Höhen: 2. Kön. 15, 4 |
| Jotham | Duldet Höhen: 2. Kön. 15, 35 |
| Ahas | Sehr negativ: 2. Kön. 16, 4; 2. Chr. 28, 4 |
| Hiskia | Positiv, zerstört Höhen: 2. Kön. 18, 4;<br>2. Chr. 31, 1; 32, 12; Jes. 36, 7 |
| Manasse | Negativ: 2. Chr. 33, 3. 17. 19; 2. Kön. 21, 3 |
| Josia | Kultreform: 2. Kön. 23, 5-20; 2. Chr. 34, 3 |

Jahwehöhen sind in der frühen Königszeit unverdächtig.

Beispiele:
Gibeon unter David 1. Chr. 17, 39; 21, 29;
Elia auf dem Karmel;
Elisageschichten.

Erst die Schriftpropheten ab Amos geißeln die Entartung dieser Gottesdienststätten:

Amos 7,9;
Hosea 4, 13; 10, 5-8;
Micha 1, 5;
zahlreiche Stellen bei Jeremia.

**»Sünde Jerobeams«** (Errichtung offizieller Jahwe-Heiligtümer im Nordreich als Konkurrenz zu Jerusalem durch Jerobeam I)

Negative Urteile aus deuteronomischer Sicht über Könige des Nordreichs wegen Duldung dieses eigenständigen Nordreichkults:

| | |
|---|---|
| Nordreich insgesamt: | 2. Kön. 17, 22 |
| Jerobeam I: | 1. Kön. 12, 26-30<br>1. Kön. 13, 33-34 |
| Nadab: | 1. Kön. 15, 26 |
| Baesa: | 1. Kön. 15, 30. 34 |
| Simri: | 1. Kön. 16, 19 |
| Omri: | 1. Kön. 16, 26 |
| Ahab: | 1. Kön. 16, 31 |
| Ahasja: | 1. Kön. 22, 53 |
| Joram: | 2. Kön. 3, 3 |
| Jehu: | 2. Kön. 10, 19. 31 |
| Joahas: | 2. Kön. 13, 2 |
| Joas: | 2. Kön. 13, 11 |
| Jerobeam: | 2. Kön. 14, 14 |
| Sacharja: | 2. Kön. 15, 9 |
| Menahem: | 2. Kön. 15, 18 |
| Pekachja: | 2. Kön. 15, 24 |
| Pekach: | 2. Kön. 15, 28 |

Wie **ungerecht** diese Urteile objektiv sind, zeigt z.B. die ganz und gar anders motivierte **Kritik des Propheten Amos** (Amos 5, 21-24), doch wohl im Staatsheiligtum von **Bethel** vorgebracht (Amos 7, 10-17). Er anerkennt echten Jahwe-Gottesdienst. Seine Kritik entzündet sich an sozialen Mißständen im Alltag, also nicht an der »Sünde Jerobeams«.

## Könige und Mosegesetz

Damit wird aber ein zweites Raster sichtbar, das von späten Zeitgenossen und Nachfahren an die Könige angelegt wurde, ihnen aber auch nicht voll gerecht wird: **das mosaische Gesetz.** Erst **Josia** scheint sich in vollem Umfang dessen bewußt geworden zu sein, daß die **»Tora«** nach Gottes Willen für die Ethik der Israeliten **bindend** sein sollte. Zu Zeiten **Davids** und **Salomos** wurde diese Überlieferung ja erst **gesammelt.** Im **Nordreich** bekannten sich ganze Dynastien offen zu ethischen Normen kanaanäischer oder fremdländischer Herkunft, da sie ihr **Königtum** an **fremden Vorbildern** maßen. Was in dieser Hinsicht an der Kritik der Propheten subjektiv richtig war, kann objektiv dem Königtum nicht voll angelastet werden. Dies gilt freilich nicht ebenso von den zahlreichen aufgekommenen **Fremdkulten.**

## Fremdkulte während der Königszeit

### Baalskult

Der Baalismus ist der **meistgenannte** Fremdkult der Königszeit, ursprünglich **kanaanäisch-phönizischen Ursprungs.** Die »Baale« (Herren) haben oft zusätzliche Namen (z.B. Baal-Sebub von Ekron in 2. Kön. 1, 2-16). Vor allem die Dynastie **Omri** hat im Bestreben, die kanaanäischen und israelitischen Bevölkerungsgruppen zusammenzuführen, den Baalismus gefördert, was auf heftigen Widerspruch der **frühen Propheten** stieß (Karmel 1. Kön. 18, 17-40). Die Dynastie **Jehu** rottete den Baalskult aus, aber in der späten Königszeit kam er in Juda unter **Ahas** und **Manasse** wieder auf. Diesmal sagten ihm die **Schriftpropheten,** vor allem **Jeremia,** den Kampf an.

### Ascherakult

Auch der Kult der Göttin Aschera ist wohl **kanaanäischen Ursprungs** und ergreift in der frühen Königszeit beide Reichsteile. Während der **Omridynastie** trat er zurück, um sich dann erneut, diesmal in **Juda,** auszubreiten. Der **Fruchtbarkeitskult** war erotisch bestimmt, darauf weisen die »Säulen« (Phallusdarstellungen) hin. Im Zusammenhang mit diesem Kult sind zu nennen:

### Kultprostitution

Sie wird in der frühen Königszeit mehrfach genannt und rief die **Kritik der Propheten** in besonderer Weise hervor. Für Hesekiel u.a. wird das Wort **»Hurerei«** zum **Synonym** für jede Art von **Götzendienst.** Das abgefallene Volk wird als »Hure« bezeichnet.

### Molochkult

Er könnte aus **Moab** stammen und schloß kultische Verbrennung von (erstgeborenen?) Kindern ein, die man wahrscheinlich opferte, um die Götter für weiteren Kindersegen günstig zu stimmen (1. Kön. 11, 7; 2. Kön. 16, 3; 21, 6; aber auch 3, 27). Bevorzugter Standort scheint das **Tal Hinnom** südlich von Jerusalem gewesen zu sein.

### Kulte aus Assyrien

Sie führte **Ahas** nach Abwehr eines israelisch-syrischen Angriffs mit Hilfe der **Assyrer** in Jerusalem ein (2. Kön. 16, 10-18). Dies mag eine Bedingung Assurs gewesen sein.

### Gestirnkulte

Sie kamen wohl erst gegen **Ende der Königszeit** richtig auf und werden bei Manasse und Josia genannt (2. Kön. 21, 3. 5; 23, 4-11). Auch Jeremia kennt sie (Jer. 7, 18; 44, 17-25). Herkunft **Babylon?**

### Weitere Fremdkulte

Genannt werden als weitere, wahrscheinlich nur in exklusiven Kreisen gepflegte Fremdkulte: Die Verehrung der **Astarte von Sidon,** des **Kemosch von Moab,** des **Milkom von Ammon** sowie **edomitischer** Götter (1. Kön. 11, 5-7. 33; 2. Kön. 23, 13; 2. Chr. 25, 14).

Wie sehr die Dinge in der frühen Königszeit im Fluß waren, zeigen Eigennamen wie die der Saul-Söhne **Eschbaal** und **Meribaal.** Später wurde das anstößige »Baal« getilgt und durch »Boscheth« (Schande) ersetzt. Auch das unverdächtige »Mälach« (König) wurde in »Moloch« umvokalisiert.

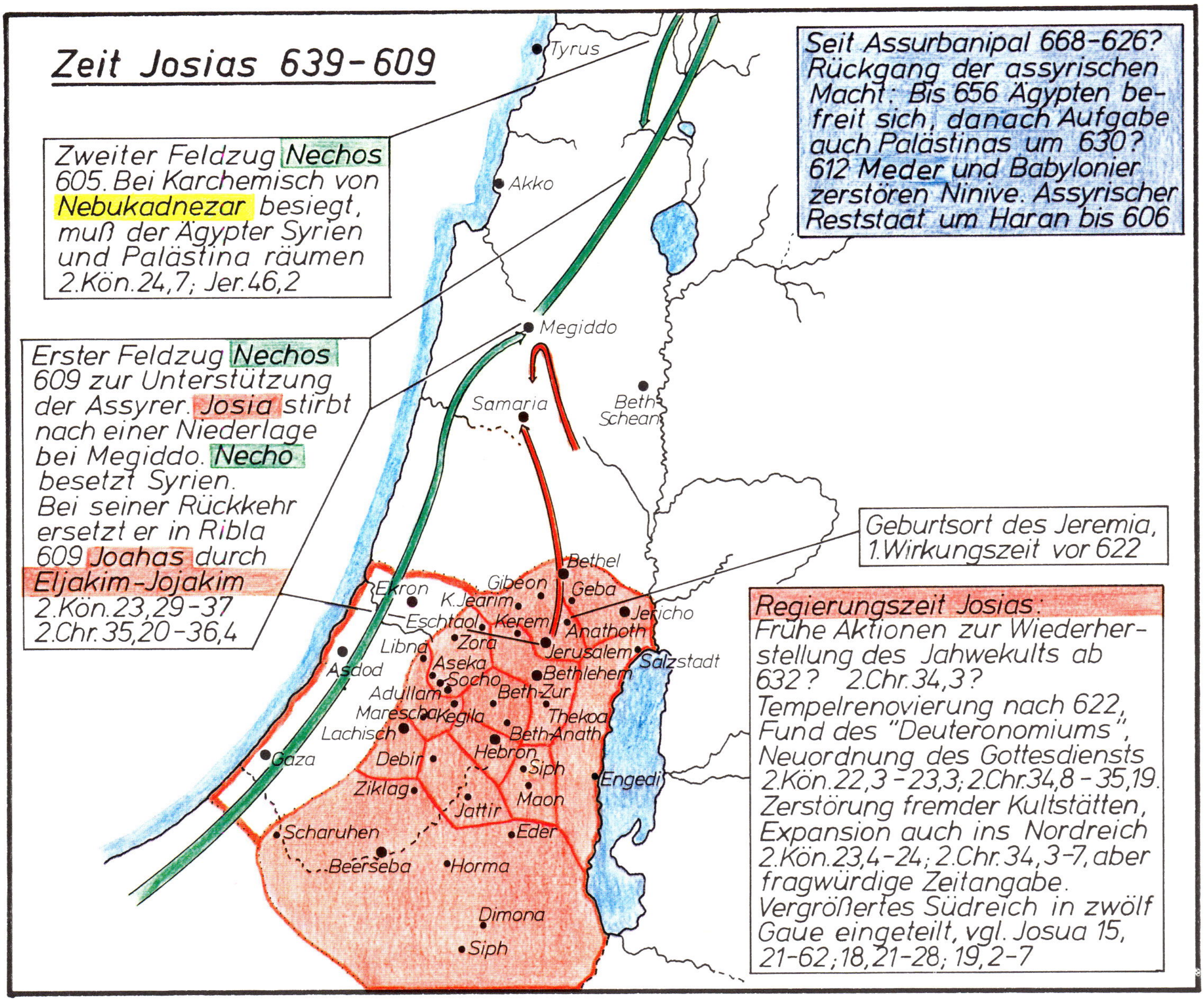


**Zwischen Assyrien und Neubabylonien — Zeit Josias 639-609 v. Chr.**

Kein König eines israelitischen Teilstaates wird im Alten Testament so gelobt wie **Josia.** Er gilt beinahe als neuer »David«. Unter ihm wird der Kult Jahwes in reinster Form wiederhergestellt und alle Fremdkulte werden entfernt. Er kann dem Südreich auch noch einmal wichtige Gebiete zurückgewinnen, so daß später seine Gau-Einteilung als Stammesbeschreibung in das Josuabuch eingegangen ist. Auch im Nordreich wird er aktiv, ob nur auf Feldzügen oder auch durch Ausübung länger dauernder Herrschaft, bleibt ungewiß.

Josia hat nur die letzte Atempause der Weltpolitik in Palästina genützt. Von **Medern** und **Chaldäern** angegriffen, brach das **Assyrerreich** zusammen. **Ägypten** machte sich bereit, aus dem assyrischen Erbe wenigstens Syrien und Palästina für sich zu sichern. Zunächst aber entstand für etwa 30 Jahre ein Machtleerraum. Und wer nicht mehr herrscht, kann anderen auch seine Religion nicht mehr aufnötigen. Noch einmal war Juda frei für Jahwe. Daß es die Chance ergriff, war das Verdienst Josias, wohl aber auch einiger Propheten.

Schon das Auftreten **Nechos** beendete den Traum eines neuen Davidreichs. Josias leichtsinniger Versuch, die Ägypter bei ihrem Feldzug nach Norden aufzuhalten, kostete ihn das Leben und Juda die Freiheit. Dem von den Volksfreien gewählten **Joahas** zog Necho **Jojakim** vor. Und als der Pharao, bei Karchemisch geschlagen, Syrien räumen mußte, bestätigte der neue Herr des Vorderen Orients, der Chaldäer **Nebukadnezar,** den jüdischen König nur noch als machtlosen Vasallen. Alsbald kehrte Juda auch wieder zur vorherigen Religionsmischung zurück, gegen den leidensbereiten Protest **Jeremias.**

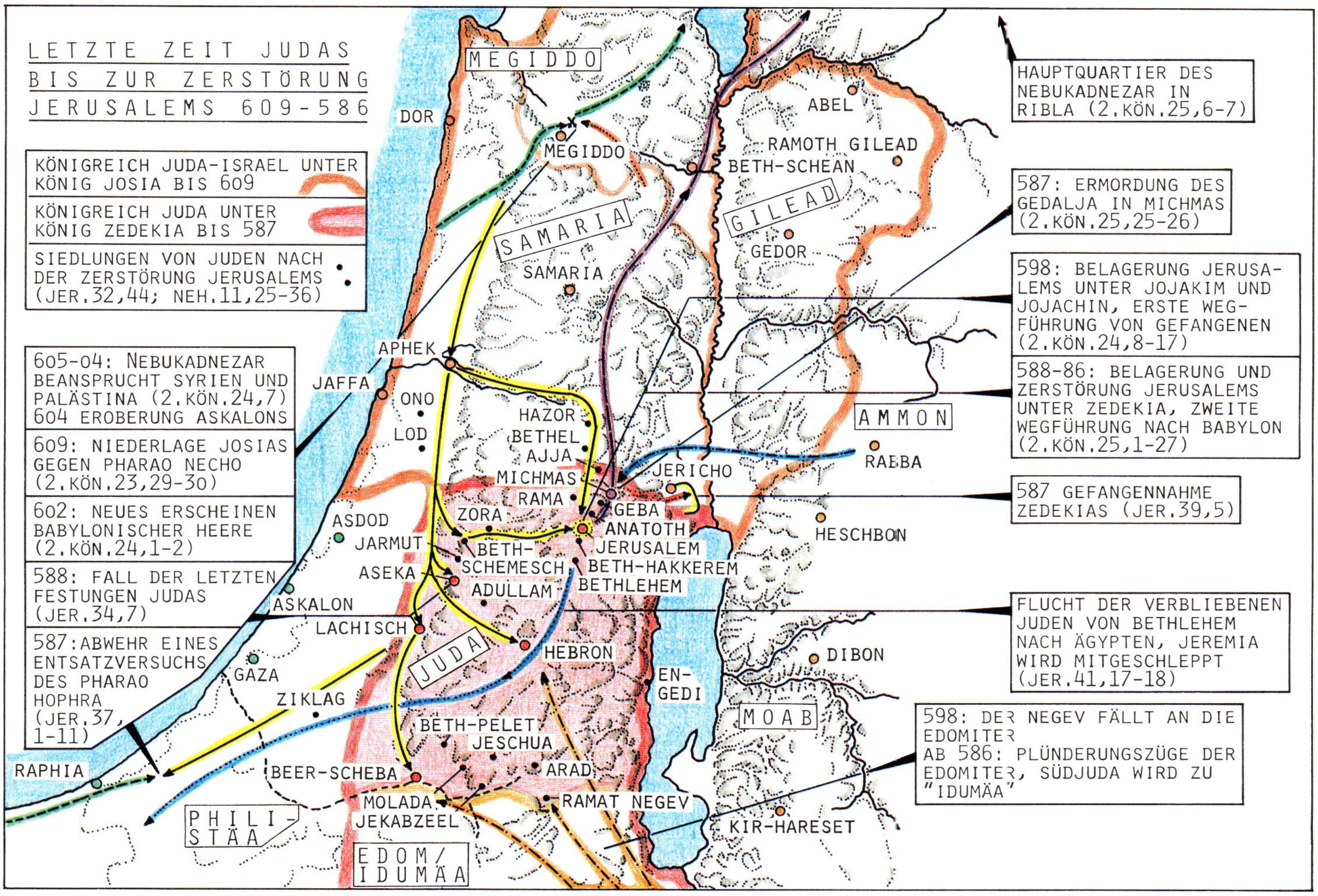


## Die Katastrophe des Südreichs 605-587 v. Chr.

Zwischen dem Untergang des Nordreichs und dem des Südreichs gibt es deutliche Parallelen. Diese betreffen nicht nur das theologische Urteil späterer Berichterstatter über den Abfall beider Reiche vom reinen Jahwe-Dienst, sondern auch die völlig falsche Beurteilung der weltpolitischen Lage. Beide Reiche unterschätzten die Macht und Konsequenz des ferneren, aber größeren Reiches und erwarteten das Heil von unzuverlässigen Koalitionen mit Kleinstaaten der näheren Umgebung. Ebenso schwach zeigte sich in beiden Fällen auch der ägyptische Partner. Der einzige Unterschied ist, daß um 600 an die Stelle der **Assyrer** die chaldäischen **Neubabylonier** getreten waren, genauer gesagt: ihr einziger wirklich bedeutender Herrscher **Nebukadnezar.**

602 erscheinen seine Heere erstmals in Palästina. **Jojakim** scheint sich der neuen Herrschaft zunächst gebeugt zu haben. Dann macht er einen Aufstand, der 598, kurz nach seinem Tod, zur **ersten Eroberung Jerusalems** und zur Deportation seines Sohnes **Jojachin** und der nationalistischen Oberschicht nach Babylon führt. Der Süden Judas fällt dabei an die Edomiter.

**Zedekia,** als letzter Davidide von Nebukadnezar eingesetzt, versucht noch einmal, trotz der Warnungen **Jeremias,** sich gegen Babylon zu erheben. Erneut erscheinen die babylonischen Heere, wehren einen Entlastungsversuch Ägyptens ab und erobern die judäischen Festungen. **Jerusalem** fällt 587 nach heldenhafter Verteidigung und wird samt seinem Tempel zerstört. Ein Großteil des Volks wird wieder **nach Babylon in die Gefangenschaft** verschleppt.

Am Königshaus Judas vollzieht Nebukadnezar in **Ribla** ein grausames Strafgericht. Dagegen setzt er über den Rest des Volkes den offenbar babylonienfreundlichen Judäer **Gedalja** als Statthalter. Dieser wird freilich in seiner Ersatzresidenz Mizpa von Fanatikern wenig später ermordet.

Wiederum gegen den Rat **Jeremias** ergreift darauf ein weiterer Teil des Volks die Flucht vor der babylonischen Rache nach **Ägypten,** wo sich seine Spuren im Dunkel der Geschichte verlieren werden. So bedeutet das Jahr 587 für die Israeliten das Ende ihrer staatlichen Selbständigkeit für lange Zeit.

## Geschichte des Vorderen Orients

Tafel 6a

| Zeit | Ägypten | Land Kanaan und Süden | Könige Judas | Samaria u.a. |
|---|---|---|---|---|
| 72o | 25.Dynastie: 716-671 Nubier | 72o Sargon zerstört Gaza<br>Jesaja Prophet 735-69o? | Hiskia 725-697 | 721 Sargon erobert Samaria |
| 71o | Schabaka 716-o1 | 713-11 Aufstand Palästinas (Asdod) niedergeschlagen<br>7o5 Ägypten unterstützt | | Gesandtschaft Merodach-baladans 712? 7o3? |
| 7oo | Schabataka 7o1-689 | neuen Aufstand, wird aber 7o1 bei Eltheke geschlagen (Prinz Tirhaka?) | | 7o1 Sanherib vor Jerusalem, Hiskia zahlt hohen Tribut. |
| 69o | Taharka (Tirhaka) | Manasse von Assur neu | Manasse 696-42 | Jerusalem nur noch Stadtstaat |
| 68o | 689-64, ab 671 in Napata | belehnt, restauriert die assyrischen Kulte | | Materialtransport Manasses zum Bau von Ninive |
| 67o | Assyrisch 671-63 | 674 1.mißglückter Zug<br>671 2.Zug gegen Tirhaka<br>668 1.Aufstand Ägyptens<br>664 2.Aufstand, Theben durch Assyrer zerstört | | |
| 66o | 26.Dynastie: 664-525 | Bis 656 Befreiung ganz Ägyptens | | |
| 65o | Psammetisch I 664-o9 Hauptstadt Saïs im Delta | Aufstände in Palästina mit ägyptischer Hilfe | | 648? Manasse kurzzeitig in Gefangenschaft |
| 64o | | Psammetisch belagert Asdod | Amon 641-4o<br>Josia 639-o9 | 637 Aufstand in Tyrus |
| 63o | | Zephanja Prophet um 63o?<br>Nahum Prophet um 664-12?<br>Jeremia Prophet 627-58o? | | |
| 62o | | 621 Kult- und Heerreform des Josia | | 62o Josia gewinnt Teile Israels zurück |
| 61o | Necho 6o9-594 | Bündnis Ägyptens mit Assur, dem Necho zu Hilfe kommt | Joahas 6o9<br>Jojakim 6o9-598 | Tod Josias bei Megiddo 6o9 |
| 6oo | | Warnungen und Leidenszeit des Propheten Jeremia | | 598 erste Deportation |
| 59o | Psammetisch II 594-88 | Entsatzversuche der Ägypter scheitern. Rest der Juden flieht nach Ägypten, Jeremia mitgeführt | Jojachin 598<br>Zedekia 597-87 | 587 Jerusalem zerstört, zweite Deportation |
| 58o | Apries (Hophra) 588-68 | Habakuk Prophet um 6oo?<br>Hesekiel Prophet in Babylon 594-71?<br>Obadja Prophet um 58o? | Statthalter Gedalja ermordet | |
| 57o | Amasis 568-26 | Zeit der "babylonischen Gefangenschaft" 598/87-38 | | |
| 56o | | 568 Feldzug Nebukadnezars nach Ägypten?<br>Edomiter bereichern sich an jüdischem Gebiet | 561 Jojachin in Babylon freigelassen | |
| 55o | | Klagelieder. Deuteronomisches Geschichtswerk | Sammlung der priesterschriftlichen Traditionen, **die Tora entsteht** | |
| 54o | | Deuterojesaja Prophet in Babylon seit 55o? | | |
| 53o | Psammetisch III 526-25 | Tritojesaja Prophet in Jerusalem um 53o? | 537 erste Juden kehren nach Jerusalem zurück<br>Scheschbazar Serubabel | Dürftiger Neubeginn unter dem Mißtrauen der Satrapen von Samarien |
| 52o | 27.Dynastie: 525-4o4 Frühe Perser | 525 Kambyses erobert Ägypten | Hoherpriester Josua | |
| 51o | | Haggai Prophet um 52o<br>**Aufruf zum Tempelbau**<br>Sacharja Prophet nach 52o | | |

## Geschichte des Vorderen Orients

Tafel 6b

### Norden und Osten

Bau von Dur-Scharrukin als neuer Hauptstadt

Aufstand des Jaudi von Hamath, Sargon fällt 7o5

Ninive neue Hauptstadt. Kämpfe in Phönizien, Palästina und Babylonien

Bündnis Asarhaddons mit den Skythen
677 Aufstand Sidons, Manasse muß Hilfstruppen stellen

Glanzzeit Assyriens auf kulturellem Gebiet. Tontafelbibliothek in Ninive

639 Vernichtung von Susa, der elamitischen Hauptstadt

Beginnender Rückgang der assyrischen Macht

625 Angriff der Meder

616 Meder besiegen Skythen
615 Sieg Nabupolassars
612 Ninive erobert
612–o6 Assur-uballit II in Haran

6o5 Nebukadnezar schlägt Necho bei Karchemisch, Rückzug der Ägypter
598 Nebukadnezar besetzt Syrien und Palästina

585 **13jährige vergebliche Belagerung von Tyrus**

Höchste Blütezeit des neubabylonischen Reichs, zahlreiche Prachtbauten in Babylon (Etemenanki-Turm, Ischtar-Tor, Thronsaal)

Awil-Marduk 562–6o; Nergal-schar-usur 56o–56; Labaschi-Marduk 556

Nabonid verlagert das Gewicht seines Reichs nach Süden (Oase Tema). Mondkult. Kronprinz Belsazar in Babylon 55o–45?

539 Sieg des Kyros über Babylon, kampflose Übernahme der Stadt nach Verrat des Generals Gubaru
538 Toleranzedikt für nichtpersische Religionen. Heimkehrerlaubnis für die gefangenen Juden

Thronwirren im persischen Königshaus nach dem Tod des Kambyses
519 Sisines, Satrap von Syrien, inspiziert den Tempelbau in Jerusalem
515 Tempelbau vollendet und eingeweiht

### Assyrien

**Sargon II 722–o5**

Sanherib 7o5–681

Asarhaddon 68o–69

Assurbanipal 668–26?

Bruderkrieg

Assur-etil-ilani, Sin-schar-ischkun 626–12

### Babylonien

Marduk-apal-idin 721–11

Babylon mehrmals zerstört 7o3 und wiedererbaut (7o3, 689)

Personalunion mit Assyrien

Schamasch-schum-ukin 668–48

Ab 648 wieder in Personalunion

**Nabupolassar 625–o5 (Chaldäer) Bündnis mit Medien gegen Assur**

Nebukadnezar d.Gr. (Nabukudur-usur) II 6o4–562

Schwache Nachfolger

Nabonid 556–39

### Medien

Dejokes um 715 gründet Ekbatana

Phraortes 675–53?

Kyaxares I 653–25?

Kyaxares II 625–585 Bündnis mit den Chaldäern

Astyages 585–5o verliert das Vertrauen seiner Unterführer

### Persien

Achaimenes 7oo–675 ungewiß

Theispes 675–4o? Persis erobert

Perser Vasallen der Meder

Kyros I 64o–oo Vasall der Meder

Kambyses I 6oo–559

**Zarathustra 599–28?**

Kyros II d.Gr. 559–29
55o Kyros besetzt Medien
546 Lydien erobert (Krösus)

Kambyses II 528–22

Pseudo-Bardia 521

Dareios I 521–486 Sohn des Hystaspes

### Zeit

72o · 71o · 7oo · 69o · 68o · 67o · 66o · 65o · 64o · 63o · 62o · 61o · 6oo · 59o · 58o · 57o · 56o · 55o · 54o · 53o · 52o · 51o

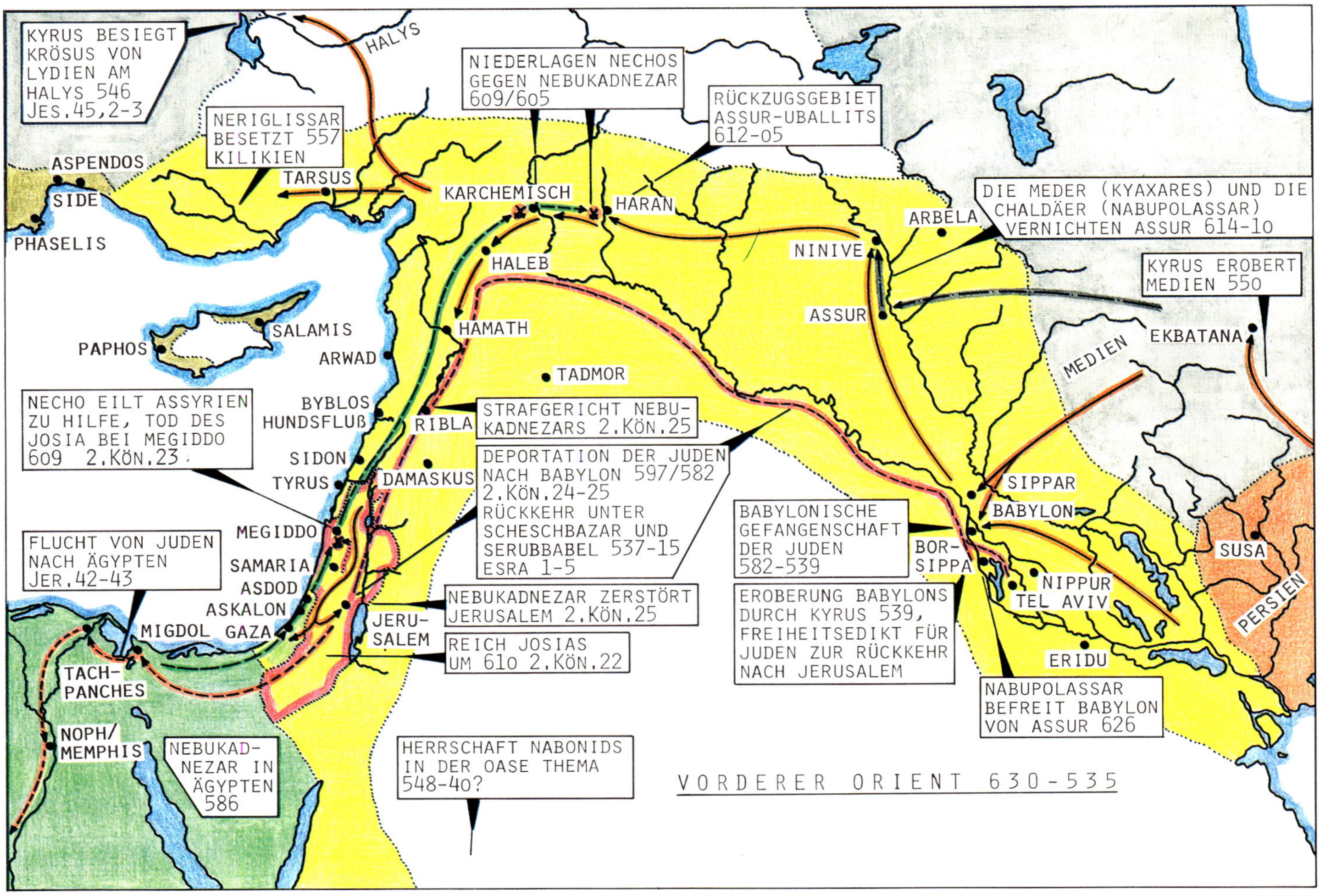


## Vorderer Orient 630-540 v. Chr.

**Die letzten Herrscher Assyriens**
Assurbanipal 668-26; Assur-etil-ilani und Sin-schar-ischkun als Rivalen 626-12; Assur-uballit 612-05, nur noch in Haran

**Die Pharaonen**
*Äthiopier:* Taharka (Tirhaka) 689-64, ab 671 in Napata; *Saïten:* Psammetisch I 664-09, vertreibt 656 die Assyrer; Necho 609-594, kommt Assur vergeblich zu Hilfe; Psammetisch II 594-88; Apries (Hophra) 588-68, besiegt von Nebukadnezar; Amasis 568-26

**Die Chaldäer Neubabyloniens**
Nabupolassar 625-05; Nebukadnezar II der Große 604-562; Awil-Marduk 562-60; Nergal-schar-usur 560-56; Labaschi-Marduk 556; Nabonid 556-39

**Medische Herrscher**
Kyaxares I 653-25?; Kyaxares II 625-585; Astyages 585-50

Durch den **Meder Kyaxares** und den **Chaldäer Nabupolassar** angegriffen, zerfällt das assyrische Reich zwischen 625 und 605 vollständig. Auch der Versuch der starken **ägyptischen** Herrscher von **Saïs,** den Untergang aufzuhalten, mißlingt. **Necho** muß 605 nach einer schweren Niederlage bei Karchemisch Syrien und Palästina räumen. Der einzige wirklich große neubabylonische Herrscher wird **Nebukadnezar.** Er gibt seinem Reich fast denselben Umfang, den vorher Assur hatte, und greift dabei zu ähnlichen Maßnahmen, wie die **Deportation Judas** nach Babylon 587 zeigt. Juda hatte die kurze Periode zwischen Assur und Babylon zum Versuch genützt, noch einmal Großmacht zu werden.

**Nebukadnezar** verdient aber nicht den Ruf eines brutalen Tyrannen. Er regierte vernünftig, baute viel auf und förderte das kulturelle Leben. Seine schwachen Nachfolger verspielten sein Erbe vor allem im Streit untereinander und mit Babylons Priesterschaft. So wird das Reich wie Assur durch eine östliche Macht zu Fall gebracht, allerdings nicht durch die **Meder,** sondern durch die **Perser,** die diese unter **Kyros** dem Großen abgelöst haben.

Für den jüdischen Glauben ist die Periode des babylonischen **Exils** die Zeit der Neubesinnung und Sammlung und damit überaus fruchtbar geworden.

## Zahlenangaben und Namen in den Geschlechtsregistern der Genesis

| Absolute Zahlen | Geschlechtsregister nach P | Stelle in 1.Mose | Altersangaben |
|---|---|---|---|
| o | Adam und Eva | (2,7.22) | |
| ? | *Kain und Abel | (4,1-2) | |
| 13o | *Seth | (4,25;5,3) | (Adam 13o J.) |
| 235 | *Enosch | (4,26;5,6) | (Seth 1o5 J.) |
| 325 | *Kenan | (5,9) | (Enosch 9o J.) |
| 395 | *Mahalalel | (5,12) | (Kenan 7o J.) |
| 46o | *Jared | (5,15) | (Mahalalel 65 J.) |
| 622 | *Henoch | (5,18) | (Jared 162 J.) |
| 687 | *Methuschelach | (5,21) | (Henoch 65 J.) |
| 874 | *Lamech | (5,25) | (Metusch.187 J.) |
| 93o | +Adam | (5,4-5) | (93o J.) |
| 987 | +Henoch (entrückt) | (5,22-24) | (365 J. !) |
| 1o42 | +Seth | (5,7-8) | (912 J.) |
| 1o56 | *Noah | (5,28.29) | (Lamech 182 J.) |
| 114o | +Enosch | (5,1o-11) | (9o5 J.) |
| 1235 | +Kenan | (5,13-14) | (91o J.) |
| 129o | +Mahalalel | (5,16-17) | (895 J.) |
| 1422 | +Jared | (5,19-2o) | (962 J.) |
| 1556 | *Sem, Ham, Japhet | (5,32) | (Noah 5oo J.) |
| 1651 | +Lamech | (5,3o-31) | (777 J.) |
| 1656 | +Methuschelach | (5,26-27) | (969 J.) |
| 1656 | Die Sintflut beginnt | (7,6.11) | (Noah 6oo J.) |
| 1657 | Die Sintflut endet | (8,13) | |
| 1656 | *Arpachschad | (11,1o.b?) | (Sem 1oo J. ?) |
| 1691 | *Schelach | (11,12) | (Arpachschad 35 J.) |
| 1721 | *Eber | (11,14) | (Schelach 3o J.) |
| 1755 | *Peleg | (11,16) | (Eber 34 J.) |
| 1785 | *Regu | (11,18) | (Peleg 3o J.) |
| 1817 | *Serug | (11,2o) | (Regu 32 J.) |
| 1847 | *Nahor | (11,22) | (Serug 3o J.) |
| 1876 | *Tharah | (11,24) | (Nahor 29 J.) |
| 1946 | *Abram, Nahor, Haran | (11,26) | (Tarah 7o J.) |
| 1957 | *Sarai/Sara | (17,17) | |
| 1994 | +Peleg | (11,19) | (239 J.) |
| 1995 | +Nahor | (11,25) | (148 J.) |
| 2oo4 | +Noah | (9,28-29) | (95o J.) |
| 2o21 | Abram verläßt Haran | (12,4) | (75 J.) |
| 2o22 | Abram in Kanaan | (16,16) | (76 J.) |
| 2o24 | +Regu | (11,21) | (239 J.) |
| 2o32 | *Ismael von Hagar | (16,3.16) | (Abraham 86 J.) |
| 2o45 | Bundesschluß | (17) | (Abraham 99 J.) |
| 2o46 | *Isaak von Sara | (21,5) | (Abraham 1oo J.) |
| 2o47 | +Serug | (11,23) | (23o J.) |
| 2o81 | +Tharah | (11,32) | (2o5 J.) |
| 2o84 | +Sara in Hebron | (23,1) | (127 J.) |
| 2o86 | Ehe Isaak-Rebekka | (25,2o) | (Isaak 4o J.) |
| 2o94 | +Arpachschad | (11,13) | (438 J.) |
| 21o6 | *Esau und Jakob | (25,26) | (Isaak 6o J.) |
| 2121 | +Abraham | (25,7) | (175 J.) |
| 2124 | +Schelach | (11,15) | (433 J.) |
| 2146 | Zwei Ehen Esaus | (26,34) | (4o J.) |
| 2156 | +Sem (!) | (11,11) | (6oo J.) |
| 2169 | +Ismael | (25,17) | (137 J.) |
| ? | Jakob in Haran, Ehen | (28 - 3o) | (21 Jahre lang) |
| 2226 | +Isaak | (35,28-29) | (18o J.) |
| 2236 | Jakob in Ägypten | (47,9) | (13o J.) |
| 2253 | +Jakob in Ägypten | (47,28) | (147 J.) |
| 2666 | Auszug aus Ägypten | (Ex.12,4o) | (nach 43o Jahren, andere Angaben: 4oo Jahre). |
| 3146 | Tempelbau in Jerusalem | | |

**Kainitenstammbaum bei J (Namensähnlichkeiten!).**

| Name | Stelle |
|---|---|
| Kain | (4,1-2) |
| Henoch | (4,17) |
| Irad | (4,18) |
| Mahujael | (4,18) |
| Metuschael | (4,18) |
| Lamech | (4,18-19) |
| Jabal von Jubal Ada | (4,2o-21) |
| Tubal-Kain von Zilla | (4,22) |

(Nomaden, Schmiede, Musikanten)

Zwischen Adam und der Sintflut werden die Urväter nicht älter als 969 Jahre, unter 1ooo, damit nicht ewig.

**Aus der Völkerliste:** Sem, Arpachschad, Schelach, Eber, Peleg

Nach Sem (6oo Jahre alt) nehmen die Altersangaben immer mehr ab und sinken von Abraham an unter 2oo Jahre. Der Altersverfall ist für P wohl das Ergebnis der Sünde der Menschen, da P keine Sündenfallgeschichte hat.

Die absoluten Zahlenangaben folgen dem Aufriß der Priesterschrift P. Sie sind wohl symbolisch gemeint, wobei die Zahlenmystik und ihr Schlüssel im Einzelnen nicht aufgeklärt werden kann. Immerhin: Bis zum Auszug aus Ägypten vergehen "2666" Jahre, 2/3 von 4ooo Jahren, d.h. einer "Weltära". Der Jahwist J hat meist keine Zahlenangaben.

## Zeitliche Einordnung von Texten des Propheten Jeremia

### Ereignisse der Zeitgeschichte

**Assurbanipal** König von Assur 668-626
668 Erster Aufstand in Ägypten
664 Zweiter Aufstand, Assurbanipal plündert Theben (Nahum 3,8-10)

**Psammetisch I** Pharao 664-609
Ägypten vertreibt die Assyrer

- **Amon** König in Juda 641-640 (2.Kön.21,12-26)
- **Josia** König in Juda 639-609 (2.Kön.22,1 - 23,30)

**Schwache Könige** in Assur 626-612
Skythenzug nach Ägypten 625? (Zeph.1?)

**Nabupolassar** König in Babylon 625-605. Bündnis mit den Medern

- 624 Josia beginnt, aufgezwungene Fremdkulte abzustoßen (2.Kön.23,4-14)
- Ausdehnung seiner Herrschaft auf Teile des Nordreichs (2.Kön.23,15-20)
- 622 Auffindung des deuteronomischen Gesetzbuches (2.Kön.22,3-20)
- Josia reformiert den Gottesdienst in Jerusalem (2.Kön.23,1-3)

616 Kyaxares von Medien besiegt die Skythen
615 Nabupolassar führt einen erfolgreichen Zug gegen die Assyrer an
614 Kyaxares erobert die Stadt Assur
612 Kyaxares und Nabupolassar erobern und zerstören Ninive (Zeph.2,13-15)
610-606 Letzter Rest des Assyrerreichs um Haran wird durch Babylonier und Meder vollends liquidiert, trotz ägyptischer Hilfe für Assur

**Necho** Pharao in Ägypten 609-593
609 Necho will den Assyrern zu Hilfe kommen oder sie beerben
609 Sieg Nechos über Josia bei Megiddo. Josia fällt (2.Kön.23,29-30)
Necho besetzt Syrien und bei seiner Rückkehr auch Juda

- **Joahas** König in Juda 609, nur 3 Monate (2.Kön.23,30-33)
  609 Necho schickt Joahas in die Verbannung (2.Kön.23,33-34)
- **Jojakim** König in Juda 609-598, von Ägyptens Gnaden (2.Kön.23,34-37)

  > Baruchschrift:
  > Tempelrede Jeremias (Jer.26)
  > Tonkruggleichnis, Paschur
  > (Jer.19,1-2.10-11.14-15. 20,1-6)

605 Sieg des Kronprinzen Nebukadnezar über Necho bei Karchemisch (Jer.46,2)

**Nebukadnezar** König in Babylon 605-562

- 605 Jojakim wird Babylon tributpflichtig (2.Kön.24,1)

  > Baruchschrift:
  > Buchrolle entsteht (Jer.36)
  > Trostwort für Baruch (Jer.45)

- 602 Aufstand Jojakims nach ägyptischer Hilfezusage (2.Kön.24,1.7)

598 Erste Belagerung Jerusalems durch Nebukadnezar (2.Kön.24,2-6.10-11)
598 Jojakim stirbt in Jerusalem

- **Jojachin** König in Juda 598
  598 Jojachin kapituliert und wird mit der Oberschicht Jerusalems nach Babylon gebracht (2.Kön.24,12-17)

### Abschnitte des Jeremiabuchs

**1. Periode: Vor der Reform von 622**
Berufungsbericht: 1,4-10
Visionen: 1,11-19

Sprüche, Buchrolle von 605:
2,1-13.18.23-28.31-32
3,1.6-13.19-20; 3,21 - 4,2;
4,3-8.13-22.29-31; 5,1-9.30-31;
6,4-5.13-15.20-26

Jeremia "gibt seinen Auftrag zurück": 6,10-11.27-29
Danach schweigt Jeremia bis 608

**2. Periode: Zeit Jojakims 608-597**
Sprüche, Buchrolle von 605:
Tempelrede: 7,1-15; 7,16-23;
8,4-7.21-23; 9,1-5.9.14-21;
11,1-14; 13,15-16; 14,2 - 15,2
Töpferwort: 18,1-11; 25,1-14

Völkersprüche:
Taumelbecher: 25,15-16.27-38
Gegen Ägypten: 46,3-12

Berichte über Symbolhandlungen:
Gürtelgleichnis: 13,1-11
Jeremias Lebensweise: 16,1-9
Rechabitertreue: 35,1-19

Klagelieder und Konfessionen:
Anschlag in Anathoth: 11,18-23;
12,1-6; 15,10.15-20; 17,14-18;
18,18-23; 20,7-13.14-18

Sprüche über das Königshaus:
Allgemein: 13,18-19; 21,13-14
Joahas: 22,10
Jojakim: 22,1-7.13-19
Zedekia: 21,1-10; 37,1-2
Jojachin: 22,24-30

**Zeitliche Einordnung von Texten des Propheten Jeremia** — Fortsetzung

Ereignisse der Zeitgeschichte und Baruchschrift:

Zedekia König eines Rumpfstaats Juda 598-587 (Mattanja) (2.Kön.24,18-2o)
594 Beginn der Konspiration Zedekias gegen Babylon? Reise an den babylonischen Hof in Begleitung des Reisemarschalls Seraja?

> Baruchschrift, Ereignisse von 594:
> Symbolhandlung in Babylon (Jer.51,59-64)
> Jeremia und Hananja (Jer.27,1-3.12b; 28)
> Brief an die Deportierten (Jer.29,1-32)

593 Beginn der Tätigkeit Hesekiels in Babylon?

Psammetisch II Pharao in Ägypten 594-588

Hophra Pharao in Ägypten 588-568 (Jer.44,3o)

589 Aufstand Zedekias gegen Babylon im Vertrauen auf ägyptische Hilfe (2.Kön.24,2o)
Beginn der Belagerung Jerusalems (2.Kön.25,1)
588 Entsatzversuch der Ägypter, Abzug des Belagerungsheers Nebukadnezars

> Baruchschrift, Ereignisse von 589-588:
> Entsatzversuch (Jer.37,3-1o)
> Jeremia gefangen (Jer.37,11-16)
> Zedekia befreit Jeremia (Jer.37,17-21)

588 Entsatzversuch der Ägypter gescheitert. Wiederbeginn der Belagerung (2.Kön.25,2)

> Baruchschrift, Ereignisse von 588:
> Ackerkauf und Heilswort (Jer.32,1-15)
> Jeremia in der Zisterne (Jer.38,1-13)
> Letztes Wort an Zedekia (Jer.38,14-28)

587 Eroberung und Zerstörung Jerusalems. Zedekia gefangen und in Ribla geblendet. Zweite große Deportation (2.Kön.25,3-21)

> Baruchschrift, Ereignisse von 587:
> Eroberung Jerusalems, Befreiung Jeremias.
> Wort an Ebed-Melech (Jer.39)
> Jeremia bleibt im Land (Jer.4o,1-6)

587-586 Gedalja wird Statthalter, aber bald darauf ermordet (2.Kön.25,22-25)
Judäer fliehen nach Ägypten (2.Kön.25,26)

> Baruchschrift, Ereignisse von 586:
> Schicksal Gedaljas (Jer.4o,7-16; 41,1-18)
> Jeremia gegen seinen Willen nach Ägypten mitgeschleppt (Jer.42,1- 43,7)

568 Nebukadnezar in Ägypten?

Awil-Marduk König in Babylon 562-56o

561 Freilassung Jojachins in Babylon (2.Kön.25,27-3o)

Jeremiaworte:

> 3.Periode: Zeit Zedekias
> Sprüche über Propheten:
> 23,9-12.13-15.16-17.
> 21-22.25-32
> Heilsworte:
> 3o,5-7.12-15;
> 31,2-6.15-17.18-2o.
> 21-22.31-34.35-37

> Sonstige Sprüche:
> 8,18-2o;
> 13,12-14.23; 15,5-9;
> 16,16-18; 17,1-4
> Wort an Zedekia:
> 21,1-1o.13-14
> Klage Jerusalems:
> 22,2o-23
> Feigenkorbvision:
> 24,1-1o

> Spätere Zusätze im Jeremiabuch:
> 2,19-22.29-3o.33-37;
> 3,2-5.14-18;
> 4,9-12.23-28; 5,1o-29;
> 6,1-3.6-9.12.16-19;
> 7,24-28.29-34;
> 8,1-3.8-17;
> 9,6-7.1o-13.18.22-25;
> 1o,1-2o; 11,15-17;
> 12,7-12;
> 13,17.2o-22.24-27;
> 15,3-4.11-14;
> 16,1o-15.19-21;
> 17,5-13.19-27;
> 21,11-12; 22,8-9;
> 23,3-8.18-2o.23f.33-4o;
> 3o,8-11.16-24; 31,7-14;
> 31,23-3o.38-4o;
> 32,16-44; 33,1-26;
> 46,13 - 51,58

> 4.Periode: In Ägypten
> Spruch 2,14-17?
> Nebukadnezarzug nach Ägypten (Jer.43,8-13)
> Letzte Warnung Jeremias (Jer.44,1-3o)
> (Aus der Baruchschrift)

Quelle: Die Aufstellung bezieht sich auf Fohrer, Einleitung. Selbstverständlich sind einzelne Zuordnungen strittig.
Die vermutlich echten Jeremiaworte erscheinen in vier Blöcken, die zeitlich geordnet sind, am Rand. Die erzählenden Stücke aus der Hand Baruchs sind zwischen den Geschichtsdaten eingeordnet, da sie relativ genau datiert werden können.

## Propheten der babylonischen Gefangenschaft — Hesekiel

Ab 622 Kultreformen **Josias**, die Hesekiel als Priestersohn miterlebt.
609 Tod Josias bei Megiddo, kurze Regierungszeit des **Joahas**, den Hesekiel später positiv beurteilen wird (Hes. 19,1-4)

609-598 **Jojakims** schlechte Regierungszeit. Aufstand gegen Babylon. Jojakim stirbt während der Belagerung Jerusalems durch **Nebukadnezar**
598 **Jojachin** kapituliert. **Erste Deportation** der Oberschicht Jerusalems. Mit Jojachin und den Deportierten kommt auch Hesekiel (30jährig?) nach Babylon. Ansiedlung am Kebar-Fluß (Hes. 1,1)
Bei den Exulanten herrscht eine nationalistische, aufgeheizte Rückkehrhoffnung ohne Selbstbesinnung, genährt durch die scheinbar erfolgreiche Herrschaft des Zedekia. Diesen beurteilt Hesekiel negativ (Hes. 19,5-13)

598-587 **Zedekia** König in Juda, konspiriert ab 594 gegen Babylon

> 593/2 Hesekiel wird zum Propheten berufen
> Vision der Throntiere Gottes 1,1-28; Berufung 2,1-7;
> Essen einer Schriftrolle 2,8 - 3,3; Beauftragung 3,4-14

> 592-587: Erste Periode der Wirksamkeit Hesekiels. Er verkündet den unvermeidbaren Untergang Jerusalems und des Tempels und versucht, die Deportierten innerlich vom Geschick Judas zu lösen und zum neuen Vertrauen auf Jahwe zurückzugewinnen.
> Neue Beauftragung 3,16a
> Symbolhandlungen über Jerusalem 4; 5; 7,23; 12,1-7.17-20.
> Visionen zum Untergang Jerusalems und ihre Erklärung:
> 8; 9; 11,1-21; Thronwagenvision 10 u. 11,22-25
> Gerichtssprüche und Parabeln:
> Israel verwüstet 6; Jerusalems Ende 7; Gericht unabwendbar 14; Unbrauchbares Rebenholz 15; Die Hure Jerusalem 16; Parabel von Adler, Zeder und Weinstock 17; Schuld, Väter und Söhne 18; Löwen- und Rebstockparabeln 19; Sündengeschichte Israels 20; Sprüche zum Stichwort "Schwert" 21; Schuld der Fürsten und Stände, Schmelzofenparabel 22; Die beiden Huren 23; Rostiger Topf, Tod der Frau Hesekiels 24; Genau datierte Fremdvölkersprüche aus 26-32 (s. 26,1; 29,1; 30,20; 31,1; 32,1.17)

589-587 Belagerung Jerusalems durch **Nebukadnezar**. Die Deportierten in Babylon erwarten ein Gotteswunder und verspotten Hesekiel (Hes. 12,21ff.)

> 587 verstummt Hesekiel, bis die Kunde vom Fall Jerusalems durch Boten nach Babylon kommt: 3,22-27; 24,25-27; 33,21-22

587 Fall Jerusalems, Zerstörung der Stadt und des Tempels, Zedekia gefangen und geblendet. **Zweite Deportation** der Oberschicht nach Babylon

> 586-585: Zweite Periode der Wirksamkeit Hesekiels. Er versucht, die Verzweifelten zu innerer Umkehr zu bewegen. Frevler sollen sterben, triumphierende Nachbarvölker bestraft werden, wahrhaft Fromme aber sollen neue Gnadenzuwendungen Gottes erleben.
> Abrechnung mit den falschen Hirten 13,3.6.9; 34
> 3,16-21 parallel 33,1-20 u.a.
> Gericht über siegreiche Völker 25-32 (Teile); 35

Nach 586 Die Verbannten scheiden sich in zwei Gruppen. Die einen beginnen, sich mit ihrem Geschick abzufinden und zu arrangieren, die anderen bringen echte Selbstbesinnung und geistlichen Neuanfang zuwege

> 585-573 (?): Dritte Periode der Wirksamkeit Hesekiels. Er kündigt in großen Visionen den Beginn einer neuen Heilszeit für Israel an.
> An die Zurückgebliebenen 33,23-29; Das neue Land Israel 36,1-15;
> Ein neues Herz 36,16-38; Totenerweckung des Volkes 37,1-14;
> Wiedervereinigung Israels 37,15-28; Abwehr der Völker 38-39

> 573-571 (?): Vierte Periode der Wirksamkeit Hesekiels. Seine letzten Visionen zur Errichtung eines neuen Tempels der Heilszeit.
> Vergebliche Belagerung von Tyrus 29,17-21
> Ein neuer Tempel 40-42; Gott erscheint zum Opfer 43
> Gesetze für das Heiligtum 44-46; Tempelquelle 47,1-12
> Das heilige Land der Heilszeit 47,13 - 48,35

## Propheten der babylonischen Gefangenschaft — Deuterojesaja u.a.

598 Kapitulation Jerusalems unter Jojachin. Erste Deportation (Hesekiel)
587 Jerusalem nach dreijähriger Belagerung zerstört. Zweite Deportation

Entstehung der "Klagelieder" in Jerusalem, die später fälschlich dem Jeremia zugeschrieben werden, sowie evt. Jes.63 - 64 als Volksklage

586 Nebukadnezars Feldzug nach Ägypten (Jer.43,8-13; Hes.29,17-21)
585-572 Vergebliche Belagerung von Tyrus (Hes.29,18)
582? Dritte Deportation von Judäern? (Jer.52,3o)
562-561 Awil-Marduk König von Babylonien. Läßt Jojachin frei (Jer.52,31-34)
56o-556 Nergal-schar-usur. 556 Labaschi-Marduk Könige von Babylonien
556-539 Nabonid König von Babylonien. Regiert 1o Jahre in der Oase Tema
55o-545 Belsazar als Kronprinz Regent in Babylon

55o Kyros II der Große entmachtet den Mederkönig Astyages
546 Kyros besiegt Kroisos (Krösus) von Sardes (Jes.41,2-3? 45,1-3?)

Zwischen 55o und 539 Wirksamkeit eines namenlosen Propheten in Babylon ("Deuterojesaja"). Einzelzuweisungen seiner Worte sind fast unmöglich. Seine Prophetie bildet die Kapitel 4o bis 55 des Jesajabuchs.
Wesentliche Schwerpunkte der Prophetie Deuterojesajas:
- Prolog, Einleitungstrostwort: 4o,1-8; darin "Berufung": 4o,6-7?
- Die Einzigartigkeit Gottes und seine Vorhersage des Künftigen: 4o,12-31; 41,21-29; 43,8-15; 44,6-8; 45,9-13.18-19; 48,1-11
- Spottgedichte über die Herstellung von Götterbildern: 4o,18-2o; 41,6-7; 44,9-2o; 46,1-2.5-8
- Kyros, der zukünftige Retter in Gottes Auftrag (in Gerichtsreden): 41,1-5.25-29; 43,8-15; 45,13; 46,9-13; 48,12-17; dazu das große Orakel über Kyros: 44,24 - 45,7
- Gottes barmherziges Eingreifen: 42,1o-25; 45,8; 48,18-19, u.a.
- Das Heil für das gefangene Volk: 41,9-11; 43,1-7.16-28; 44,1-5.21-23; 46,3-4; 49,7-26; 5o,1-3; 52,7-1o; 55,1-5
- Babylons Untergang, Auszug der Juden: 41,14-16; 47,1-15; 48,2o-21; 52,4-6.11-12
- Heimweg und Wiederaufbau in Israel: 41,17-2o; 49,7-12; 51,9 - 52,3; 54,1-17; 55,12-13
- Gott und die Völker: 45,14-17.2o-25; 49,33-23; 51,1-8
- "Gottesknechtlieder" des Propheten: 42,1-4 (5-9später?);49,1-6; 5o,4-9
- Epilog: Wirksamkeit des Wortes Gottes: 55,6-11

54o Kyros bereitet den Angriff auf Babylon vor. Die Elamiter bedrohen Uruk, von ihm angestiftet. Nabonid kehrt zu spät nach Babylon zurück

539? Tod Deuterojesajas durch Vollzug eines Gerichtsurteils?
"Gottesknechtlieder" seiner Schüler: 5o,1o-11? 52,13 - 53,12

539 Der babylonische General Gobyras geht zu Kyros über. Sieg über die Babylonier bei Opis. Nabonid flieht nach Borsippa. Kyros zieht kampflos, von Mardukpriestern als Befreier begrüßt, in Babylon ein
538 Religions- und Tempelaufbauedikte des Kyros ermöglichen den Juden die Rückkehr nach Jerusalem und den Wiederaufbau der Stadt (Esra 6,3-5)
537 Erste Rückkehrer in Jerusalem. Tempelfundament gelegt (Esra 5,14-16)

Zwischen 537 und 53o Wirken eines Schülers Deuterojesajas, der eine prophetische Heilstheologie vertritt ("Tritojesaja").
Stücke dieses Propheten: 57,14-19; 6o; 61; 62; 65,16-25; 66,6-16
In großer Nähe zur Heilsprophetie Tritojesajas: 58,1-14; 66,1-2
Einfügung wohl vorexilischer Prophetenworte: 56,9-12; 57,3-6.7-13a
Prophetische Liturgie: 59,1-21; Volksklagepsalm (s.o.): 63,1 - 64,11
Spätere Worte zur Scheidung von "Frommen" und "Frevlern": 57,1-2.13b.2o-21; 59,2-8; 65,1-16a; 66,3-5.17
Wesentlich später: apokalyptische und moralisierende Worte: 56,1-8; 6o,12.19.2o; 63,1-6; 65,17-25; 66,1-2.18,24

Quelle für Hesekiel und Jesaja II und III: ATD (Kaiser, Eichrodt, Westermann), zusammengefaßt und unwesentlich ergänzt bzw. korrigiert nach Fohrer, Einleitung.

**Bedeutende Männer des Griechentums I**

| Politiker / Philosophen / Künstler | Zeit und Ort | Werk, Lehre oder Errungenschaft | Biblische Zeit |
|---|---|---|---|
| Homer | Zw. 9. u. 7. Jhd. | Ilias (Untergang Trojas) und Odyssee. (Vermutlich zwei Dichter, Epiker) | Späte Königszeit |
| Hesiod | um 72o ? | Epiker: "Schild des Achilles"; "Werke und Tage"; "Theogonie" | |
| Archilochos | um 65o Paros | Lyriker, Vorbild für spätere Dichter in den Formen der Dichtung | Jesaja |
| Tyrtaios | um 63o Sparta | Elegien über die Erziehung bei den Spartanern | |
| Drakon | um 62o | Gesetzgeber in Athen. Strenge Gesetze | |
| Simonides | um 6oo Amorgos | Elegien über das Leben der Spartaner | Jeremia |
| Sappho | um 6oo Lesbos | Lyrikerin; berühmte Liebeslieder | |
| Alkaios | um 6oo | Kampf- und Liebeslieder | |
| Solon | 64o-561 Athen | Gesetzgeber in Athen 594-93; demokratisch-plutokratische Gesellschaftsform | |
| Periandros | 627-586 | Tyrann von Korinth | Hesekiel |
| Thales | 64o-547 Milet | Urstoff Wasser, erzeugt Gase und feste Körper; Mathematik des Kreises | |
| Anaximandros | 611-547 Milet | Entstehung der Welt aus unendlichem, ewigem Urstoff, dem "apeiron" | Babylonische Gefangenschaft |
| Anaximenes | 588-542 Milet | Urstoff Luft, bringt aus der Bewegung alles Seiende hervor | |
| Polykrates | bis 524 | Erfolgreicher Tyrann von Samos | |
| Kroisos | um 55o | Tyrann von Sardes, von Kyros besiegt | Deuterojesaja |
| Peisistratos | 561-51o Athen | Guter Tyrann, regiert Athen nach den demokratischen Regeln des Solon | |
| Anakreon | um 54o Athen | Lyriker am Hof des Peisistratos, leichte Lieder; stammt von Theos | |
| Pythagoras | 582-497 Samos | Urprinzip der Welt ist die Zahl; "Alles kehrt wieder"; Seelenwanderung, Harmonie | |
| Xenophanes | 56o-47o Elea | Weltgeist unzerstörbare Kraft in Erscheinung u. Stoff; "Eleatische Schule" | Haggai |
| Aisopos | 6. Jhd. | Fabeln, vor allem Tierfabeln | |
| Kleisthenes | ab 5o7 Athen | Athen wird Musterdemokratie; Pylen, Demen, Ostrakismos, Bürgerheer | |
| Pindaros | 518-446 Theben | Darsteller der dorischen Kultur in viel nachgeahmten Gesängen und Oden | Maleachi |
| Aristagoras | bis 496 Milet | Führer des Aufstands der kleinasiatischen Ionier gegen die Perser | |
| Herakleitos | 535-475 Ephesos | Urstoff Feuer; "alles fließt"; "Kampf ist der Vater aller Dinge" | |
| Miltiades | bis 489 Athen | Schlägt 49o die erste persische Invasion bei Marathon zurück | |
| Themistokles | 527-459 Athen | Überragender Politiker der Perserkriege 493-71; Salamis-Sieg; 471 verbannt | |
| Leonidas | um 48o Sparta | König in Sparta, fällt bei Thermopylae | |

## Bedeutende Männer des Griechentums II

| | Politiker / Philosophen / Künstler | Zeit und Ort | Werk, Lehre oder Errungenschaft | Biblische Zeit |
|---|---|---|---|---|
| | Pausanias | bis 471 Sparta | Führer des Kriegs gegen Persien, verräterische Beziehungen zu Xerxes? | |
| | Aristides | bis 467 | Gründer des Attischen Seebunds | |
| | Perikles | 499–429 Athen | Größter Staatsmann Athens 462–29, stirbt im Peloponnesischen Krieg an der Pest | Nehemia |
| Perikleische Glanzzeit in Athen und ganz Griechenland | Anaxagoras | 500–428 Athen | Urkörperchen (sperma), vom Weltverstand (nous) geordnet, ergeben die Welt | |
| | Empedokles | 490–430 Agrigent | Elemente: Erde, Wasser, Feuer, Luft; Gestaltungskräfte: Liebe und Haß | |
| | Polygnotos | um 450 Athen | Malerei: "Marathonschlacht" in der "Bunten Halle" auf dem Markt von Athen | |
| | Phidias | 500–438 Athen | Bildhauerei: Zeus in Olympia, Athene im Parthenon auf der Akropolis | |
| | Myron | 5. Jhd. Eleutherai | Bildhauerei: Diskuswerfer, Marsiasgruppe | |
| | Polykleitos | 5. Jhd. Sykion | Bildhauerei: Speerträger, Amazone, Diadumenos | Esra |
| | Kalimachos | 5. Jhd. | Bildhauerei: Korinthischer Baustil | |
| | Aischilos | 525–456 Athen | Tragödie: Perser, Prometheus, Orestie u.a. | |
| | Sophokles | 496–406 Athen | Tragödie: Ödipus, Antigone, Aias, Philoktet, Elektra u.a. | |
| | Euripides | 480–406 Athen | Tragödie: Alkestis, Phädra, Medea, Iphigenie, Troerinnen u.a. | Jona |
| | Aristophanes | 450–385 Athen | Komödie: Lysistrata, Vögel, Frösche, Ritter, Wespen, Wolken u.a. | |
| | Herodotos | bis 425 | Geschichte, Geographie; aus Halikarnassos | |
| | Sokrates | 469–399 Athen | "Erkenne dich selbst". Lehre vom Gewissen (daimonion); induktive Methode | |
| | Leukippos | um 450 Milet | Lehrer des Demokritos, Mitbegründer der frühen Atomlehre | |
| | Demokritos | 460–370 Abdera | Urstoff unteilbar (atomos). "Aus nichts entsteht nichts, nichts wird zu nichts" | |
| | Hippokrates | 460–377 Athen | Arzt, begründet die klassische Medizin. "Hippokratischer Eid", bis heute gültig | |
| | Nikias | bis 415 Athen | Vertreter der Friedenspartei als Feldherr; 421 Zwischenfriede mit Sparta | Späte Perserzeit |
| | Alkibiades | 452–404 Athen | Vertreter der Kriegspartei; Zug nach Sizilien; zu Sparta übergelaufen | |
| | Lysandros | bis 395 Sparta | Admiral, macht Perser durch Verhandlungen zu Bundesgenossen Spartas | |
| | Pausanias | bis 394 | Spartanischer König, besiegt die Athener | |
| | Thukydides | 460–403 | Geschichte des Peloponnesischen Kriegs | |
| | Xenophon | 430–354 Athen | Zieht 401 mit Kyros gegen Artaxerxes und führt die Griechen zurück ("Anabasis") | |
| | Isokrates | 436–338 | Rhetor in Athen: Grundregeln der Rede | |
| | Platon | 427–347 Athen | Ideenlehre. Leib: Begierde, Mut, Vernunft; Staatsideal = Erziehung; Akademie | |

**Bedeutende Männer des Griechentums III**

| Politiker / Philosophen / Künstler | Zeit und Ort | Werk, Lehre oder Errungenschaft | Biblische Zeit |
|---|---|---|---|
| Dionysos I | 430–367 | Tyrann von Syrakus/Sizilien ab 405 | Späte Perserzeit |
| Agesilaos | 444–360 | Spartaner; Rachefeldzug gegen Persien | |
| Thrasybulos | um 380 Athen | Erfolgreicher Heerführer gegen Sparta im Norden Griechenlands | |
| Pelopidas | bis 364 | Zwingt Spartaner zum Abzug aus Theben | |
| Epaminondas | 420–362 Theben | Schlägt die Spartaner bei Leuktra, fällt bei Mantineia | |
| Diogenes | 412–323 | Philosoph der Bedürfnislosigkeit | |
| Aristoteles | 384–322 Stagira | Idealismus gegen Materialismus; Göttliches Prinzip; Metaphysik und Logik | |
| Praxiteles | 4. Jhd. | Bildhauerei: Hermes, Aphrodite | |
| Philipp II | 359–336 Makedonien | Besiegt Griechen bei Chaironeia 338, einigt Griechenland unter seiner Führung | |
| Demosthenes | 384–322 Athen | Volksredner, Gegner Philipps, verteidigt die Demokratie | |
| Alexander d. Gr. | 356–323 | Eroberung des Perserreichs bis Indien | Alexanderzeit |
| Lysippos | 4. Jhd. | Bildhauerei: Alexanderstandbild | |
| Apelles | 4. Jhd. | Bildhauerei u. Malerei an Alexanders Hof | |
| Menander | 342–290 | Komödie: Misanthrop; Schiedsgericht | |
| Epikuros | 341–270 Athen | Verteidigt Demokrits Materialismus gegen Aristoteles; Glückslehre; "Epikuräer" | |
| Zenon | 336–264 Kition | Weltvernunft, an der alle Menschen Anteil haben; Menschheit; "Stoiker" | |
| Demetrios | um 300 Phaleron | Volksführer in Athen 317–307, dann Gründer der Bibliothek von Alexandria | Ptolemäerzeit |
| Euklides | um 300 Alexandria | Elemente der Welt (stoicheia); Lehrbuch der Mathematik und Geometrie | |
| Aristarchos | 320–250 Samos | Astronomie; Sonne steht im Mittelpunkt des Weltalls (Heliozentrisches Weltbild) | |
| Kallimachos | 310–240 | Philosoph und Lyriker in Alexandria | |
| Theokrites | 3. Jhd. | Elegien, Idylle, Schäfergedichte | |
| Apollonios | 295–215 | Dramen: Die Argonauten u.a.; aus Rhodos | |
| Archimedes | 287–212 Syrakus | Mathematiker, Physiker, Techniker: Spezifisches Gewicht, Kugel, Kegel u.a. | |
| Eratosthenes | 276–194 Alexandria | Kartograph und Astronom; Philologe; errechnet den Erdumfang experimentell | |
| Apollonios | 262–190 Perge | Mathematiker und Astronom; "Apollonischer Kreis" seiner Schüler | |
| Hipparchos | 190–125 Athen | Astronom: Mondentfernung berechnet; erste Fixsternkataloge | Makkabäerzeit |
| Pausanias | 2. Jhd. | Reiseberichte, Geographie | |
| Polybios | 2. Jhd. | Geschichtswerke | |
| Heron | um 120 Alexandria | Mathematiker, Astronom, Erfinder: Pumpen, Dampf- u.a. technische Geräte | |
| Ptolemaios | 87–165 n. Chr. | Mathematiker, Astronom, Geograph "Almagest" (Geozentrisches Weltbild) | Neues Testament |

## Die griechischen Naturphilosophen

| Name | Zeit, Ort | Lehre und Errungenschaft | Bibl. Zeit |
|---|---|---|---|
| Thales | 640–547 Milet | Urstoff: Wasser, erzeugt Gase und feste Körper; Mathematik des Kreises | Jeremia |
| Anaximandros | 611–547 Milet | Entstehung der Welt aus unendlichen, ewigen Urstoffen, dem "apeiron" | |
| Anaximenes | 588–542 Milet | Urstoff: Luft, bringt aus ihrer Bewegung alles Seiende hervor | Hesekiel |
| Pythagoras | 582–497 Samos | Urprinzip der Welt: Zahl. Sphärenharmonie u. Seelenwanderung; "alles kehrt wieder" | |
| Xenophanes | 560–470 Elea | Weltgeist als unzerstörbare Kraft in Stoff u. Erscheinung; "Eleatische Schule" | Deutero-jesaja |
| Herakleitos | 535–475 Ephesus | Urstoff: Feuer, denn "alles fließt"; "Kampf ist der Vater aller Dinge" | Haggai |
| Anaxagoras | 500–428 Athen | Urkörperchen "sperma", vom Weltverstand "nous" geordnet, ergeben das Weltganze | Nehemia |
| Empedokles | 490–430 Agrigent | Elemente: Erde, Wasser, Feuer, Luft; Liebe und Haß als Gestaltungskräfte | |
| Sokrates | 469–399 Athen | "Erkenne dich selbst"; induktive Methode; Lehre vom Gewissen, dem "daimonion" | Esra |
| Leukippos | um 450 Milet | Lehrer des Demokrites, Mitbegründer der frühen Atomlehre | Späte Perserzeit |
| Demokritos | 460–370 Abdera | Urstoff unteilbar, "atomos"; "nichts entsteht aus Nichts, nichts wird zu Nichts" | |
| Hippokrates | 460–377 Athen u.a. | Arzt, begründet die klassische Medizin; "Hippokratischer Eid" bis heute gültig | |
| Platon | 427–347 Athen | Ideenlehre; Leib: Begierde, Mut, Vernunft Staatsideal über Erziehung; "Akademie" | |
| Aristoteles | 384–322 Stagira u.a. | Idealismus gegen Materialismus; Göttliches Prinzip; Metaphysik und Logik | Alexander und die Diadochen |
| Epikuros | 341–270 Athen | Verteidigt Demokrits Materialismus gegen Aristoteles; Glückslehre; "Epikuräer" | |
| Zenon | 336–264 Kition/Athen | Weltvernunft, an der alle Menschen Anteil haben; "Menschheit"; "Stoiker" | |
| Euklides | um 300 Alexandria | "stoicheia" als Elemente der Welt; Lehrbuch der Mathematik und Geometrie | |
| Aristarchos | 320–250 Samos | Astronomie; Sonne steht im Mittelpunkt des Weltalls, "Heliozentrisches Weltbild" | |
| Archimedes | 287–212 Syrakus u.a. | Physiker, Techniker, Mathematiker: Spezifisches Gewicht; Hebel- und Kegelgesetze | Ptolemäer |
| Eratosthenes | 276–194 Alexandria | Kartograph und Philologe; errechnet nach einem Versuch den Erdumfang | Septuaginta |
| Apollonios | 262–190 Perge | Mathematiker und Astronom; "Apollonischer Kreis" seiner Schüler | |
| Hipparchos | 190–125 Athen | Astronom; Mondentfernung berechnet; erste Fixsternkataloge | Makkabäer |
| Heron | um 120 Alexandria | Techniker, Geograph, Erfinder: Pumpen, Dampf- und andere technische Geräte | |
| Ptolemaios | 87–165 n.Chr. Alexandria | Mathematiker, Astronom, Geograph; "Almagest"; "Geozentrisches Weltbild" | Neues Testament |
| | Materialisten · Idealisten · Praktiker | | |

## Vermutliches Alter der Psalmen und ihre Zusammenfassungen I

*Die Tabelle informiert über Entstehungszeit (Länge der Farbbalken) und Gattung (Farbe der Balken) jedes Psalms sowie über verschiedene nachexilische Sammlungen. Es bedeuten: "Sehr alt": Davidszeit oder früher; "Zeit der Könige": bis zum Untergang des Nordreichs; "Vor dem Exil": späte Königszeit in Juda; "Im Exil und ?": Zeit des Exils (wenige Psalmen) oder unbestimmbare Datierung; "Nach dem Exil": Hochblüte des Tempelkults zur Perserzeit.*

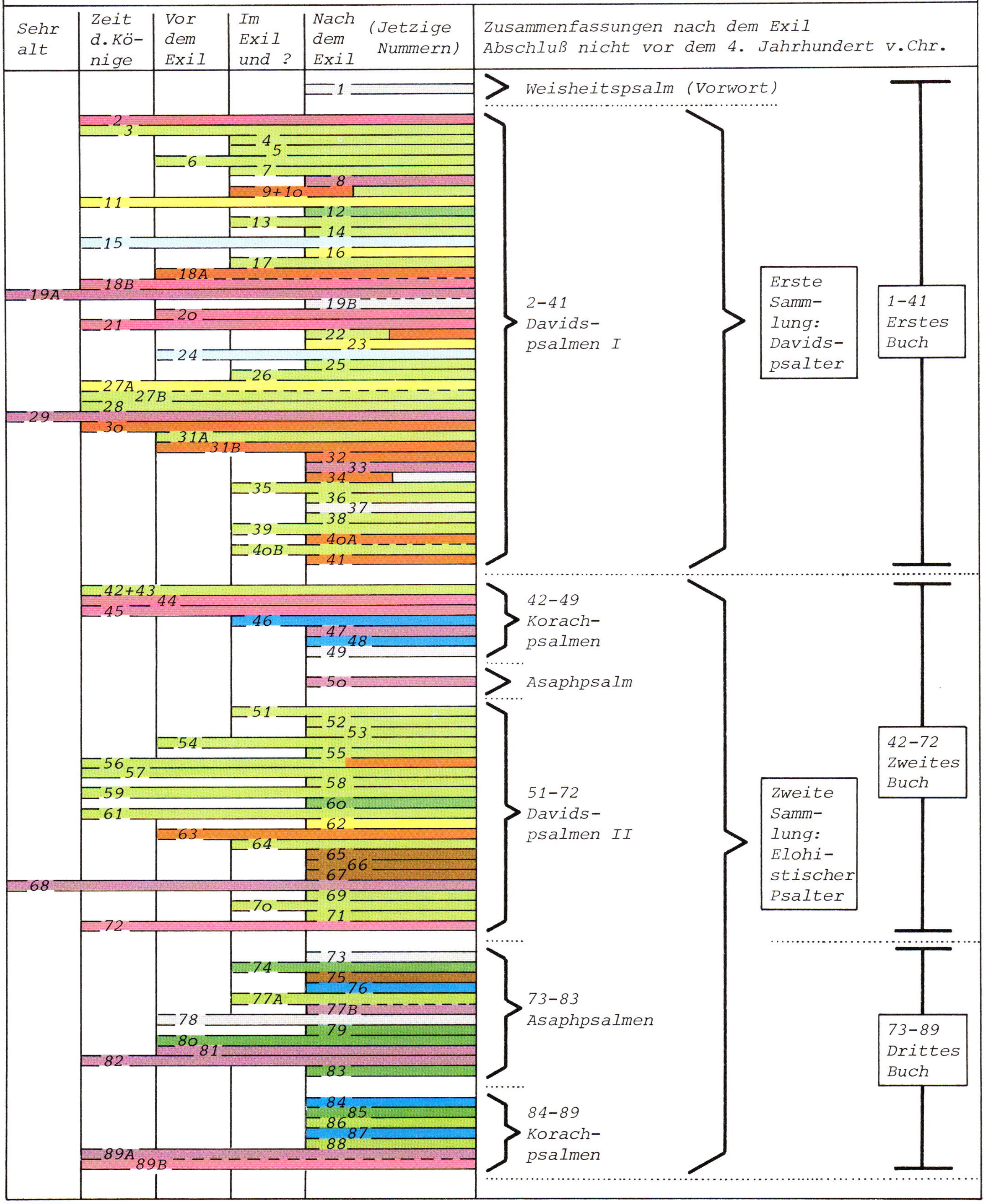

## Vermutliches Alter der Psalmen und ihre Zusammenfassungen II

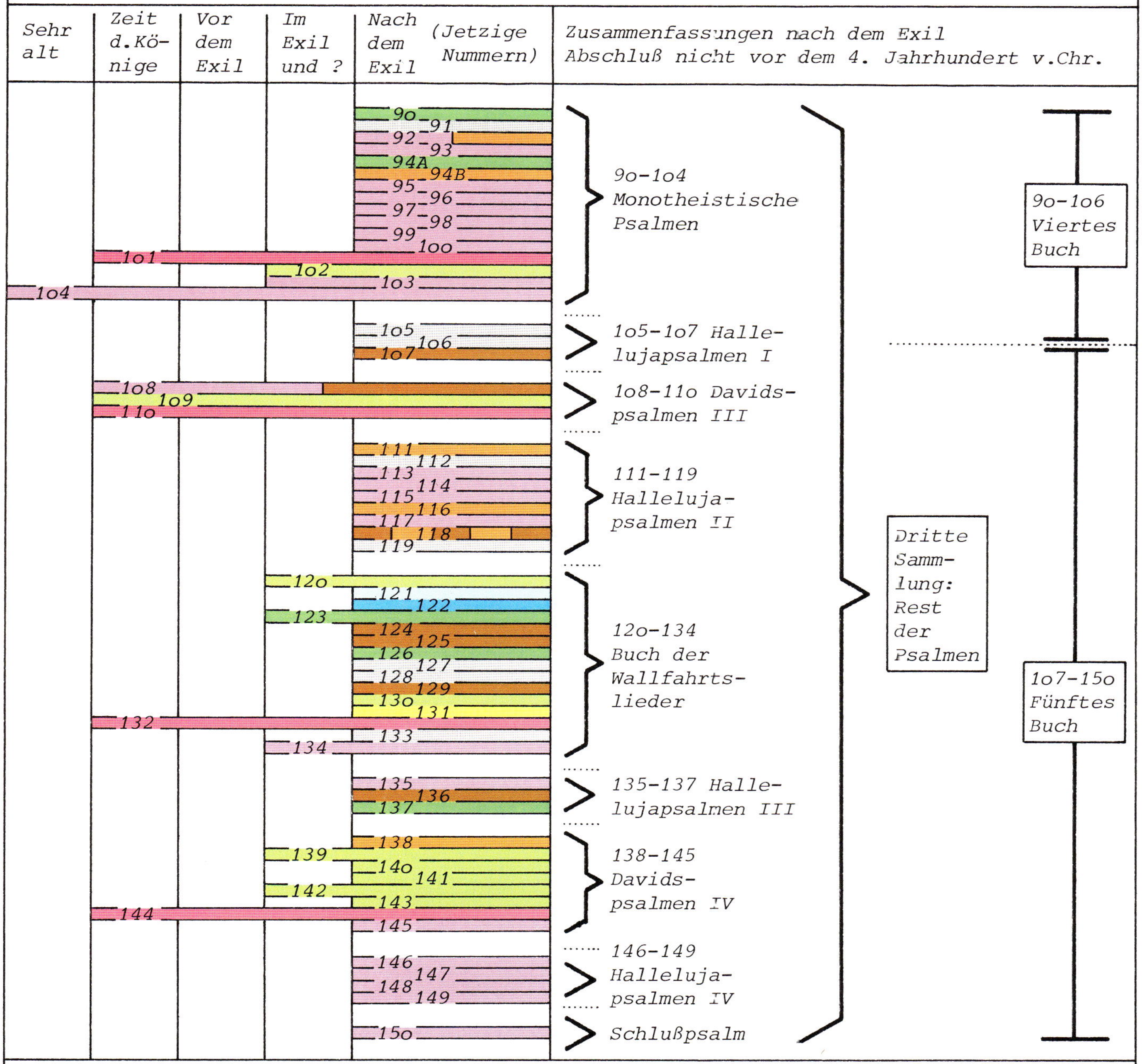


Psalm-Gattungen (nicht immer eindeutig; Grenzfälle in der Tabelle z.T. zweifarbig):

**Hymnen** 8; 19A; 29; 33; 47; 5o; 68; 77B; 81; 82; 89A; 92t; 95-1oo; 1o3; 1o4; 1o8t; 113-115; 117; 134; 135; 145-15o (t = teilweise)

**Zionslieder** 46; 48; 76; 84; 87; 122

**Wallfahrtslieder** 15; 24; 121

**Volksklagelieder** 12; 6o; 74; 79; 8o; 83; 85; 9o; 94; 123; 126; 137

**Klagelieder einzelner** 3-7; 1o; 13; 14; 17; 22t; 25; 26; 27B; 28; 31t; 35; 36; 38; 39; 4oB; 42; 43; 51-59; 61; 64; 69-71; 77A; 86; 88; 1o2; 1o9; 12o; 13o; 139-143

**Volksdanklieder** 65-67; 75; 1o7; 1o8t; 124; 125; 129; 136

**Danklieder einzelner** 9; 18A; 22t; 3o-32; 34t; 4oA; 41; 56B; 63; 92t; 94B; 111; 116; 118t; 138

**Vertrauenslieder einzelner** 11; 16; 23; 27A; 62; 131

**Königslieder** 2; 18B; 2o; 21; 44; 45; 72; 89B; 1o1; 11o; 132; 144

**Weisheitsdichtungen** 1; 19B; 34t; 37; 49; 73; 78; 91; 1o5; 1o6; 112; 119; 127; 128; 133

Die Psalmen 9 und 1o sowie 42 und 43 waren ursprünglich eine Einheit. Die Psalmen 18; 19; 27; 31; 4o; 77; 89 und 94 bestehen aus je zwei (A;B) ursprünglich selbständigen Liedern.

(Alle Angaben nach Sellin/Fohrer, Einleitung in das Alte Testament, 11. Aufl. 1969. Für eine Reihe von Psalmen kann aber auch eine frühere Entstehung angenommen werden.)

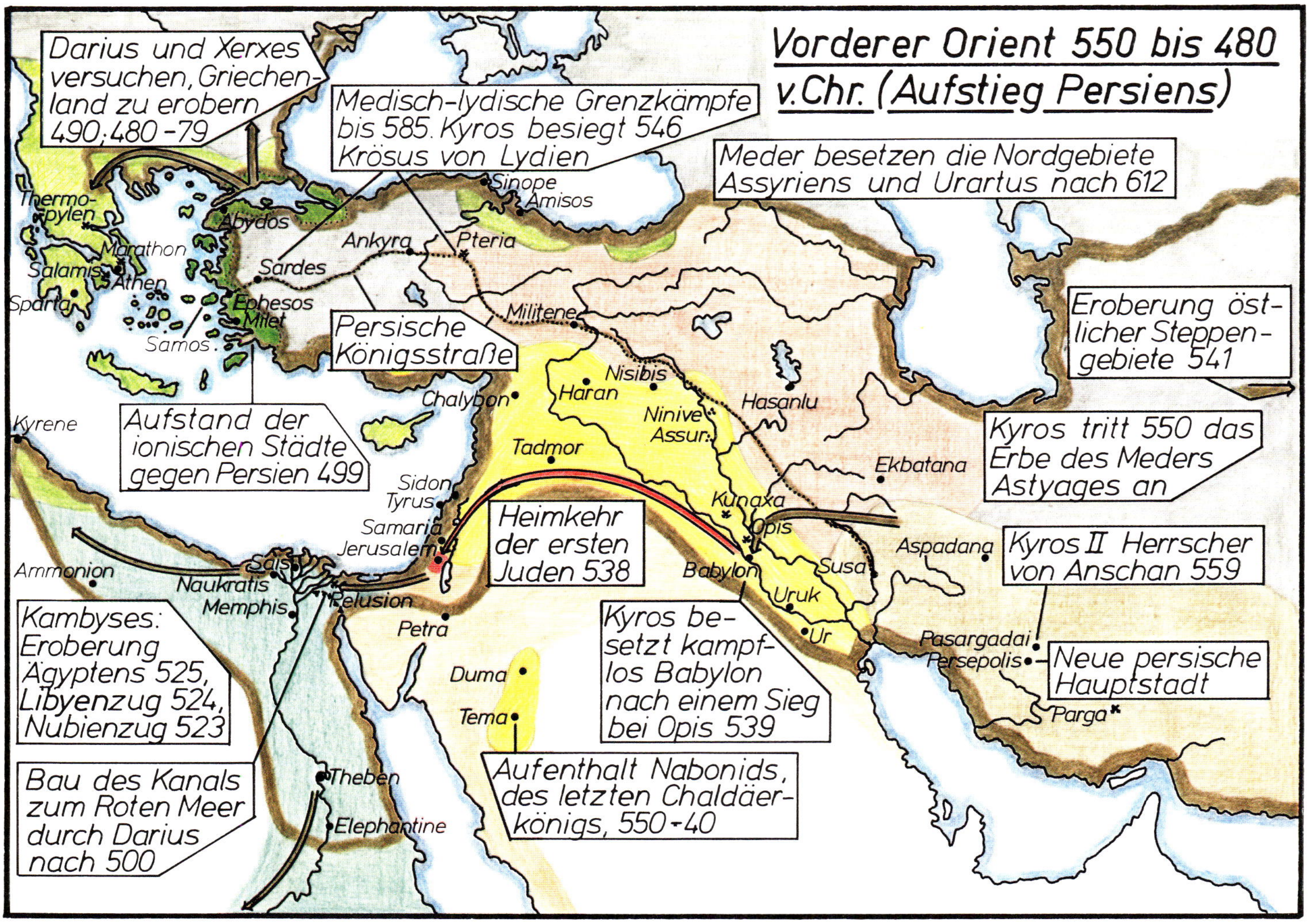


**Vorderer Orient 550-480 v. Chr.** (Der Aufstieg der Perser)

Die Geschichte des jüdischen Volkes ist selten nachhaltiger mit dem politischen Weltgeschehen verknüpft gewesen als um das Jahr 539, in dem die Perser Babylon besetzten. Dies war nicht nur für die Juden, sondern für den gesamten Orient ein **Umbruch der politischen Szene.** Erstmals tritt eine tolerante Nation auf die Bühne der Weltgeschichte, die ihre Herrschaft nicht damit zu sichern versucht, daß sie fremde Kultur und Religion durch eigene ersetzt, sondern diese unter lockerer Oberhoheit integriert. So dürfen auch Teile der jüdischen Exulanten aus Babylon in ihr Land zurückkehren, Jerusalem wieder aufbauen und den Jahwegottesdienst wieder aufnehmen.

Vier Namen verbinden sich mit dem Aufstieg Persiens.

**Kyros II** (559-29) wird berechtigterweise der Große genannt. Er tritt nach kurzer Herrschaft im südlichen Iran und im alten Elamitergebiet 550 das Erbe des abgesetzten Meders **Astyages** an, löst das medisch-lydische Grenzproblem 546 durch Eroberung **Lydiens** (Krösus), dehnt auf einem weiten Feldzug sein Reich bis an die Grenze **Indiens** und der asiatischen Steppe aus und erobert schließlich fast kampflos das in sich zerstrittene Reich **Nabonids,** des letzten Chaldäers in **Babylon.** Dort wird Kyros 539 als echter Erbe Marduks freundlich aufgenommen. Den Rest seines Lebens nützt er zu einer genial konzipierten verwaltungsmäßigen Festigung des Riesenreichs.

**Kambyses** (528-22) erobert das letzte Großreich, **Ägypten,** scheitert allerdings beim Versuch weiterer Machtausweitung in Afrika.

**Dareios I** (521-486), aus einer Nebenlinie der Königssippe stammend, setzt das Werk des Kyros fort. Er macht das Reich zu einer perfekt funktionierenden Verwaltungsmaschinerie. Verkehr, Handel und Kultur liegen ihm besonders am Herzen. Allerdings muß er beim Versuch, die unbotmäßigen **Griechen** zu unterwerfen, eine erste Niederlage hinnehmen (**Marathon** 490).

Dies bleibt auch **Xerxes I** (485-65), dem Ahasveros der Bibel, nicht erspart. Bei den **Thermopylen, Salamis** und **Plataiai** findet 480/79 die persische Expansion ihr Ende.

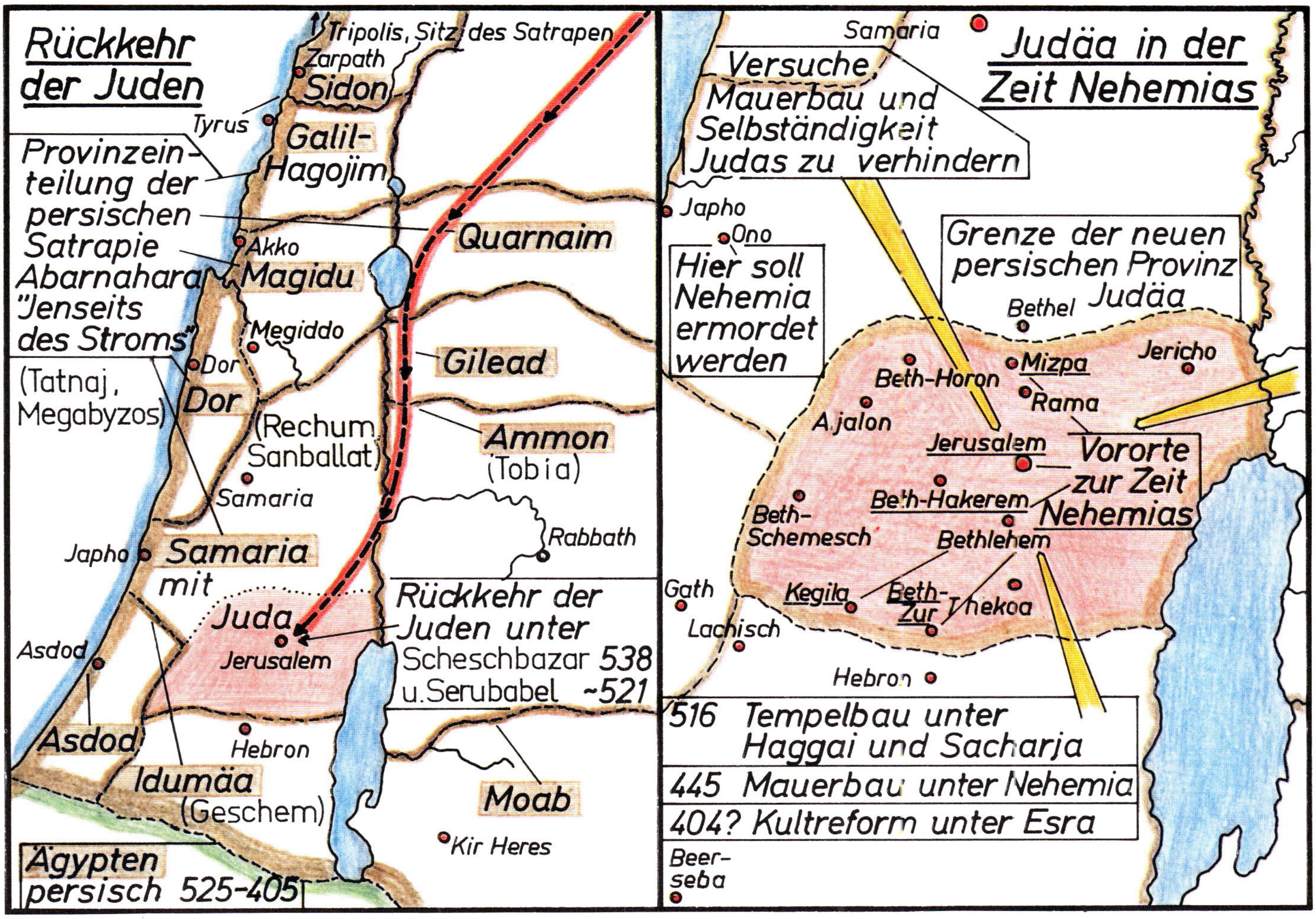


**Die jüdische Kultgemeinde der Perserzeit etwa 570-380 v. Chr.**

Aus der Perserzeit haben wir über Zustände in Palästina nur sporadische Kenntnisse. Sie kreisen um die Rückkehr von Juden aus Babylon zwischen 538 und 516 sowie um die Namen des Statthalters **Nehemia** und des Religionsbeauftragten **Esra.** Insgesamt gilt für diese Periode, daß die zurückgekehrten Juden keine staatliche Selbständigkeit erreichten. Nur Kultfreiheit für ihren Gottesdienst wurde ihnen von den Perserkönigen zugebilligt.

**Kyros II** ordnete nach seinem Einzug in Babylon 539 die Restauration gestörter nationaler Kulte im Perserreich an, was die Eingliederung so vieler Völker in das Riesenreich wesentlich erleichterte. Auch die heimkehrwilligen Juden durften unter **Scheschbazar** nach **Jerusalem** zurückkehren (Esra 6, 1-5). Sie erhielten aus der babylonischen Konkursmasse sogar die alten Tempelgeräte wieder (Esra 1; 5, 13-16). Wie entvölkert das Land damals war, zeigt sich daran, daß Judäa zunächst ein Teil der Provinz **Samaria** blieb. Mit Nachdruck verhinderten deren Untersatrapen vorerst jede Veränderung. Der Neuanfang unter den Davididen **Scheschbazar** (538) und **Serubabel** (etwa 521) war dementsprechend kläglich und notvoll (Esra 2-3).

Selbst das Recht zum Tempelbau mußte dem persischen Hof unter König **Dareios I** gegen die Proteste Samarias abgetrotzt werden. Der Neubau ist vor allem mit den Namen der Propheten **Haggai** und **Sacharja** verbunden, die daran auch eschatologische Erwartungen knüpften (Esra 5; Sach. 1-8; Haggai).

Im Gegensatz zu solchen Hoffnungen wurde Jerusalems Lage eher notvoller, bis der Mundschenk König **Artaxerxes I, Nehemia,** seine Ernennung zum zeitweiligen Untersatrapen in Judäa erbat (445-35 und 432). Er befestigte die Stadt Jerusalem, verselbständigte Judäa gegenüber Samaria und organisierte die neue Provinz durch Einteilung in fünf Distrikte (Nehemiabuch).

Gegen 400 (?) wurde unter **Artaxerxes II** ein anderer Jude, der Religionskommissar **Esra,** beauftragt, den Kult in Jerusalem auf der Basis der Gesetze des Mose neu zu ordnen, was ihm auch überzeugend gelang (Esra 7-10). Sein Hauptanliegen war eine klare Regelung in der Mischehenfrage zur Reinerhaltung der Kultgemeinde von jedem Synkretismus. Mit ihm beginnt in Israel das eigentliche »Schriftgelehrtentum«.

## Geschichte des Vorderen Orients

Tafel 7a

| Zeit | Ägypten | Palästina und Süden | Judengemeinde |
|---|---|---|---|
| 510 | 27. Dynastie: 525-405 Perserkönige | Nach 520 Sacharja Prophet, sagt ein Messiasreich in Jerusalem voraus | Hoherpr. Josua |
| 500 | Verwaltung durch persische | Bau des Dareios-Kanals zum roten Meer<br>Um 500 Maleachi Prophet (kein Eigenname) | |
| 490 | Satrapen | Mißernten in Palästina. Edomiter und Samaritaner behindern die Juden | |
| 480 | Persischer Steuerdruck | 486-84 Xerxes wirft einen ägyptischen Aufstand nieder | Hoherpr. Jojakim |
| 470 | provoziert Aufstände | Niederlage der Edomiter durch Araber<br>Satrapen in Samaria: Rechum, Sanballat<br>Untersatrap in Edom: Tobia | |
| 460 | | 463 Aufstand des Inaros in Ägypten. Hilfe-<br>460 ruf an Athen. Athenische Flotte im<br>454 Nildelta vernichtend geschlagen | |
| 450 | Widerstand im Delta kann nicht gebrochen werden | Erneut bedrückende Lage der Juden, Denunziation am persischen Hof | Nehemia |
| 440 | | 445-35 Erster Aufenthalt Nehemias in Jerusalem. Mauerbau in 52 Tagen. Abtrennung Judas von Samaria | Hoherpr. Eliasab um 440 |
| 430 | | 432 Zweiter Aufenthalt Nehemias in Jerusalem | Nehemia |
| 420 | | | |
| 410 | 28. Dynastie: 404-398 | Um 410 Streit in Jerusalem zwischen Statthalter und Hohempriester. Dareios-Erlaß für die jüdische Kolonie im Niltal (Elephantine) | Bogoas-Bigwai<br>Hoherpr. Jochanan um 410 |
| 400 | Amyrtaios | Erfolg des ägyptischen Aufstands<br>Um 400 Joel und Deuterosacharja? | Esra Kirchenkommisar |
| 390 | 29. Dynastie: 398-378 Nepheritis Psammuthis | Mischehengesetze in Jerusalem. Strenge Kultgemeinde des mosaischen Gesetzes | Hoherpr. Jojada |
| 380 | Achoris 390-78<br>Nepheritis II | 385 Persischer Angriff auf Ägypten abgewehrt | |
| 370 | 30. Dynastie: 378-43<br>Nektanebo I 378-61 | Um 380 ? Unbekannter Prophet schreibt das Jonabuch | Kaum Nachrichten über das Ergehen der Juden |
| 360 | Teos 361-59<br>Nektanebo II 359-43 | 360 Angriff des Teos auf Phönizien Aufstand gegen ihn in Ägypten. Er flieht zu den Persern | |
| 350 | | 351 Angriff des Artaxerxes auf Ägypten<br>Zwischen 350 und 330 Tempelgründung der Samaritaner auf dem Garizim | |
| 340 | Persische Provinz 343-332 | 344-43 Perser gewinnen Zypern, Sidon und Ägypten für ein Jahrzehnt zurück | Hoherpr. Jaddua |
| 330 | Griechische Provinz 332-323 | 332 Eroberung von Tyrus und Gaza. Feldzug nach Ägypten und Siwa. Parmenion in Damaskus und wohl auch in Jerusalem | 332 Palästina unter makedonischer Herrschaft |
| 320 | Ptolemäer: 323-30 v.Chr. | 312 Feldzug des Antigonos gegen Petra | |
| 310 | Ptolemaios I Soter 323-284 | 312 Schlacht bei Gaza. Ptolemaios I gewinnt Palästina für sich | Hoherpr. Onias I |
| 300 | König 304 | Um 300 Entstehung des Chronikbuchs<br>Nach 300 Deutero- und Tritosacharja? | |

## Geschichte des Vorderen Orients

Tafel 7b

| Norden und Osten | Persien | Griechenland und Kleinasien | Zeit |
|---|---|---|---|
| Dareios organisiert das Perserreich: Satrapien; Königsstraße Susa-Sardes Post- und Nachrichtenwesen | Dareios I 521-486 | 512 Feldzug des Dareios gegen die Skythen erfolglos. Perser in Makedonien | 510 |
| Notdürftige Einrichtung einer Kultgemeinde in Jerusalem unter persischer Oberhoheit | Ahuramazda-kult des Zarathustra verbreitet | 499-94 Ionischer Aufstand in Kleinasien bricht zusammen Milet zerstört | 500 |
| | | 490 Dareios greift Griechenland an; Marathon | 490 |
| | Xerxes I 485-465 (Ahasveros) | 480 Griechischer Feldzug des Xerxes; Thermopylen, Salamis, Plataiai, Mykale | 480 |
| | | 468 Delischer Bund zerstört die persische Flotte | 470 |
| 460 Themistokles stirbt in Persien<br>Mauerbau in Jerusalem von Artaxerxes verboten | Artaxerxes I Longimanus 465-424 (Artasasta) | 462-29 Blütezeit Athens | 460 |
| 448 Aufstand des Megabyzos in Syrien | | 449 Persische Niederlage in Zypern<br>448 Persisch-griechischer Friede des Kallias | 450 |
| 445 Nehemia nach Jerusalem entsandt als Untersatrap | | Ionische Städte unabhängig<br>443-29 Perikles Strateg Athens | 440 |
| 433 Zwischenberichterstattung Nehemias in Susa | | 431-404 Peloponnesischer Krieg Spartas gegen Athen | 430 |
| Aufstände in mehreren Satrapien | Xerxes II 424<br>Dareios II Nothos 424-405 | 421 Zwischenfriede des Nikias | 420 |
| | | 415 Sizilianisches Abenteuer<br>413 Katastrophe der Athener bei Syrakus auf Sizilien<br>405 Athenische Flotte bei Aigospotamoi zerschlagen | 410 |
| Nach 404 (398?) bringt Esra in persischem Auftrag das "Gesetz des Himmelsgottes" nach Jerusalem | Artaxerxes II Mnemon 404-358 | 401 Zug des jüngeren Kyros, Kunaxa. Xenophon: Anabasis | 400 |
| | | 395 Spartanischer Zug des Agesilaos gegen Persien<br>386 Königsfrieden von Susa, Perser vermitteln zwischen den Griechen | 390 |
| | | 382-71 Wechselnde Kämpfe zwischen Sparta und Theben | 380 |
| Treue Judäas zum persischen Königshaus bei Satrapenaufständen | | 371 Schlacht bei Leuktra, Sieg Thebens | 370 |
| 362-60? Kern der Esthergeschichte? | | 362 Schlacht bei Mantineia, allgemeines Chaos | 360 |
| 358 Aufstand in Kleinasien und Phönizien | Artaxerxes III Ochus 358-338 | Philipp von Makedonien 359-336 einigt Griechenland<br>346 Friede Makedonien-Athen | 350 |
| | Arses 338-6 | 338 Philipp besiegt Athen bei Chaironeia | 340 |
| Alexanders Feldzug<br>331 Gaugamela; 330 Persepolis zerstört; Indienzug | Dareios III Kodomannus 336-330 | Alexander der Große 336-323<br>334 Granikos; 333 Issos | 330 |
| 323 Tod Alexanders in Babylon, Kämpfe seiner Feldherren, der "Diadochen", um die Nachfolge | | 322 Tod des Demosthenes und des Aristoteles | 320 |
| | Seleukiden: Seleukos I Nikator 312-281 305 König | Antigoniden: Antigonos I Monophthalmos 323-301 | 310 |
| 301 Schlacht bei Ipsos, Antigonos fällt. Ende des Alexanderreichs | | | 300 |

## Geschichte Jerusalems

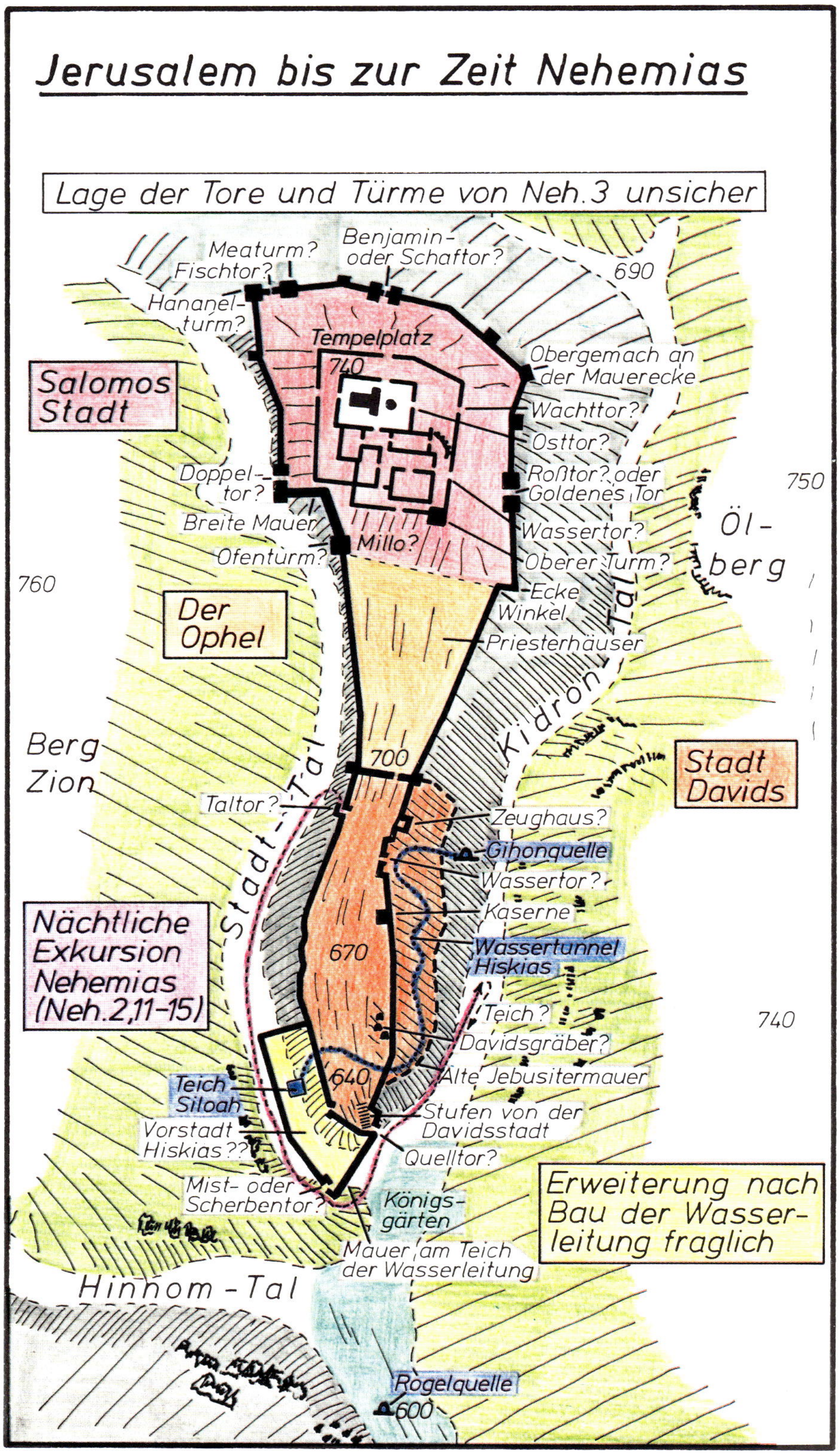


Selten hat eine Stadt über Jahrtausende hinweg eine so wechselhafte Geschichte aufzuweisen wie Jerusalem. Die zahlreichen Zerstörungen und Neuanfänge machen es den Archäologen schwer, sichere Aussagen über die ältere Siedlungsgeschichte zu wagen. Zu viele Schuttschichten, Umbauten, Verlagerungen ganzer Stadtteile, dazu die Tatsache, daß heute zahlreiche Menschen dort wohnen, verhindern exakte Ausgrabungen. So ist manches, was bisher über das *Jerusalem der Königs- und der Perserzeit* behauptet wird, mit Vorsicht aufzunehmen. Vieles bleibt wohl immer reine Hypothese. Unsere Karte berücksichtigt Grabungen, die der Staat Israel seit 1968 durchführen konnte.

*Die Stadt Davids, die alte Jebusiterstadt*

Sie lag mit Sicherheit südlich der heutigen Altstadt auf dem kaum besiedelten **Sporn** zwischen dem engen **Kidrontal** und dem fast zugeschütteten **Stadttal,** das zeitweise auch andere Namen trug. Im Osten reichte die **Jebusitermauer** weit den terrassierten Hang herab. Die **Gihonquelle** war durch einen Schacht von oben zugänglich, durch den vielleicht Joab eindrang. Möglicherweise hat schon David die Stadt nach Norden hin zum **Ophel** ausgeweitet.

*Die Erweiterung durch Salomo*

Diese umfaßte die weitere Umgebung des **Tempelplatzes,** der nur am Tempel selbst die heutige Höhe erreichte. Unsicher ist, wie groß in der Königszeit eine **Vorstadt im Westen** dieser salomonischen Erweiterung war, und ob Hiskia im Zusammenhang mit seinem Tunnelbau zur besseren Wasserversorgung den Tunnelausgang am **Siloahteich** durch eine weitere **Vorstadt** sichern ließ.

*Das Jerusalem Nehemias, aufgebaut nach der Zerstörung durch die Babylonier*

Zwar haben wir in Neh. 2-3 recht anschauliche Schilderungen der Jerusalemer Geographie, doch sind viele Lokalisierungen unsicher geblieben. Wahrscheinlich war dieses Jerusalem aber eher kleiner als das der Könige. Mindestens im Süden mußte Nehemia die Mauer auf den Sattelrand zurücknehmen. Dort waren, wie seine Exkursion zeigt, die Zerstörungen durch die Babylonier am bedenklichsten und die Bauarbeiten am dringlichsten. Der heutige **Zionsberg** im Südwesten des Tempelplatzes dagegen war sicher noch unbesiedelt. Hier muß die Bezeichnung »Zion« vom Tempelberg herübergewechselt haben.

## Die jüdische Kultgemeinde in der späteren Perserzeit bis 330 v. Chr.

Über die jüdische Gemeinde im Perserreich hat man nur sporadische Kenntnisse: die Namen einiger **Hoherpriester,** die Errichtung eines samaritanisch-jüdischen Kults auf dem **Garizim** und möglicherweise die Andeutung weniger politischer Ereignisse in **Zusätzen** zu **prophetischen Schriften,** das scheint alles zu sein. Die Weltgeschichte ging an der politisch unbedeutenden, abseitsliegenden Religionsgemeinschaft vorüber. Dennoch wurde sie in dieser Zeit durch geistliche Kräfte und Einflüsse entscheidend geprägt. Einige können genauer umschrieben werden:

*Enttäuschung über das Ausbleiben apokalyptischer Erwartungen*

Zu hochgespannt waren die Hoffnungen auf eine Weltwende beim Neuanfang in Jerusalem gewesen, als daß nicht bald angesichts der eher ärmlichen Gegenwart Enttäuschung Platz gegriffen hätte. Das **Maleachibuch** erneuert diese eschatologische Prophezeiung und warnt vor Lässigkeit. Das **Hiobbuch** denkt über das Leiden des »Gerechten« existentiell nach. Das **Jonabuch** warnt vor introvertierter Verbitterung, die Gott Verschonung der Heiden vorwirft.

*Verstärkung der Gesetzlichkeit angesichts synkretistischer Neigungen*

Die Anpassung an Kultur und Religion der Umwelt hätte eine Selbstaufgabe der Gemeinde bedeutet. Das erkannten die zadokidischen Priestergeschlechter oft weniger als die Außenseiter wie **Nehemia** und **Esra.** Diese wußten aber die einflußreiche babylonische Judenschaft mit ihren Diasporaerfahrungen hinter sich. **Mischehenverbot, Sabbatheiligung,** korrekter **Tempeldienst,** Verwandlung der Ernte- in **Geschichtsfeste** deuten darauf hin, daß sich die radikalgesetzliche Richtung durchsetzte. Dadurch wurde Jerusalem doch mehr und mehr wieder zum Mittelpunkt des ganzen Judentums, bis Samaria absprang.

*Beginn der Kanonisierung des Alten Testaments*

Diese ging Hand in Hand mit den Kultreformen, die sich nach Esra durchzusetzen begannen. So übernahmen z.B. die Samaritaner den schon fertigen **Pentateuch.** Nebenher entstanden mehrere der in den **Schriften** vereinigten Sammlungen von Weisheitsliteratur sowie eine fröhliche Liebesliedersammlung, die zeigt, daß man in Jerusalem nicht nur ernst und bedrückt lebte.

## Das Ende der Perserzeit

Das Ende der Perserzeit kam um 330 ziemlich überraschend durch den Einmarsch **Alexanders des Großen.** Obgleich seine Heere 332 und 331 zweimal an Judäa vorbeizogen, erfahren wir aus der Bibel fast gar nichts über ihn. Daß er einen Abstecher nach Jerusalem gemacht und den Tempel besucht habe, wie Josephus berichtet, wird Legende sein. Die Eroberung des Inlands überließ er seinem Feldherrn **Parmenion,** während er selbst die Belagerung von **Tyros** und **Gaza** leitete. **Jerusalem** hieß die Griechen offenbar willkommen, weshalb seine Kultprivilegien belassen wurden.

Daran änderte sich auch nichts unter **Ptolemaios I,** der sich nach dem Tod Alexanders Ägypten sicherte und in jahrelangen Kämpfen gegen **Antigonos** den Einäugigen und seinen Sohn **Demetrios Polyorketes** auch Palästina zu seinem Reich schlug. Da die Ptolemäer allgemein judenfreundlich waren, vergrößerte sich damals die bedeutende jüdische Diaspora in Ägypten, vor allem in **Alexandrien,** wo auch das AT ins Griechische übersetzt wurde **(Septuaginta).**

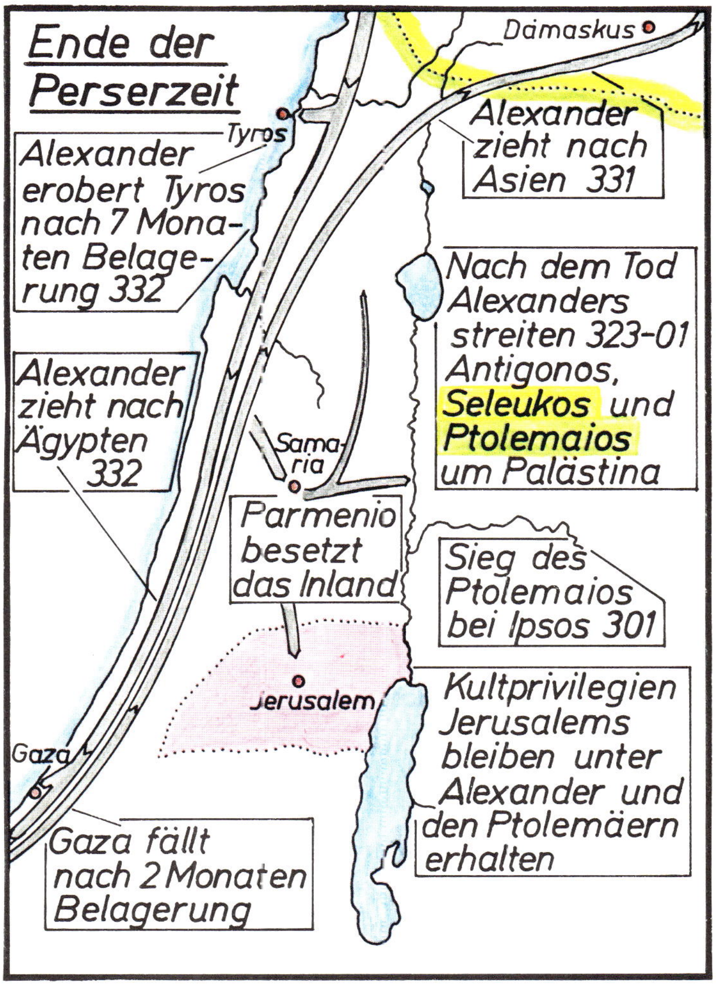

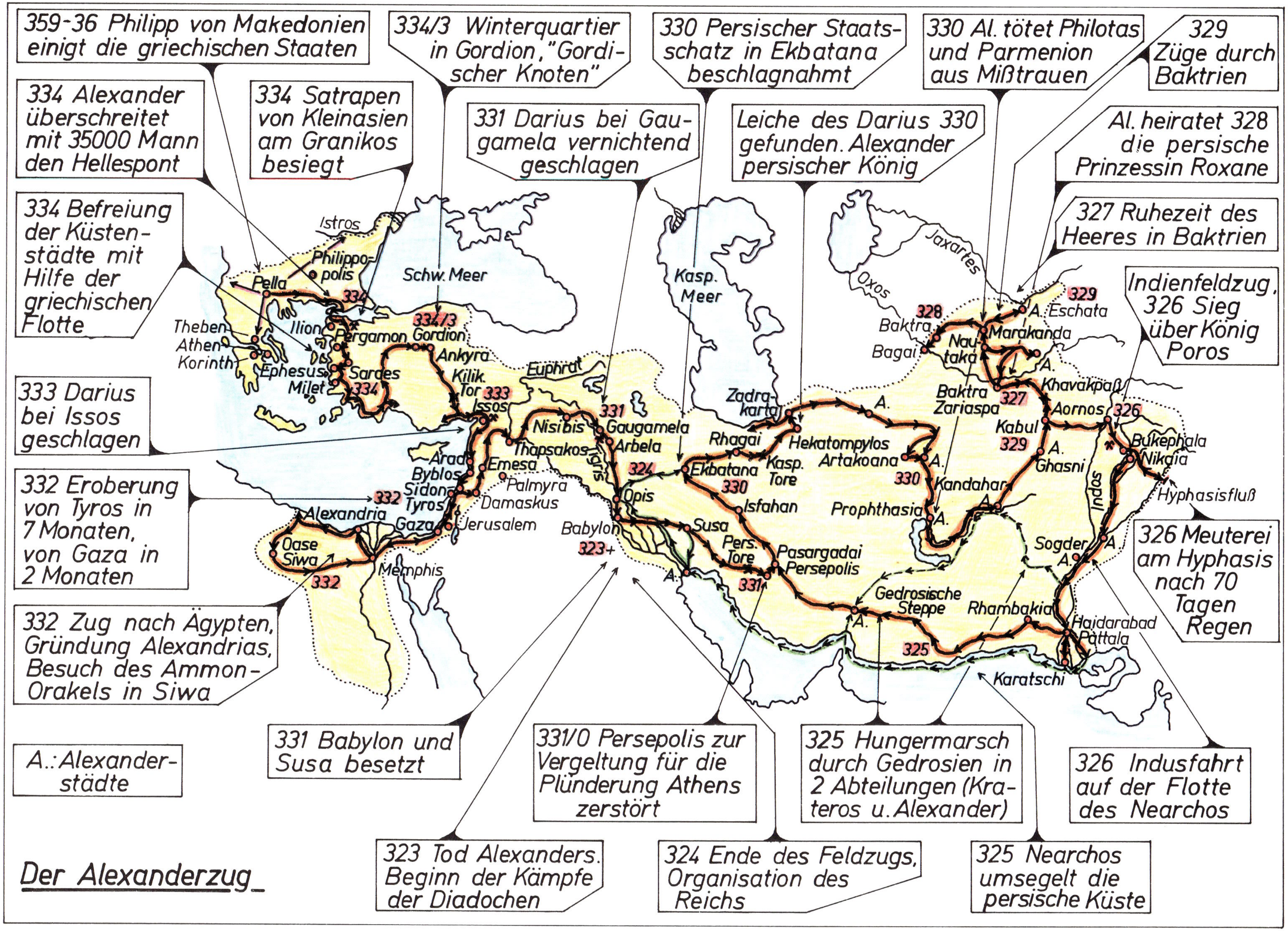

Der Alexanderzug
359-36 Philipp von Makedonien einigt die griechischen Staaten
334/3 Winterquartier in Gordion, "Gordischer Knoten"
330 Persischer Staatsschatz in Ekbatana beschlagnahmt
330 Al. tötet Philotas und Parmenion aus Mißtrauen
329 Züge durch Baktrien
334 Alexander überschreitet mit 35000 Mann den Hellespont
334 Satrapen von Kleinasien am Granikos besiegt
331 Darius bei Gaugamela vernichtend geschlagen
Leiche des Darius 330 gefunden. Alexander persischer König
Al. heiratet 328 die persische Prinzessin Roxane
327 Ruhezeit des Heeres in Baktrien
334 Befreiung der Küstenstädte mit Hilfe der griechischen Flotte
Indienfeldzug, 326 Sieg über König Poros
333 Darius bei Issos geschlagen
332 Eroberung von Tyros in 7 Monaten, von Gaza in 2 Monaten
326 Meuterei am Hyphasis nach 70 Tagen Regen
332 Zug nach Ägypten, Gründung Alexandrias, Besuch des Ammon-Orakels in Siwa
331 Babylon und Susa besetzt
331/0 Persepolis zur Vergeltung für die Plünderung Athens zerstört
325 Hungermarsch durch Gedrosien in 2 Abteilungen (Krateros u. Alexander)
326 Indusfahrt auf der Flotte des Nearchos
A.: Alexanderstädte
323 Tod Alexanders. Beginn der Kämpfe der Diadochen
324 Ende des Feldzugs, Organisation des Reichs
325 Nearchos umsegelt die persische Küste
Istros
Philippopolis
Pella
Theben
Athen
Korinth
Ilion
Pergamon
Ephesus
Milet
Sardes
Schw. Meer
Gordion
Ankyra
Kilik. Tor
Issos
Euphrat
Arad
Byblos
Sidon
Tyros
Gaza
Emesa
Palmyra
Damaskus
Jerusalem
Alexandria
Oase Siwa
Memphis
Thapsakos
Nisibis
Gaugamela
Arbela
Tig-
ris
Opis
Babylon
Susa
Pers. Tore
Pasargadai
Persepolis
Kasp. Meer
Zadrakarta
Rhagai
Ekbatana
Kasp. Tore
Isfahan
Hekatompylos
Artakoana
Prophthasia
Kandahar
Gedrosische Steppe
Rhambakia
Karatschi
Haidarabad
Pattala
Sogder
Indus
Jaxartes
Oxos
Baktra
Bagai
Nautaka
Marakanda
A. Eschata
Baktra Zariaspa
Kabul
Ghasni
Khavakpaß
Aornos
Bukephala
Nikaia
Hyphasisfluß
A.
334
334/3
333
332
331
330
329
328
327
326
325
324
323+

## Apokalyptik im Umkreis des AT und des NT

Über Entstehung, Originalität, Wesen und Wert der Apokalyptik gehen die Meinungen von Historikern, Theologen und Auslegern weit auseinander. Darum werden im folgenden ohne Wertung nur Perioden unterschieden, in denen Phänomene sichtbar werden, die im weiteren Sinn mit Apokalyptik zu tun haben.

### 1. Periode

*Prophetische, visionäre und andere Bilder aus vor- und nachexilischer Zeit als »Materialsammlung« für die Apokalyptik*

Diese »Vor-Apokalyptik« wird von manchen Erklärern teilweise auch schon der Apokalyptik zugerechnet. Mythologische Bilder der Religionswelt Babylons und Persiens ergänzen die biblischen Bilder oder geben Anstöße. Hierher gehören:

**Jesaja-Visionen:** 2, 2-4; 6; 17, 12-14; 21, 2-4; 24-27; 29, 1-8 u.a.;
**Hesekiel-Visionen:** 1; 8, 4-16; 9-11; 38-39; 40ff u.a.;
**Sacharja-Visionen:** 1, 7-8; 2, 1-6; 3, 1-5; 4, 1-3; 5, 1-7; 6, 1-3;
**Psalmen:** 8, 5-7; 9, 8-9; 50, 3; 74; 89, 9-11; 93; 95, 3-5; 96; 98 u.a.;
Stücke aus **Deuterosacharja** und **Tritojesaja;**
**Joel** 3; **Micha** 4; **Hiob** 38-41 u.a.

### 2. Periode

*Trost-Apokalyptik während der Verfolgung der Gesetzestreuen unter Antiochos IV Epiphanes zwischen 169 und 164 v. Chr.*

Vor allem das **Danielbuch** stellt in Bildern der Vor-Apokalyptik die zurückliegende Geschichte dar und kündigt die unmittelbar bevorstehende Wende visionär an. Daniel, ein Frommer der Vorzeit, fiktiv in die babylonische Gefangenschaft versetzt, wird zur Chiffre des anonymen Verfassers. — Möglicherweise gehören hierher auch andere Zusätze bei Propheten.

### 3. Periode

*Apokalyptik der Makkabäer- und Hasmonäerzeit*

Diese von manchen erstmals »echt« genannte weisheitliche Apokalyptik apokrypher Bücher vor allem aus den letzten beiden vorchristlichen Jahrhunderten entzündete sich wohl daran, daß Vorhersagen »Daniels« und anderer Propheten nicht in Erfüllung gegangen waren, also vermutlich noch bevorstanden. Dabei artete die im Danielbuch noch als geistlich legitim empfundene Form zu manchmal skurriler, teilweise sogar abstoßender Spekulation und Konstruktion aus. Bücher dieser Art sind z.B.:

**Sibyllinen; Henochbuch; Himmelfahrt Moses; 3. Esrabuch; Testamente der zwölf Patriarchen; Baruchapokalypsen; Leben Adams und Evas** u.a.

### 4. Periode

*Wiederverwendung apokalyptischer Formensprache in der Notzeit unter den Römern und in der frühen Christenverfolgung*

Hier muß zunächst an die Religionsgemeinschaft von **Qumran** gedacht werden, bei der mehrere apokalyptisch geprägte Schriften, teils als Kommentare zu alttestamentlichen Büchern, in neuer Notzeit Trost geben wollten. Wahrscheinlich führen von dieser und ähnlicher Spät-Apokalyptik direkte Linien zu apokalyptisch erscheinenden Stücken des NT. Dazu gehören:

Stücke aus **Paulusbriefen;** von der frühen Gemeinde apokalyptisch verstandene oder mißverstandene **Jesusworte,** vor allem **Mk. 13** und Parallelen; die **Johannesapokalypse** aus der Verfolgungszeit unter Nero und Domitian.

### 5. Periode

*Apokalyptische Schriften in der Spätzeit der frühen Christengemeinde und in der weiteren römischen Verfolgungszeit*

In dieser Periode geschieht mit den geistlich überzeugenden apokalyptischen Stücken des NT dasselbe, was mit »Daniel« in der nach-danielischen Zeit geschehen war: Sie werden auf häufig skurrile und geschmacklose Weise nachgeahmt. Teils werden auch vorhandene jüdische Apokalypsen christianisiert. Beispiele solcher neutestamentlicher Apokryphen sind:

**Petrusapokalypse; 4. Esrabuch; Himmelfahrt Jesajas.** Dazu kommen andere, noch wesentlich später entstandene **gnostische Schriften.**

Es muß unterschieden werden zwischen echter eschatologischer Erwartung und Spannung, die zum Grunddenken des AT und des NT gehört, und apokalyptischer Spekulation, die mit Recht von Juden und Christen meist abgestoßen werden mußte. Dabei sind die Grenzen oft fließend, vor allem in der Auslegung.

**Synopse der apokalyptischen Visionen des Danielbuchs**

| Zeit | Daniel 2 | Daniel 7 | Daniel 8 | Daniel 11 |
|---|---|---|---|---|
| Bis 539 | Das babylonische Weltreich: | | | |
| | V.32.37-38<br>Das goldene Haupt | V.4.17<br>Der Löwe mit Adlersflügeln | Nicht erwähnt | Nicht erwähnt |
| ? | Das "medische Reich":<br>(Hier irrt sich das Danielbuch durchgehend in der Reihenfolge der Weltmächte, indem es die medische Herrschaft zwischen die babylonische und die persische Zeit legt. Der Verfasser hat von der früheren Geschichte so verschwommene Vorstellungen wie der des Jonabuchs.) | | | |
| | V.32.39<br>Die silberne Brust und die Arme | V.5.17<br>Der aufgerichtete Bär | V.3.4.2o<br>Der Widder, kleineres Horn | Nicht erwähnt |
| 539-33o | Das persische Weltreich:<br>(Das Buch kennt offenbar nur die vier ersten großen persischen Könige bis Xerxes. 13o Jahre Persergeschichte bleiben unerwähnt.) | | | |
| | V.32.39<br>Der bronzene Bauch und die Lenden | V.6.17<br>Der vierköpfige, geflügelte Leopard | V.3.4.2o<br>Der Widder, größeres Horn | V.2<br>Vier persische Könige, deren letzter Griechenland angreift |
| 33o-323 | Das Weltreich Alexanders des Großen: | | | |
| | V.33.4o<br>Die eisernen Schenkel | V.7.23<br>Das furchtbare Tier mit Eisenzähnen | V.5-7.21<br>Der Ziegenbock mit dem großen Horn | V.3<br>Der mächtige König |
| 323-175 | Die Reiche der Diadochen bis vor Antiochos IV Epiphanes: | | | |
| | V.33.41-43<br>Füße und Zehen aus Eisen und Ton, gedeutet auf versuchte, mißglückte Heiratsverbindungen | V.7.24<br>Die zehn Hörner, gedeutet auf 1o seleukidische (?) Könige | V.8.22<br>Die vier Hörner, gedeutet auf vier Reiche der Diadochen | V.4-2o<br>Ausführliche Schilderung der ptolemäisch-seleukidischen Machtkämpfe, Eroberungen und Eheschließungen |
| 175-etwa 165 | Das Reich des Seleukiden Antiochos IV Epiphanes: | | | |
| | V.33.43<br>In dieser Vision wird nur die Zerstörung der Diadochenreiche angekündigt | V.8.24-25<br>Das kleine Horn mit dem großen Maul, kämpft gegen die Heiligen und lästert den Höchsten | V.9-12.24-25<br>Das kleine Horn, das Sterne vom Himmel wirft und die Wohnung des Heiligtums verwüstet | V.21-35<br>Ausführliche Schilderung der Unternehmungen des Antiochos IV bis zur Entweihung des Heiligtums und Verfolgung der "Verständigen" |
| Nach 165: Apokalyptische Erwartung | Das apokalyptische Endgericht Gottes nach der großen Wende: | | | |
| | V.34-35.44-45<br>Der zermalmende Stein, der dann zum großen Berg wird, zum Reich Gottes | V.9-14.26-27<br>Das Gericht vor dem Uralten, die Vernichtung des Tiers, das Erscheinen des Menschensohns | V.13-14.25<br>Ankündigung, daß nach 23oo Tagen das Heiligtum wieder geweiht wird | V.36-45<br>Phantastische Schilderung der Zukunft des Antiochos IV<br>Kap.12,1-3<br>Errettung durch Michael, Totenauferweckung |

**Daniel 11 als Geschichtsquelle** (Vgl. die Karten zur Diadochenzeit)

| Verse aus Daniel 11 | Zeit | Ereignisse der Diadochengeschichte |
|---|---|---|
| 2: "Siehe, es werden noch drei Könige in Persien aufstehen. Der vierte aber wird größeren Reichtum haben als alle anderen." | 539–465 | Herrscher im persischen Reich: Kyros der Große (539-29) Kambyses II (528-22) erobert Ägypten Dareios I Hystaspes (521-486) Xerxes I Ahasveros (485-65) |
| "Und wenn er in seinem Reichtum am mächtigsten ist, wird er alles gegen das Königreich Griechenland aufbieten." | 49o–479 | Über die Perserzeit weiß der Schreiber nur ungenau Bescheid. Schon Dareios griff die Griechen an (Marathon 49o). Xerxes mußte diesen Versuch mit einer Niederlage beenden (Termopylen 48o; Salamis 48o; Plataiai und Mykale 479). |
| | 465–33o | Daniel 11 schweigt über die weiteren persischen Könige: Artaxerxes I (465-24); Xerxes II (424) Dareios II (424-o5); Artaxerxes II (4o4-358); Artaxerxes III (358-38); Arses (338-36); Dareios III (336-3o). |
| 3: "Danach wird ein mächtiger König aufstehen und mit großer Macht herrschen, und was er will, wird er ausrichten." | 334–323 | Bericht über den berühmten Eroberungszug Alexanders des Großen. Die späten alttestamentlichen Schriften nehmen erstaunlich wenig Notiz von ihm und seinem Zug. |
| 4: Aber wenn er emporgekommen ist, wird sein Reich zerbrechen und in die vier Winde des Himmels verteilt werden, nicht auf seine Nachkommen, auch nicht mit solcher Macht, wie er sie hatte. Denn sein Reich wird zerstört und Fremden zuteil werden." | 323–3o1 | Nach dem Tod Alexanders zerbricht sein Reich. Bei blutigen Kämpfen zwischen seinen Generalen kommen auch alle seine Kinder und Blutsverwandten ums Leben. Der Versuch des Antigonos, das Gesamtreich zu erneuern, scheitert nach anfänglichen Erfolgen mit seinem Tod bei Ipsos 3o1. In Griechenland, Kleinasien, Mesopotamien-Persien und Ägypten entstehen vier Nachfolgereiche. |
| 5: "Und der König des Südens wird mächtig werden. Aber gegen ihn wird einer seiner Fürsten noch mächtiger werden und herrschen. Dessen Herrschaft wird groß sein." | 312–3o1 | Ptolemaios I Soter (323-284) kann seine ägyptische Herrschaft am schnellsten konsolidieren. Der General Seleukos I, 312 von Antigonos aus Babylon vertrieben, erobert für ihn zunächst Palästina. Dann gewinnt er für sich selbst Babylon zurück. 3o1 behauptet er das Gebiet zwischen Nordsyrien und Indien und gründet die Seleukiden-Dynastie. |
| 6: "Nach einigen Jahren aber werden sie sich miteinander befreunden. Und die Tochter des Königs des Südens wird kommen zum König des Nordens, um die Einigkeit zu festigen." | 3o1–249 | Da 3o1 Palästina den Seleukiden zugesprochen wird, aber von Ptolemaios I besetzt ist, gibt es in der zweiten Generation zwischen Ptolemaios II (284-46) und Antiochos I (28o-61) mehrere Kriege. Sie sollen beendet werden durch eine Heirat des Antiochos II (261-46) und der Tochter des Ptolemaios II, Berenike. Dazu muß Antiochos II aber seine erste Frau, Laodike, verstoßen. |
| "Aber sie wird keinen Erfolg haben, und auch ihr Nachkomme wird nicht bleiben, sondern sie wird preisgegeben werden, samt denen, die sie gebracht haben, und mit dem, den sie erzeugt hat, und mit dem, der sie zur Frau genommen hat." | 246 | Nach dem Tod des Ptolemaios II nähert sich Antiochos II wieder seiner ehemaligen Frau Laodike, wird aber von ihr aus Rache vergiftet. Berenike und ihr Sohn werden umgebracht, ebenso ihr ägyptisches Gefolge. Seleukos II (246-26), Kallinikos genannt, Sohn der Laodike, wird König. |

## Daniel 11 als Geschichtsquelle

1. Fortsetzung

| Verse aus Daniel 11 | Zeit | Ereignisse der Diadochengeschichte |
|---|---|---|
| 7: "Zu der Zeit wird emporkommen einer aus ihrem Stamm. Der wird ziehen gegen die Heeresmacht des Königs des Nordens und in seine Festung eindringen und wird an ihnen seine Macht zeigen." | 246–245 | Rachekrieg des Bruders der Berenike, Ptolemaios III Euergetes (246-21), gegen Seleukos II. Er erobert zuerst Seleukia, den Hafen Antiochias, der lange in ägyptischem Besitz bleibt, und dann auch Antiochia selbst. Seleukos II verliert schließlich ganz Nordsyrien. |
| 8: "Auch wird er ihre Götter samt den Bildern und den kostbaren Geräten aus Silber und Gold nach Ägypten wegführen und einige Jahre von dem König des Nordens ablassen." | 245 | Rückkehr des Ptolemaios III mit gewaltiger Beute aus Syrien und vielleicht auch aus Babylon. Unter der Beute sind die einst von Kambyses geraubten Götterbilder der ägyptischen Pharaonen, die mit großem Pomp zurücktransportiert werden. |
| 9: "Aber der wird eindringen in das Reich des Königs des Südens, jedoch dann wieder in sein Land zurückkehren." | 242–240 | Seleukos II erobert Nordsyrien teilweise zurück, wird aber dann nach einem Einfall im Süden von Ptolemaios III erneut aus Palästina und Syrien verdrängt. |
| 1o: "Aber seine Söhne werden Krieg führen und große Heere zusammenbringen." | 226–218 | Seleukos III (226-23) und sein Bruder Antiochos III (223-187) beginnen den Rückeroberungskrieg. Antiochos besetzt 221 ägyptisch-kilikische Gebiete. 22o schlägt er Aufstände des medischen Satrapen Molon nieder und erobert die Küste Phöniziens bis Akko zurück. |
| "Und der eine wird kommen und wie eine Flut heranbrausen und wiederum Krieg führen bis vor seine Feste." | 218 | Darauf wendet er sich gegen Rabbath-Ammon, schließlich besetzt er den Küstenstrich von Akko bis Gaza und Raphia. Vorbereitung des Marsches ins Nildelta. |
| 11: "Der König des Südens wird ergrimmen und ausziehen und mit dem König des Nordens kämpfen. Der wird ein großes Heer zusammenbringen, aber das Heer wird in die Hand eines anderen gegeben und vernichtet werden." | 217 | Beschreibung der Schlacht von Raphia. In einem Verzweiflungskampf besiegt Ptolemaios IV Tryphon (221-o5) das gewaltige Heer des Antiochos III vernichtend. Antiochos muß das schon eroberte Palästina wieder aufgeben und wendet sich anderen Gefahrenstellen seines Reiches zu. |
| 12: "Daraufhin wird sich das Herz des Königs des Südens überheben, daß er so viele Tausende erschlagen hat. Aber er wird nicht mächtig bleiben." | 217–2o5 | Ptolemaios nützt seinen Sieg nicht aus und begnügt sich mit einem Waffenstillstand. Antiochos gewinnt in mehreren Kriegszügen das südliche Kleinasien mit Ausnahme Pergamons und den Osten bis an die Grenze Indiens zurück ("der Große"). |
| 13: "Denn der König des Nordens wird wiederum ein Heer zusammenbringen, größer als das vorige war. Und nach einigen Jahren wird er ausziehen mit großer Heeresmacht und vielem Troß." | 2o5–2o2 | Nach dem Tod des Ptolemaios IV erneuter Aufmarsch des Antiochos III gegen Ägypten. Ptolemaios V Epiphanes (2o5-181) ist ein sechsjähriger Knabe. Von Indien hat Antiochos Kriegselefanten mitgebracht, was sein Heer nun noch beeindruckender erscheinen läßt. |
| 14: "Und zur selben Zeit werden viele aufstehen gegen den König des Südens. Auch werden sich Abtrünnige aus deinem Volk erheben und eine Weisagung erfüllen und werden fallen." | 2o5–2o2 | Thronwirren beim Regierungsantritt des Ptolemaios V. In Jerusalem unterstützen hellenisierende Juden, Anhänger des Tobias und seiner Söhne, vermutlich Gegner des Hohenpriesters Onias, den Antiochos. Sie werden aber durch die Gesetzestreuen mit Gewalt ausgeschaltet. |

**Daniel 11 als Geschichtsquelle** 2. Fortsetzung

| Verse aus Daniel 11 | Zeit | Ereignisse der Diadochengeschichte |
|---|---|---|
| 15: "Und der König des Nordens wird kommen und einen Wall aufschütten und eine feste Stadt einnehmen. Und die Heere des Südens könnens nicht verhindern, und ihr bestes Kriegsvolk kann nicht widerstehen." | 2o1–198 | Der griechisch-äthiolische Feldherr Skopas, im Dienst des Ptolemaios V, wird bei Panias, dem späteren Cäsarea-Philippi, geschlagen und zieht sich mit dem Rest seines Heeres nach Sidon zurück. Antiochos III belagert die Festung und kann sie 198 allen Entsatzversuchen zum Trotz auch einnehmen. |
| 16: "Der gegen ihn zieht, wird tun, was ihm gut dünkt, und niemand wird ihm widerstehen. Er wird auch in das herrliche Land kommen, und Verderben ist in seiner Hand." | 198 | Antiochos III der Große erobert Palästina endgültig für das Seleukidenreich. Zunächst bestätigt er zwar großzügig alle jüdischen Privilegien hinsichtlich des freien Gottesdiensts, aber die Gesetzestreuen sehen das kommende Unheil schon voraus. So wird er grundsätzlich negativ beurteilt, obwohl er dem Judentum nicht unfreundlich gesinnt ist. |
| 17: "Und er wird seinen Sinn darauf richten, daß er mit Macht sein ganzes Königreich bekomme, und sich mit ihm vertragen und wird ihm seine Tochter zur Frau geben, um ihn zu verderben. Aber es wird ihm nicht gelingen, und es wird nichts daraus werden." | 197 | Antiochos III verheiratet Kleopatra, seine Tochter, mit Ptolemaios V. Er hofft, dadurch in Ägypten Einfluß nehmen zu können. Aber Kleopatra ergreift leidenschaftlich die Partei ihrer neuen Heimat gegen den eigenen Vater. Sie wird so zum Rückgrat der ägyptischen Politik im Kampf gegen die Seleukiden bis zu ihrem Tod im Jahr 173. |
| 18: "Danach wird er sich gegen die Inseln wenden und viele von ihnen gewinnen. Aber ein Mächtiger wird ihn zwingen, mit Schmähen aufzuhören, und wird ihm seine Schmähungen heimzahlen." | 197–189 | Antiochos greift die Küste Kleinasiens an und besetzt Thrakien. Pergamon und Rhodos rufen Rom zu Hilfe. Gegen den Rat Hannibals setzt Antiochos nach Griechenland über und wird prompt bei den Thermopylen besiegt. Schließlich unterliegt er auch bei Magnesia dem Lucius C.Scipio. Er muß nach dem Frieden von Apamea gewaltige Tribute aufbringen, Kleinasien räumen und Geiseln nach Rom schicken, darunter seinen Sohn. |
| 19: "Danach wird er sich wenden gegen die Festungen seines eigenen Landes. Er wird straucheln und fallen, daß man ihn nirgends finden wird." | 189–187 | Um die Tribute für Rom aufzubringen, muß Antiochos III sogar die eigenen Tempel plündern. Bei einem solchen Plünderungsversuch wird er von aufgebrachten Einwohnern der Stadt Elymas in Luristan erschlagen. |
| 2o: "Und an seiner Stelle wird einer emporkommen, der wird einen Kämmerer das herrliche Land durchziehen lassen, um Abgaben einzutreiben. Doch nach einigen Jahren wird er umgebracht werden, aber weder öffentlich noch im Kampf." | 187–175 | Auch Seleukos IV Philopater (187–75) muß durch Plünderungen die römischen Tribute aufbringen. Ein solcher Versuch seines Ministers Heliodor in Jerusalem mißlingt. Später löst Seleukos seinen Bruder Antiochos gegen den eigenen Sohn in Rom aus, wird aber kurz danach von Heliodor umgebracht. Dies macht den Weg frei für Antiochos IV. |
| 21: "Dann wird an seiner Stelle emporkommen ein verächtlicher Mensch, dem die Ehre des Throns nicht zugedacht war. Der wird unerwartet kommen und durch Ränke die Herrschaft erschleichen." | 175 | Antiochos IV Epiphanes (175–64) erobert mit Hilfe von Söldnern aus Pergamon das Reich seines ermordeten Bruders. Dabei umgeht er die Thronfolge seines Neffen Demetrios, der für ihn in Rom als Geisel lebt. Auch andere Intrigen aller Art begleiten seinen Regierungsantritt. |

## Daniel 11 als Geschichtsquelle

3. Fortsetzung

| Verse aus Daniel 11 | Zeit | Ereignisse der Diadochengeschichte |
|---|---|---|
| 22: "Heranflutende Heere werden vor ihm weggeschwemmt und vernichtet werden, dazu auch der Fürst des Bundes." | 175–174 | Antiochos IV greift in den Streit um das Hohepriesteramt ein, wo sich der gesetzestreue Onias III und der griechenfreundliche Jason bekämpfen. |
| 23: "Denn nachdem er sich mit ihm befreundet hat, wird er listig handeln und heraufziehen und ihn mit geringem Volk überwältigen." | 174 | Antiochos, durch die Händel in Jerusalem begünstigt, kann Onias III ohne große Mühe absetzen und Jason zum Hohenpriester machen, zumal dieser ihm Geld verspricht. |
| 24: "Unerwartet wird er in die besten Städte des Landes kommen und tun, was weder seine Väter noch Vorväter tun konnten, mit Rauben, Plündern und Ausbeuten." | 174–17o | Antiochos plündert die Provinzen schamlos aus. In Jerusalem ersetzt er Jason durch Menelaos. Auch dieser verspricht ihm Geld. 17o wird Onias in Antiochia ermordet, was wegen Verletzung des Asylrechts allgemein Empörung auslöst. |
| 25: "Und er wird Macht und Mut gegen den König des Südens aufbieten mit großem Heer. Da wird der König des Südens sich aufmachen zum Kampf mit einem mächtigen Heer, aber er wird nicht bestehen, denn gegen ihn werden Pläne geschmiedet." | 17o–169 | Nach dem Tod seiner Schwester Kleopatra und der vollen Regierungsübernahme des Ptolemaios VI (181–45) tritt Antiochos in Ägypten als Verteidiger der Rechte übergangener Verwandter auf. Zunächst gelingt es ihm, die streitenden Parteien gegeneinander auszuspielen und den Ägyptern bei Pelusion eine Niederlage beizubringen. |
| 26: "Die sein Brot essen, werden helfen, ihn zu verderben und sein Heer zu verjagen, so daß viele erschlagen werden." | 169 | Ptolemaios VI Philometor fällt nach diesem Sieg durch Verrat eigener Leute dem Antiochos in die Hände. Darauf wird Ptolemaios VII Physkon (169–45), sein Bruder, in Alexandrien König. |
| 27: "Und beide Könige werden bedacht sein, wie sie einander schaden, und werden an einem Tisch verlogen miteinander reden. Es wird ihnen aber nicht gelingen." | 169 | Nun ergreift Antiochos die Partei seines abgesetzten Neffen. Dieser jedoch verhandelt insgeheim mit seinem Bruder Ptolemaios VII, um sich gemeinsam mit ihm des Antiochos entledigen zu können. |
| 28: "Danach wird er wieder mit großer Beute heimziehen und sein Herz richten gegen den heiligen Bund. Er wird es ausführen und in sein Land zurückkehren." | 169 | Syrische Aufstände zwingen Antiochos IV noch einmal zum Rückzug. Dabei plündert er erneut Jerusalem und versucht, seine hellenisierenden Freunde gegenüber den Gesetzestreuen in ihren Positionen zu stärken. |
| 29: "Und nach bestimmter Zeit wird er wieder nach Süden ziehen, aber es wird nicht sein wie beim ersten Mal." | 168 | Da sich die beiden ägyptischen Brüder geeinigt haben, unternimmt Antiochos IV einen neuen Feldzug ins Niltal und belagert die Ägypter in Alexandrien. |
| 3o: "Denn es werden Schiffe aus Chittim gegen ihn kommen, daß er verzagen wird und umkehren muß." | 168 | Nun greifen die Römer ein. Der Feldherr Papillius Lenas stellt ihm ein befristetes Ultimatum zum Verlassen Ägyptens. Antiochos beugt sich und zieht ab. |
| 31: "Und seine Heere werden kommen und das Heiligtum und die Burg entweihen und das tägliche Opfer abtun und einen Greuel der Verwüstung aufstellen." | 168–167 | Beim Rückmarsch durch Palästina verwandelt Antiochos den Tempel in Jerusalem in ein Zeusheiligtum. Der Opferdienst wird eingestellt und für die Gesetzestreuen beginnt jene Zeit des Märtyrertums, das die Makkabäerbücher schildern. |

In dieser Zeit ist das Danielbuch entstanden. Deshalb sind alle weiteren apokalyptischen "Weisagungen" phantastisch und durch die tatsächliche Geschichte des Makkabäeraufstands widerlegt worden.

## Die Diadochenkämpfe um das Erbe Alexanders des Großen bis zum Jahr 301 v. Chr.

323-22 Aufstand Griechenlands unter Führung Athens von **Krateros** und **Antipatros** bei Amorgos und Krannon niedergeschlagen.
322 Reichsverweser **Perdikkas** bei einem Feldzug nach Ägypten ermordet.

1. *Diadochenkrieg 322-19*. Vergleich von Triparadeisos 321. Es erhalten:

   **Antipatros** die Reichsverweserschaft und das Kommando im Westen. **Antigonos** und **Kassandros** das Kommando im Osten. **Ptolemaios** Ägypten. **Peithon** die östlichen Satrapien. **Seleukos** Babylonien. **Eumenes** wird geächtet.

2. *Diadochenkrieg 319-16*. Vergleich von 316. Es erhalten:

   **Antigonos Monophthalmos** nach Ermordung des Peithon und Vertreibung des Seleukos Kleinasien, Babylonien und den ganzen Osten. **Kassandros** Makedonien und Griechenland. **Ptolemaios** behält Ägypten, zu ihm flieht Seleukos. 316 läßt Kassandros die **Olympias**, Alexanders Mutter, hinrichten.

3. *Diadochenkrieg 315-11*. Friedensschluß von 311. Es erhalten:

   **Antigonos** Kleinasien bis zum Euphrat. **Seleukos** Babylonien und den Osten. **Kassandros** Makedonien Griechenland. **Lysimachos** Thrakien. **Ptolemaios** Ägypten. 310 läßt Kassandros **Alexander IV** und dessen Mutter **Roxane** ermorden.

   305 Königstitel für Antigonos, Ptolemaios, Lysimachos und Seleukos.

4. *Diadochenkrieg 302-01* endet 301 mit der Schlacht von Ipsos, bei der Antigonos fällt. Es behaupten:

   **Ptolemaios I Soter**
   Ägypten/Palästina.
   **Seleukos I Nikator**
   Babylonien/Persien.
   Er hat 305 Indien gegen 500 Elefanten an Tschandragupta abgetreten.
   **Lysimachos** ganz
   Westkleinasien und Thrakien.
   **Kassandros**
   Griechenland/Makedonien.
   **Demetrios I Polyorketes**
   Zypern, Kiliken und zeitweise auch den Peloponnes.

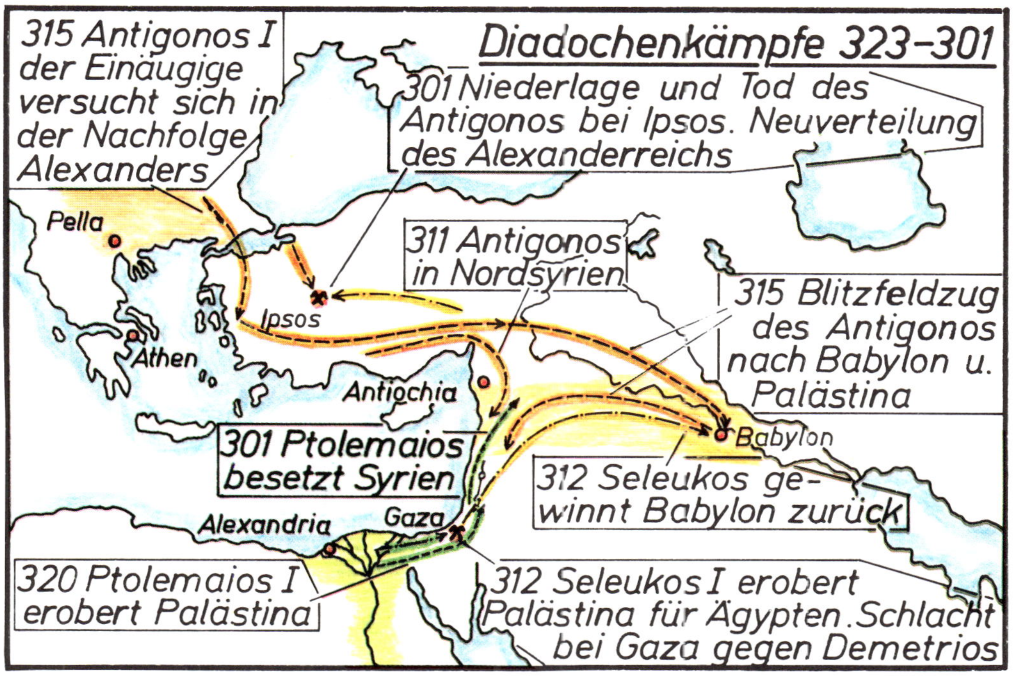


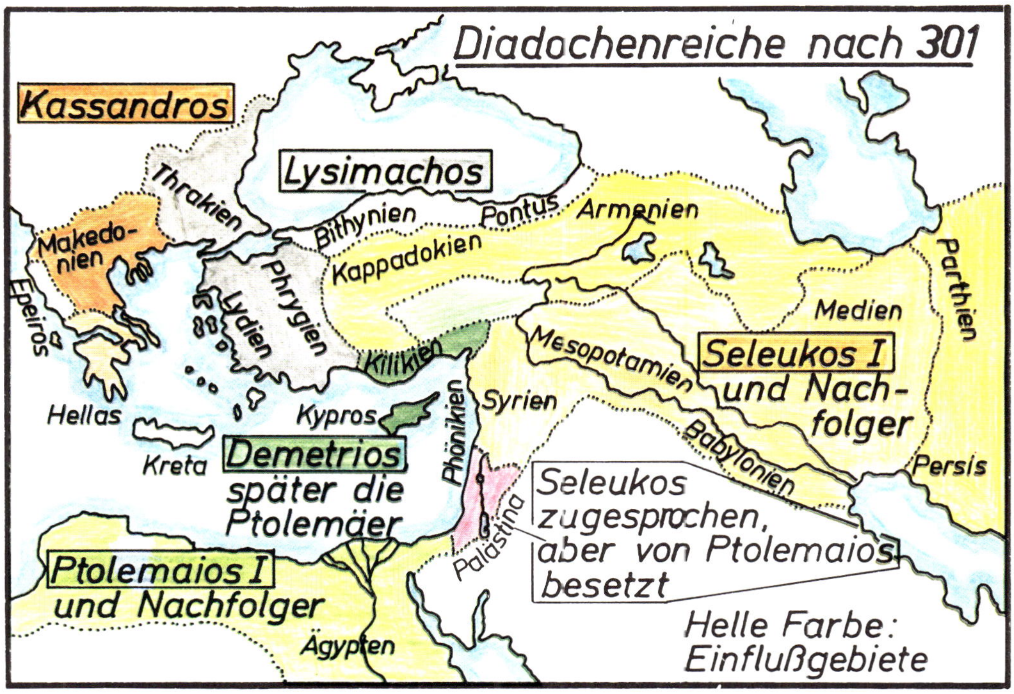


Alexanders Feldzug und die allgemeine Verwirrung nach seinem Tod werden von der jüdischen Gemeinde in Judäa nur sehr am Rande zur Kenntnis genommen. Die Griechen und nach ihnen auch die Ptolemäer bestätigen großzügig die Sonderstellung der Kultgemeinde im Blick auf den Gottesdienst und die Kulthoheit.

## Geschichte des östlichen Mittelmeers

| Zeit | Ägypten | Palästina und Umgebung | Judäa |
|---|---|---|---|
| 300 | **Ptolemäer:**<br>Ptolemaios I Soter 304-284 | 305 Große Bibliothek von Alexandria begonnen | Palästina ägyptisch 301-198 |
| 290 | | Entstehung einer starken jüdischen Kultgemeinde in Alexandria. Übersetzung der Mosebücher ins Griechische als Grundstock der "Septuaginta" (Legendenhafte Schilderung im Aristeasbrief) | Simon der Gerechte Hoherpr. |
| 280 | Ptolemaios II Philadelphos 284-46 | 175-41 Drei Kriege mit den Seleukiden um den Besitz Palästinas erfolgreich | |
| 270 | | Kulturelle Leistungen der ägyptischen Juden. Aufblühen der Kultgemeinde in Jerusalem. Jüdische Diaspora in Ägypten, Syrien, Kleinasien und Griechenland erhält religiösen und rechtlichen Sonderstatus | Eleazar Hoherpr. |
| 260 | | | |
| 250 | | 249 Berenike mit Antiochos II verheiratet | |
| 240 | Ptolemaios III Euergetes 246-21 | 246 Rachefeldzug nach dem Mord an Berenike<br>240 Seesieg des Antigonos Gonatas über Ptolemaios III bei Kos | Manasse Hoherpr. |
| 230 | | | |
| 220 | Ptolemaios IV Philopater oder Tryphon 221-05 | 226-20 Seleukos und Antiochos erobern Kilikien und Phönikien<br>218 Antiochos III erobert Palästina<br>217 Schlacht bei Raphia, Antiochos III verliert Palästina wieder | Onias II Hoherpr. |
| 210 | Ptolemaios V Epiphanes 205-181 | | Simon II Hoherpr. |
| 200 | Kleopatra I von Syrien | 198 Schlacht bei Panias, die Seleukiden erobern Palästina endgültig. Zunächst freundliche Behandlung der Juden, religiöse Eigenständigkeit bleibt | |
| 190 | | | |
| 180 | Ptolemaios VI Philometor 181-45 | Um 180 Sirachbuch entsteht<br>Um 180 Heliodoros versucht, sich des Tempelschatzes zu bemächtigen | |
| 170 | gemeinsam mit Ptolemaios VIII Physkon 169-45 | 168 Rom vertreibt Antiochos IV aus Ägypten<br>168 Antiochos verbietet den Tempeldienst in Jerusalem. Viele Märtyrer. Danielbuch | Onias III verbannt<br>Jason<br>Menelaos |
| 160 | | 167-61 Makkabäeraufstand. Erfolge des Judas gegen Nikanor und Bakchides. Judas fällt | Alkimos |
| 150 | Ptolemaios VII 146-45 | 158-53 Jonathan setzt sich langsam durch und laviert zwischen den Syrerkönigen<br>143 Jonathan von Diodotos Tryphon ermordet | Jonathan 153-43 |
| 140 | Ptolemaios VIII Physkon 145-30 | 142 Burg von Jerusalem durch Simon erobert<br>141 Hasmonäerdynastie erblich<br>139 Söhne Simons siegen über Demetrios II | Simon 143-35 |
| 130 | Ptolemaios IX Soter II 130-27 | 135 Simon in Dok bei Jericho ermordet<br>134 Mauer Jerusalems durch Syrer geschleift<br>128 Jonathan macht sich von Syrien völlig unabhängig. Idumäa erobert | Johannes Hyrkanos 135-104 Hoherpr. |
| 120 | Ptolemaios VIII erneut 127-17 | Pharisäer und Sadduzäer trennen sich. Sekte der Essener in Qumran? u.a. | |
| 110 | Ptolemaios IX erneut 116-07 | 107 Johannes zerstört Samaria und den Tempel auf dem Garizim | |
| 100 | Ptolemaios X Alexander I oder Lathuros 107-88 | 104 Aristobul erobert weitere Gebiete<br>103 Alexander Jannaios König. Erfolgreiche Eroberungskriege, aber wachsende Opposition gegen Verweltlichung im Innern | Aristobul 104-03<br>Alexander Jannaios 103-76 |
| 90 | | | |

**Geschichte des Vorderen Orients, Griechenlands und Roms** Tafel 8b

| Syrien | Griechenland | Roms Aufstieg zur Mittelmeermacht | Persien | Zeit |
|---|---|---|---|---|
| Seleukiden: Seleukos I Nikator 312-281 | Antigoniden: Kassandros 316-297; Demetrios I Polyorketes 295-87 | 299-84 Kämpfe Roms gegen Samniter, Etrusker und Gallier. Rom wird Vormacht Mittelitaliens. Ende der Ständekämpfe | Seleukiden ab 312; Indien aufgegeben 305 | 300 290 |
| Antiochos I Soter 280-261 | Pyrrhos Lysimachos Keraunos 287-79 | 281-72 Tarentinischer Krieg; 280-75 Kelten aus Thrakien nach Kleinasien abgedrängt, 275 in Galatien angesiedelt | Parner oder Parther an der Nordgrenze | 280 270 |
| Antiochos II Theos 261-46; Laodike Berenike | Antigonos Gonatas 277-39 | 264-41 1. Punischer Krieg gegen Karthago | | 260 |
| Seleukos II Kallinikos 246-26 | Demetrios II 239-29 | Seleukiden verlieren Ostprovinzen; 249 Eroberung Korsikas durch Rom; 241 Westsizilien römisch; 238 Karthago tritt Sardinien ab; 238 Einfall des Seleukos II im Partherreich erfolglos | Arsakiden: Arsakes 250-47?; Teridates 247-14 | 250 240 230 |
| Seleukos III Keraunos 226-23 | Antigonos Doson 229-22 | 222 Eroberung Mailands durch Rom | | 220 |
| Antiochos III der Große 223-187; 209-06 Ostfeldzug bis Baktrien | Philipp V 222-179 | 218-01 2. Punischer Krieg; 216 Hannibal siegt bei Cannae; 215-05 1. Makedonischer Krieg; 212 Syrakus erobert, Tod des Archimedes; 202 Hannibal bei Zama besiegt; 200-197 2. Makedonischer Krieg; 197 Sieg bei Kyneskephalai; 192-89 Krieg gegen Antiochos III; 190 Sieg bei den Thermopylen und bei Magnesia, Friede von Apamea, schwere syrische Tribute und Geiseln | Artabanos 214-196; 206 Baktr. unabhängig | 210 200 190 180 |
| Seleukos IV Philopater 187-75 | Perseus V 179-68 | 171-68 Krieg gegen Perseus von Makedonien; 168 Perseus bei Pydna geschlagen | Mithradates I 171-38 | 170 |
| Antiochos IV Epiphanes 175-64; Antiochos V Eupater 163-62; Demetrios I Soter 162-50 | | 162 Demetrios I ermordet Antiochos V und den Reichsverweser Lysias; 153 Aufstand des Alexander Ballas, angeblich Sohn des Antiochos IV, erfolgreich | 155 Medien erobert | 160 150 |
| Alexander Ballas 150-45; Demetrios II 145-38 | Aufstand des Diodotos Tryphon | 146 Karthago und Korinth zerstört; 141-40 Parther erobern Babylon; 138-28 Demetrios in parthischer Gefangenschaft | Phraates II 138-28 | 140 |
| Antiochos VII Sidites 138-28; Demetrios II 128-25; Seleukos V 125-23 | | 133 Spanien und Pergamon römisch; 128 Antiochos fällt gegen die Parther; 133-21 gracchische Unruhen in Rom | | 130 |
| Antiochos VIII Gryphos 123-95 | | 120 Kleopatra Thea stirbt durch Giftbecher; 113-01 Kimbern- und Teutonenkrieg; 111-05 Krieg des Marius gegen Jugurtha in Numidien; 102-01 Siege des Marius bei Aquae Sextiae und Vercellae über die Germanen | Mithradates II d. Große 123-87 | 120 110 100 |
| Seleukos VI 95-93; Antiochos X 93-90 | | 91-88 Bundesgenossenkrieg Sullas in Italien | | 90 |

## Die Diadochenreiche zwischen 280 und 180 v. Chr.

Obgleich in Dan. 8, 8 die Erinnerung an **4 Diadochenreiche** erhalten ist, sind im weiteren, vor allem in Dan. 11, nur noch die Reiche der **Ptolemäer** (Könige des Südens) und der **Seleukiden** (Könige des Nordens) im Blick, und auch da vor allem ihre Auseinandersetzungen, soweit sie Palästina tangieren.

Unsere Karten erinnern an eine Reihe für die Juden teilweise bedeutsamer geschichtlicher Ereignisse. Dazu gehört im Osten der **Einbruch der Parther** und die Errichtung ihres Großreichs unter den **Arsakiden,** derer sich Seleukos II 238 und Antiochos III der Große nach 209 vergeblich zu erwehren versuchten.

Kleinasien erlebte um 275 einen Einfall von **Kelten,** die dann in **Galatien** angesiedelt wurden (vgl. Galaterbrief). Es folgte die Zersplitterung in mehrere hellenistische Kleinstaaten wie **Pergamon, Bithynien, Pontus** und **Kappadokien.** Die Seleukiden konnten auch dies nicht verhindern.

**Makedonien** als weiterer Nachfolgestaat Alexanders mußte durch den Abfall der Griechen und durch innere Machtkämpfe schwere Einbußen hinnehmen. Hier tauchen im Zusammenhang mit dem Krieg gegen Karthago erstmals die **Römer** im Osten auf. Sie fügen dem Verbündeten Hannibals, dem Antigoniden Philipp V, schwere Niederlagen zu. Wenig später zeigt sich ihre Überlegenheit bei einem Krieg gegen den Seleukiden **Antiochos III.** Ihn vertreiben sie nicht nur aus Griechenland, sondern machen ihn 190 nach der Niederlage von Magnesia nahezu tributpflichtig.

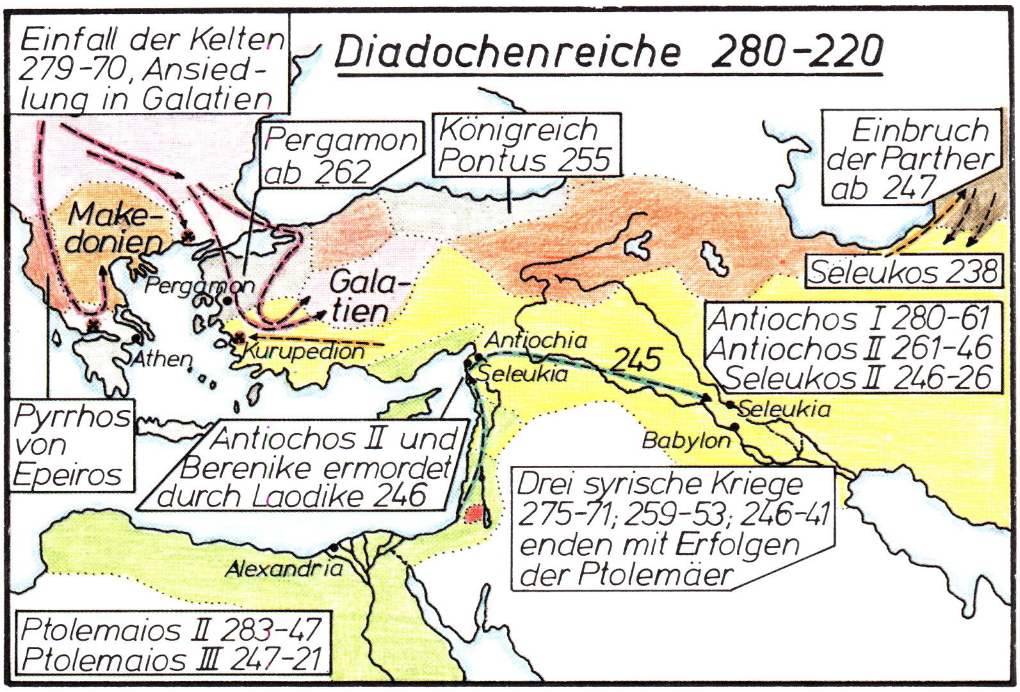


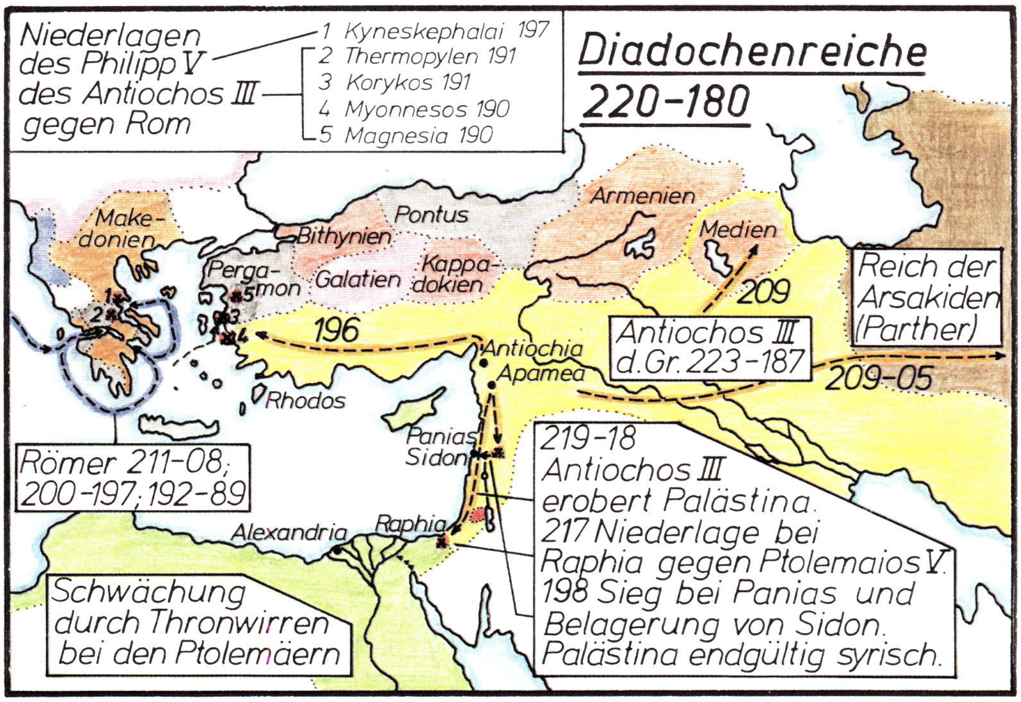


**Antigoniden**
und andere Makedonier:

Kassandros 316-297

Antigonos I Monophthalmos bekämpft ihn 307-304

Demetrios I Polyorketes 295-87

Pyrrhos von Epeiros 287-84 und Lysimachos 284-81

Ptolemaios Keraunos 280-79. Tod im Kampf gegen die Kelten.

Antigonos II Gonatas 277-39 Die Griechen befreien sich.

Demetrios II 239-29 Griechenkämpfe

Antigonos Doson vormundschaftlich 229-22

Philipp V 222-179
215-05 1. Makedonischer Krieg Roms.
200-197 2. Makedonischer Krieg, Niederlage Philipps

Perseus V 179-68

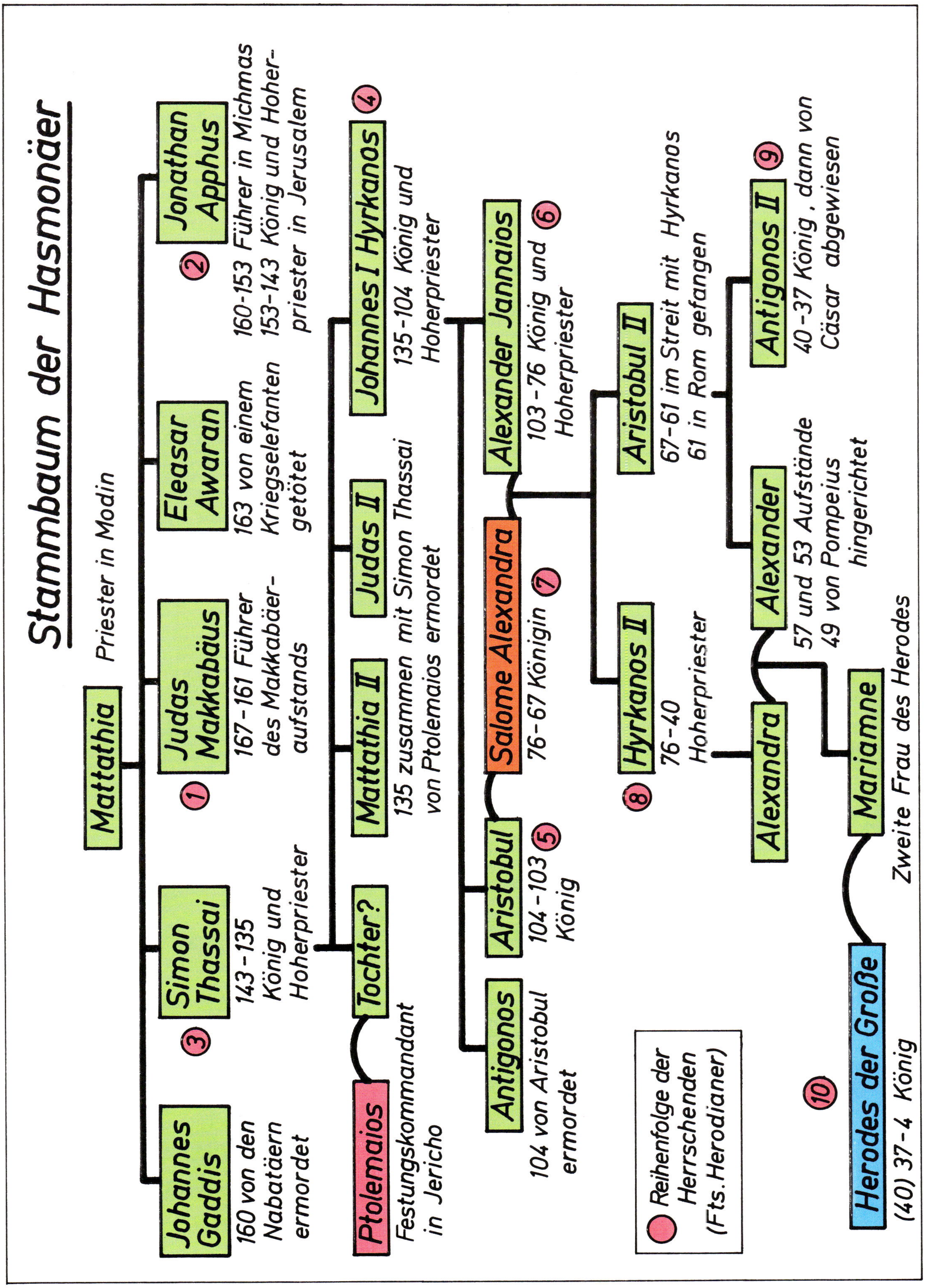

Stammbaum der Hasmonäer
Mattathia
Priester in Modin
Johannes Gaddis
160 von den Nabatäern ermordet
3 Simon Thassai
143-135 König und Hoherpriester
1 Judas Makkabäus
167-161 Führer des Makkabäeraufstands
Eleasar Awaran
163 von einem Kriegselefanten getötet
2 Jonathan Apphus
160-153 Führer in Michmas 153-143 König und Hoherpriester in Jerusalem
Ptolemaios
Festungskommandant in Jericho
Tochter?
Mattathia II
135 zusammen mit Simon Thassai von Ptolemaios ermordet
Judas II
4 Johannes I Hyrkanos
135-104 König und Hoherpriester
Antigonos
104 von Aristobul ermordet
5 Aristobul
104-103 König
7 Salome Alexandra
76-67 Königin
6 Alexander Jannaios
103-76 König und Hoherpriester
8 Hyrkanos II
76-40 Hoherpriester
Aristobul II
67-61 im Streit mit Hyrkanos 61 in Rom gefangen
Alexandra
Alexander
57 und 53 Aufstände 49 von Pompeius hingerichtet
9 Antigonos II
40-37 König, dann von Cäsar abgewiesen
Reihenfolge der Herschenden (Fts. Herodianer)
Mariamne
Zweite Frau des Herodes
10 Herodes der Große
(40) 37-4 König

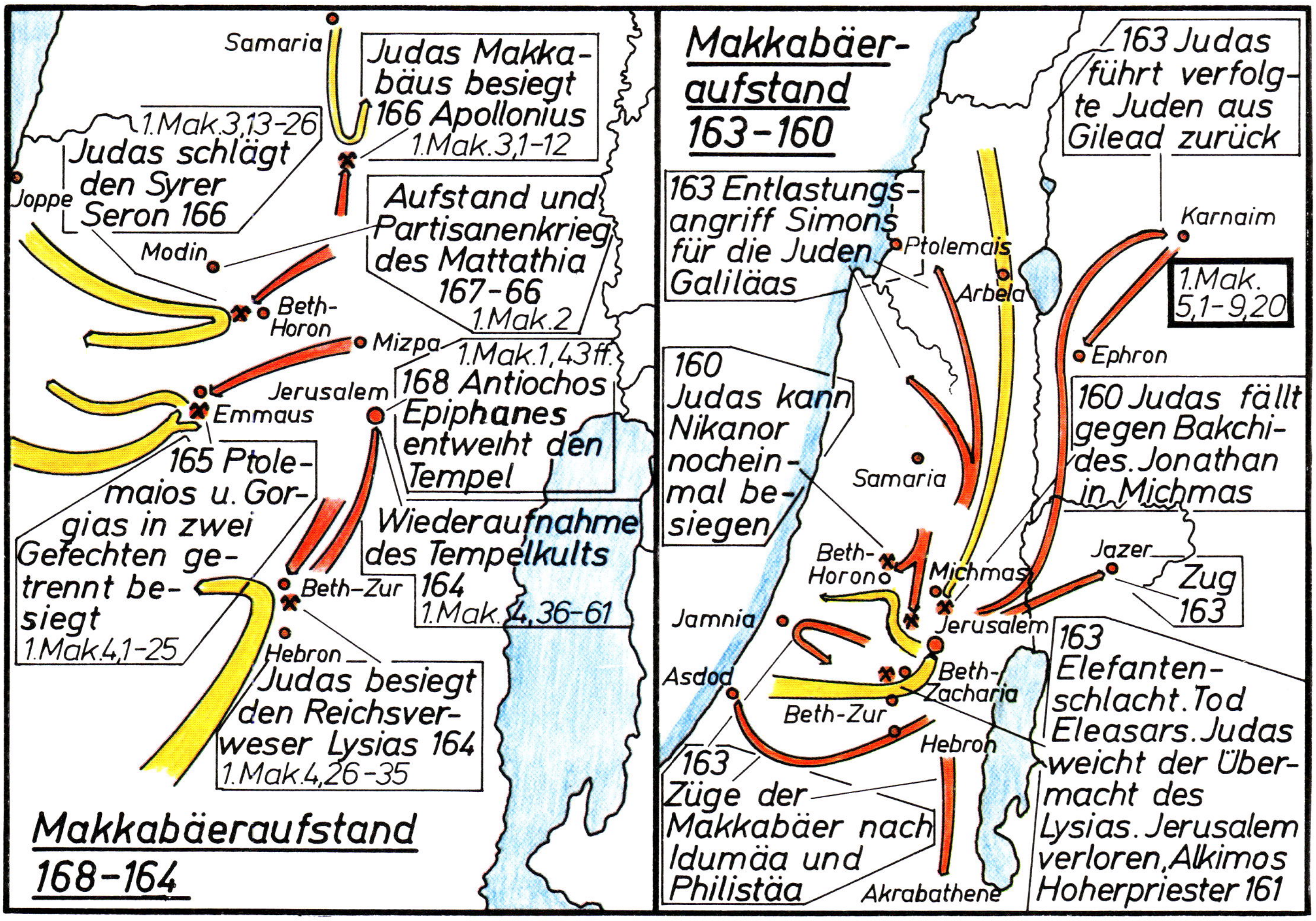


**Der Makkabäeraufstand 168-164 v. Chr.**

175 **Antiochos IV,** als Geisel in Rom lebend, wird von seinem Bruder **Seleukos IV** gegen dessen eigenen Sohn **Demetrios** ausgetauscht. Er macht einen Umweg über Athen, wo er sich vorübergehend das Strategenamt übertragen läßt. Nach der Ermordung des Seleukos IV erobert er unter Umgehung der Thronfolge des jungen Demetrios mit Söldnern das Syrerreich.

171-68 **3. Makedonischer Krieg** der Römer gegen **Perseus V.**

170 **Antiochos IV Epiphanes** führt Krieg gegen **Ptolemaios VI** und seinen Bruder. In Jerusalem haben sich zwei Parteien gebildet: die Gesetzestreuen um den amtierenden **Hohenpriester Onias** und die Griechenfreunde um **Simon, Jason** und **Menelaos;** diese setzen die Errichtung eines Gymnasions und einer Rennbahn in Jerusalem durch. Antiochos greift in diese Händel ein. Dabei läßt er sich zuerst von Jason, dann von Menelaos bestechen. Er plündert und schändet den Tempel durch sein Betreten (2. Mak. 4-5).

170 **Onias** wird unter Bruch des Asylrechts in Antiochia ermordet.

168 Schlacht bei **Pydna. Perseus V** geschlagen, Makedonien wird römisch.

168 Neuer Angriff des **Antiochos** auf Ägypten. Die ptolemäischen Brüder rufen **Rom** zu Hilfe, das ihn zum Abzug zwingt. Während des Rückmarschs besetzt er erneut Jerusalem und verwandelt den **Tempel** in ein **Zeusheiligtum** (»Greuel der Verwüstung« Dan. 11, 31 und 1. Mak. 1, 57; vgl. Mt. 24, 15). Martyrium zahlreicher Gesetzestreuer (2. Mak. 6-7).

167 Der Priester **Mattathia** erschlägt einen Opferbeamten des Antiochos in **Modin.** Beginn des Makkabäeraufstands gegen die Syrer unter Leitung seiner Söhne (1. Mak. 2).

167-66 **Partisanenkrieg** in Judäa. Die Aufständischen beschließen, sich auch am Sabbat trotz des Ruhegebots mit Waffengewalt zu verteidigen. Tod des Mattathia. **Judas Makkabäus** übernimmt die Führung (1. Mak. 2, 39 - 3, 1).

## Der Makkabäeraufstand 168-164 v. Chr. — Fortsetzung

166 **Judas Makkabäus** schlägt eine syrische Abteilung des Schatzmeisters **Appolonios** und eine Heeresgruppe des syrischen Gouverneurs **Seron.** Die Syrer werden von Beth-Horon bis in die Küstenebene verfolgt (1. Mak. 3).

165 **Antiochos IV** beginnt seinen Feldzug gegen die **Parther.** Der Reichsverweser **Lysias** schickt die Feldherren **Ptolemaios** und **Gorgias** gegen die Juden. Bei **Emmaus** wird das syrische Heer durch List getrennt und geschlagen (1. Mak. 4, 1-25).

164 **Lysias** rückt selbst ins Land, wird aber bei **Beth-Zur** ebenfalls besiegt. **Judas Makkabäus** besetzt und befestigt Beth-Zur. Dann beginnt er, die Akra, die Burg von Jerusalem, zu belagern, reinigt den Tempel und läßt den **Opferdienst** wieder aufnehmen (1. Mak. 4, 26-61; vgl. Dan. 8, 14).

## Der Makkabäeraufstand 164-160 v. Chr.

164 **Antiochos IV Epiphanes** kommt bei seinem Partherfeldzug ums Leben (der Bericht über seinen Tod 1. Mak. 6, 1-16 ist Legende). Die östlichen Satrapien des Seleukidenreichs gehen endgültig verloren. Für seinen achtjährigen Sohn **Antiochos V Eupater** regiert **Lysias** als Verweser. **Judas** und sein Bruder **Simon** unternehmen Züge nach **Gilead** und **Galiläa** und siedeln die dort verfolgten Juden nach Judäa um. Niederlage ihrer Unterführer vor **Jamnia.** Weitere, teils sehr erfolgreiche Züge gegen Moab, Idumäa, Hebron und Asdod (1. Mak. 5).

163 **Lysias** kommt der eingeschlossenen Besatzung von Jerusalem mit einem starken Heer zu Hilfe. **Judas** muß zuerst **Beth-Zur** aufgeben. Auch die Elefantenschlacht bei **Beth-Zacharja** geht verloren, wobei **Eleasar Awaran** unter einem syrischen Kriegselefanten ums Leben kommt. Lysias kann Jerusalem entsetzen, erfährt hier aber von der Rückkehr des **Demetrios** aus Rom und muß mit den Juden einen **Kompromiß-Frieden** schließen, wobei ihnen der Gottesdienst nach dem Gesetz gestattet wird (1. Mak. 6, 21-63).

162 **Demetrios I Soter,** Sohn des Seleukos IV, kehrt aus Rom zurück und beansprucht die Macht. **Lysias** und **Antiochos V** werden von den eigenen Truppen gefangengesetzt, ausgeliefert und ermordet. Demetrios macht den **Bakchides** zum Heerführer gegen Judäa. Als Hoherpriester wird der Zadokide **Alkimos** vorgesehen. Bakchides kann Jerusalem besetzen. Judas aber führt erneut Partisanenkrieg aus Schlupfwinkeln im Lande und bringt Alkimos in Schwierigkeiten.

161 **Judas Makkabäus** schickt eine Gesandtschaft nach **Rom** und läßt um Hilfe bitten (?) (1. Mak. 8, wahrscheinlich legendärer Bericht).

160 **Alkimos** muß erneut bei Demetrios I um Hilfe bitten, da **Judas** wieder die Oberhand gewinnt. Judas kann den Feldherrn **Nikanor** noch einmal schlagen, wobei Nikanor bei **Adasa** fällt und die Syrer bis in die Küstenebene verfolgt werden. Hierauf verschärft Demetrios den Kampf und schickt sein Hauptheer unter **Bakchides** nach Judäa. Viele Anhänger des Judas, die ihr Kampfziel, die Wiedererrichtung des Gottesdienstes, erfüllt sehen und kampfesmüde sind, verlassen sein Heer (1. Mak. 7).

160 Bei **Elasa** nördlich von Jerusalem (genaue Lage unbekannt) kommt es zur Entscheidungsschlacht zwischen **Bakchides** und **Judas.** Dieser wird umzingelt und verliert sein Leben. Bakchides kann das Land befrieden und errichtet eine Reihe befestigter Stützpunkte mit syrischer Besatzung (1. Mak. 9).

160 Die Aufständischen machen **Jonathan,** den Bruder des Judas, zu ihrem neuen Anführer. Ohne große Hoffnungen führt er einen Partisanenkrieg von Wüstenstützpunkten aus (1. Mak. 9).

In dieser Zeit beginnen sich in Judäa drei Parteien herauszubilden:

Die **Hasmonäer** (Makkabäer) setzen den Aufstand mit militärischen und politischen Mitteln fort und streben ein freies Judäa an.

Die **Pharisäer** (Chassidim) sind ausschließlich am strengen Halten des Mosegesetzes interessiert und schätzen den Tempeldienst gering ein.

Die **Sadduzäer** legen zwar durchaus Wert auf einen funktionierenden Tempelkult, neigen aber zu griechischer Kultur und Sitte und interpretieren das Mosegesetz oberflächlich und zu ihren Gunsten.

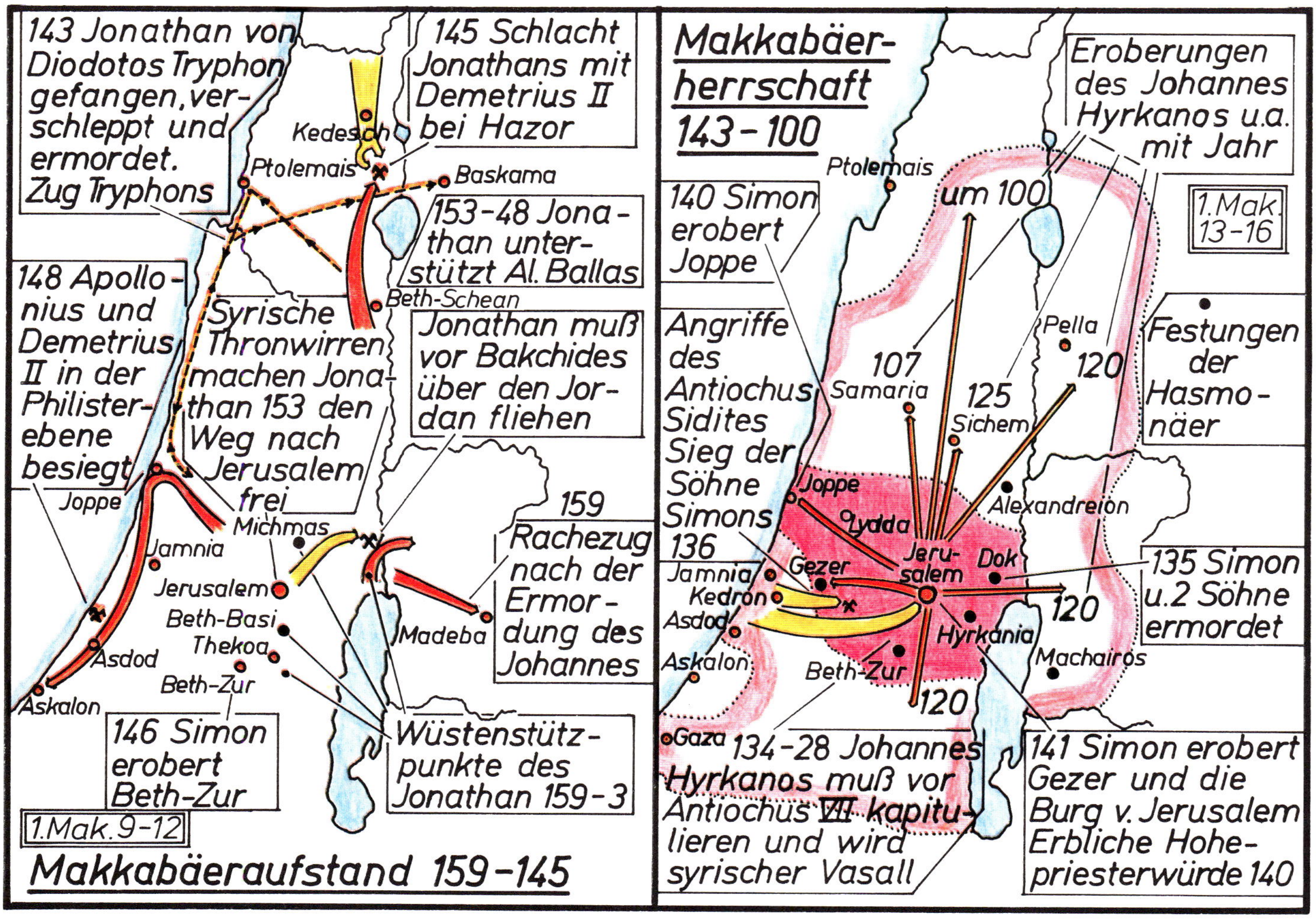


**Die Makkabäer- oder Hasmonäerzeit zwischen 160 und 100 v. Chr.**

159 Kleinkrieg **Jonathans** nach dem Tod des Judas Makkabäus gegen die Syrer. Rachefeldzug nach Moab, wo sein Bruder **Johannes** als Gesandter zu den Nabatäern ermordet worden war. **Bakchides** behauptet die Macht im Lande, aber **Alkimos** stirbt. Jerusalem ohne Hohenpriester (1. Mak. 9, 35-56).

158 Innere Schwierigkeiten im Syrerreich. **Bakchides** macht **Jonathan** Zugeständnisse. Dieser besetzt **Michmas** und regiert von dort aus als eine Art »Richter«. Sadduzäerherrschaft in Jerusalem (1. Mak. 9, 57-73).

153 **Alexander Ballas,** angeblich Sohn des Antiochos IV, erhebt sich gegen **Demetrios I Soter.** Beide versuchen, sich der Hilfe Jonathans zu versichern, und machen ihm weitgehende Zugeständnisse. Dadurch kann dieser **Jerusalem** besetzen. Eine syrische Besatzung verbleibt nur noch in der Burg von Jerusalem und in Beth-Zur (1. Mak. 10, 1-14).

153-150 Trotz bedeutender Angebote des Demetrios I unterstützt **Jonathan** den Alexander Ballas, der in **Akko** (Ptolemais) regiert. Dieser ernennt ihn deshalb zum Unterkönig und zum Hohenpriester (1. Mak. 10, 15-21).

150 **Demetrios I** fällt, Alexander Ballas wird König. **Jonathan** nimmt in der Stadt Ptolemais an Alexanders Hochzeit mit **Kleopatra III Thea,** der Tochter des **Ptolemaios VI** von Ägypten, teil. Er tritt dort als angesehener Führer des Judentums auf (1. Mak. 10, 22-26).

148 **Demetrios II,** Sohn des Demetrios I, beansprucht den syrischen Thron. Jonathan schlägt seinen Feldherrn **Apollonios** in der Philisterebene und erhält von Alexander dafür die Stadt **Ekron** (1. Mak. 10, 67-89).

148 Rom macht Epeiros und Albanien zur Provinz.

146 Ende des 3. Punischen Kriegs, die Römer zerstören die Städte Karthago und Korinth. Wachsender **Einfluß Roms** im östlichen Mittelmeer.

145 **Alexander Ballas,** von **Demetrios II** besiegt, muß fliehen und wird von den Arabern ermordet. Ptolemaios gibt seine Tochter **Kleopatra III** in 2. Ehe nun dem **Demetrios,** stirbt aber bald darauf in Ptolemais. **Jonathan** kann den Demetrios II durch reiche Geschenke beschwichtigen. Er erhält das südliche Samarien (Aphairema, Ramathaim und Lydda) (1. Mak. 11, 1-38).
**Jonathan hilft Demetrios** bei einer Rebellion in Antiochia, erhält weitere Versprechungen, die dieser aber nicht einhält. Darum fällt er bei einem Aufstand des **Diodotos Tryphon** von ihm ab (1. Mak. 11, 39-53).
Mit Diodotos verbündet, besiegt Jonathan den **Demetrios II** im Philisterland und in Galiläa bei Hazor und Kedesch (1. Mak. 11, 54-74).

144 **Jonathan** schickt Gesandtschaften nach **Rom** und nach **Sparta.** Weitere Kriegszüge bis Damaskus und Gaza. Dadurch werden die Hasmonäer dem Diodotos allmählich zu mächtig (1. Mak. 12, 1-38).

143 **Diodotos** lockt **Jonathan** von Beth-Schean nach Ptolemais und überwältigt ihn durch eine List. Darauf übernimmt der letzte der Makkabäerbrüder, **Simon,** die Führung und wehrt den Diodotos ohne Rücksicht auf den gefangenen Jonathan vom Kernland Judäas ab. **Jonathan** wird nach Baskama ins Ostjordanland verschleppt und dort ermordet (1. Mak. 12, 39 - 13, 32).

142 **Simon** verbündet sich wieder mit **Demetrios II,** der ihm bedeutende Zugeständnisse für seine Hilfe gegen Diodotos macht (1. Mak. 13, 33-40).

141 Simon zwingt die Besatzung der **Jerusalemer Burg** zum Abzug und erobert Gezer. Er nennt sich nun »Großer Hoherpriester, Feldherr und Fürst der Juden« (1. Mak. 13, 41-54).

140 Simon erobert mit **Joppe** den ersten Mittelmeerhafen für sein Reich. Ausdehnung auch nach Norden. Das Hohepriesteramt wird auch für Nachkommen Simons erblich gemacht. Ruhige Friedenszeit für Israel, zumal **Demetrios** in die Gefangenschaft der Parther gerät (1. Mak. 14, 1-49).

138 Neuer Machtwechsel im Syrerstaat. **Antiochos VII Sidites,** Bruder des Demetrios II, wird König und heiratet in 3. Ehe **Kleopatra III,** die Witwe des Alexander Ballas und Frau seines gefangenen Bruders. Er besiegt **Diodotos Tryphon** und wendet sich dann gegen **Simon** (1. Mak. 15, 1-41).

136 **Simons Söhne** besiegen den Feldherrn des Antiochos VII, **Kendebaios,** bei Modin und verfolgen ihn bis in die Küstenebene (1. Mak. 16, 1-10).

135 **Simon** und seine Söhne **Mattathia** und **Judas** werden vom Platzkommandanten Jerichos, **Ptolemaios,** in Dok ermordet. **Johannes Hyrkanos,** der dritte Sohn, entgeht dem Anschlag und belagert Ptolemaios in Dok. Dieser kann aber fliehen (1. Mak. 16, 11-24; hier endet das 1. Makkabäerbuch).

134 **Antiochos VII** besetzt mit starkem Heer Judäa. **Johannes** muß in Jerusalem kapitulieren und als Friedenspreis alle Gebiete außerhalb Judäas zurückgeben, seine Waffen abliefern und syrischer Vasall werden.

133 **Rom** erbt das Königreich **Pergamon** und faßt dadurch Fuß in Kleinasien.

128 **Johannes** begleitet den **Antiochos** gegen die Parther, wobei dieser fällt. **Demetrios II,** von den Parthern freigelassen, wird zum dritten Mal syrischer König. Johannes festigt seine Stellung und führt Söldnerkriege.

125-120 **Johannes** erobert Sichem, Madeba in Moab, Peräa in Gilead und besetzt Idumäa. Er zwingt den Edomitern die Beschneidung auf.

107 Nach langer Belagerung erobern **Aristobul** und **Antigonos,** die Söhne des Johannes Hyrkanos, trotz syrischer Entsatzversuche die Stadt Samaria.

104 **Johannes** stirbt. **Aristobul** beseitigt seinen Bruder und seine Mutter und nennt sich König. Tod nach einjähriger Regierung. Seine Witwe **Salome** heiratet den dritten Sohn des Johannes, **Alexander Jannaios.**

100 **Alexander** erobert als neuer Hasmonäerkönig Galiläa. Ein Angriff auf Akko-Ptolemais mißlingt allerdings.

*Was wir über diese Zeit wissen, steht vor allem in den »Antiquitates« und dem »Bellum Judaicum« des Flavius Josephus, dessen Berichte allerdings streckenweise mit Mißtrauen zu lesen sind, da sie unpräzise und parteiisch sind.*

## Höhepunkt und Entartung der Hasmonäerherrschaft in Palästina

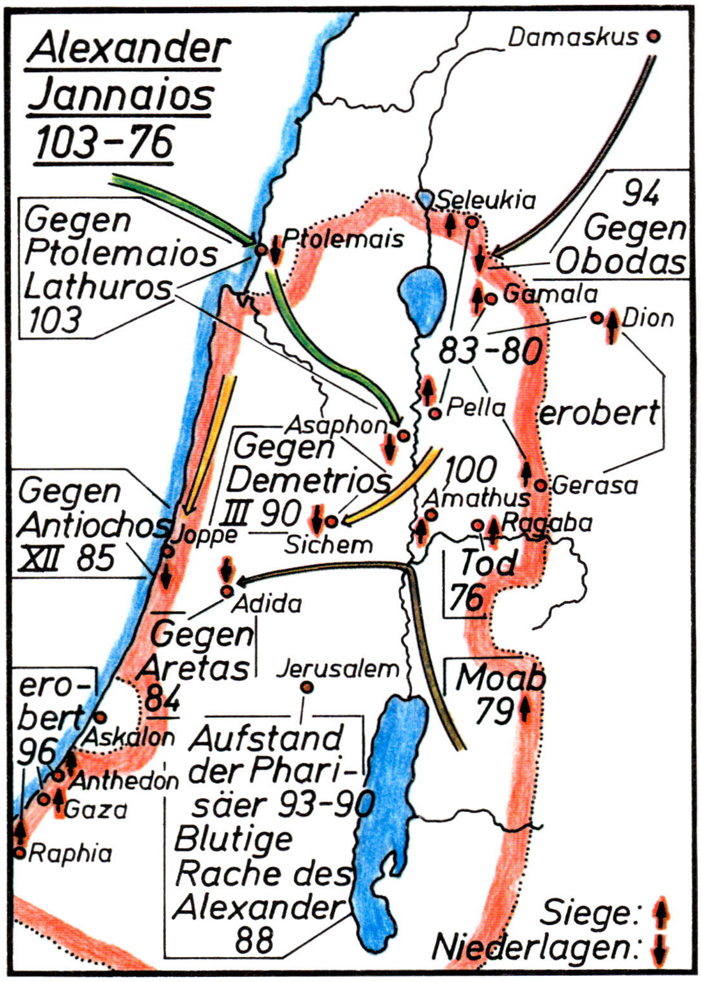


Mit **Alexander Jannaios,** einem Urenkel Mattathias, des Stammvaters der Makkabäer, erreicht das Königtum der Hasmonäer den Höhepunkt seiner Macht. Zugleich zeigt es alle Entartungserscheinungen, die mit der Verweltlichung und Hellenisierung der ursprünglich religiösen Aufstandsbewegung zusammenhängen.

So verwundert es nicht, daß das Urteil des **Josephus,** des Hauptberichterstatters der jüdischen Geschichte jener Zeit, negativ ist, und daß das **Judentum** selbst die Tatsache, daß doch die Hasmonäer zum letzten Mal einen freien jüdischen Staat geschaffen hatten, einfach übergeht.

103-76 **Alexander Jannaios** kann sich als König von Jerusalem trotz vieler Rückschläge immer wieder behaupten. Seine weltliche und grausame Regierung trägt ihm die Feindschaft der Frommen, vor allem der **Pharisäer,** ein.

103 Alexander belagert **Ptolemais. Zoilos,** der Tyrann von Dor, und **Ptolemaios X Lathuros,** der von seiner Frau **Kleopatra V** nach Zypern vertrieben ist, kommen der Stadt zu Hilfe. Alexanders Heer wird bei **Asophon** vernichtend geschlagen. Ptolemaios plündert Judäa aus.

101 Ptolemaios und Kleopatra bekämpfen sich in Syrien und Ägypten. Bündnis zwischen **Kleopatra** und **Alexander** in Skythopolis. Ptolemaios vertrieben.

100 Alexander erobert **Amathus** und **Gadara** im Ostjordanland.

96 Alexander erobert **Raphia** und **Anthedon.** Er zerstört **Gaza.**

95 Schreckensregiment des im Volk allgemein verhaßten Alexander in Jerusalem. Seine Söldnertruppe fordert den Widerstand der Frommen heraus.

94 Im **Golangebiet** gerät Alexander in eine Falle des nabatäischen Fürsten **Obodas** und verliert sein gesamtes Heer. Diese Gelegenheit benützen die **Pharisäer** zu einem **Aufstand.** In Bedrängnis geraten, rufen sie sogar den Erzfeind der Juden, den Seleukiden **Demetrios III Eukairos,** ins Land.

90 Alexander von Demetrios bei **Sichem** schwer geschlagen. Sofort schlägt die Stimmung in Judäa wieder um. Nach Zulauf durch viele königstreue Juden kann Alexander den Demetrios wieder vertreiben.

88 Grausame **Rache Alexanders an den Pharisäern.** 800 kommen ums Leben, weitere 8000 flüchten aus Palästina, vor allem nach Alexandria.

85 **Antiochos XII Dionysos** schlägt Alexander bei einem Kriegszug gegen die Nabatäer, weil dieser ihm bei **Joppe** den Durchzug versperrt.

84 Antiochos XII fällt im Kampf gegen den Nabatäer **Aretas III.** Dieser besiegt auch Alexander bei **Adida,** muß sich dann aber wieder aus Judäa zurückziehen.

83-80 Kriegszüge Alexanders im Ostjordanland. Er erobert **Pella, Gerasa, Dion, Gaulama, Seleukia** und **Gamala** und kehrt mit großer Beute zurück.

79-76 Letzte Züge des schon todkranken Alexander gegen **Moab.** Er stirbt bei der Belagerung **Ragabas.** Seine Frau **Salome** macht sich die Pharisäer zu Freunden und kann so ihre Regentschaft behaupten.

## Beziehungen zwischen den Hasmonäern und den Römern

Während ihres Aufstands gegen die Seleukiden hatten die **Makkabäer** verschiedentlich versucht, sich der Bundesgenossenschaft **Roms** zu versichern. Das 1. Makkabäerbuch berichtet von mehreren verbalen Freundschaftsadressen Roms, denen freilich keine tatsächliche Hilfe folgte.

**1. Mak. 8** schildert bewundernd die römische Geschichte und Verläßlichkeit. Deshalb entsendet **Judas Makkabäus** den Eupolemos und Jason mit der Bitte um ein Schutzbündnis. Die Römer geben eine positive Antwort und mahnen Demetrios I zur Zurückhaltung.

**1. Mak. 12, 1-4** erneuert **Jonathan** durch eine Gesandtschaft das bisherige Schutzbündnis.

**1. Mak. 14, 16-19** geht die Initiative der Bündniserneuerung von Rom aus. Diesmal ist **Simon** der Vertragspartner.

**1. Mak. 15, 15-24** berichtet über ein römisches Schreiben an zahlreiche Kleinreiche des Ostens, das diese über das römisch-jüdische Bündnis informiert.

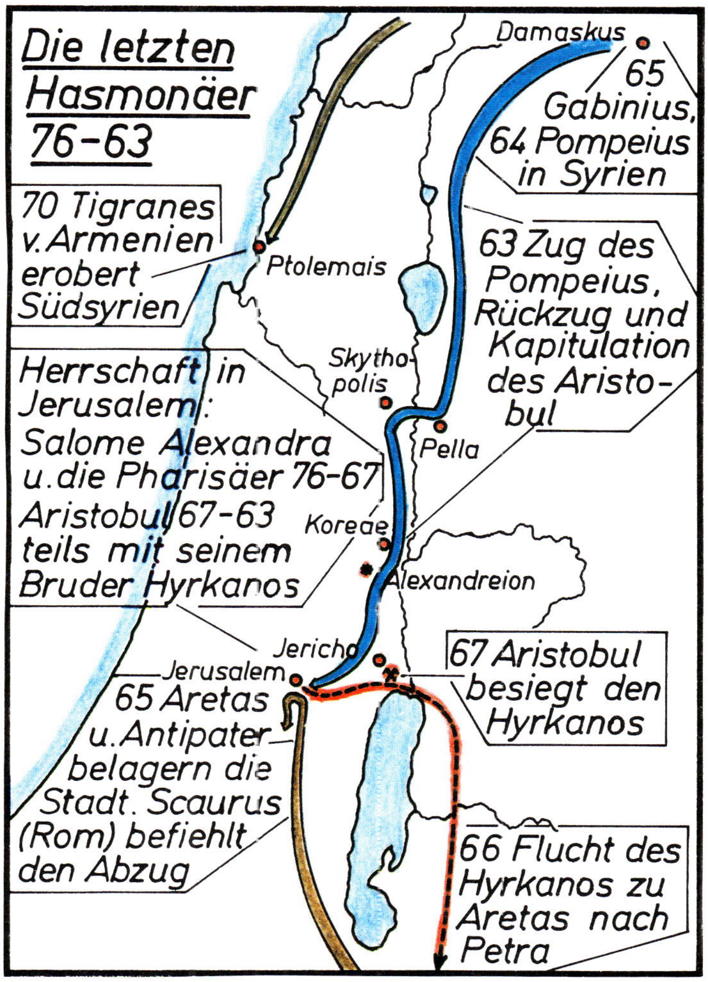


## Ende der Hasmonäerherrschaft, Beginn der römischen Einflußnahme

76-67 **Salome Alexandra** übernimmt die Regierung und macht den **Pharisäern** weitgehende Zugeständnisse. Ihr entschlußloser Sohn **Hyrkanos** erhält das Hohepriesteramt, während sein Bruder **Aristobul** fast ausgeschaltet wird. Dieser sammelt die unterdrückte Sadduzäerpartei und Königstreue um sich.

70 **Tigranes** von Armenien beansprucht den syrischen Thron und besetzt Ptolemais. Salome unterwirft sich ihm, aber Tigranes muß sich wegen eines römischen Angriffs auf sein Stammland bald zurückziehen.

67 Aufstand **Aristobuls,** der die wichtigsten Festungen besetzt. Salome Alexandra stirbt 73jährig. **Hyrkanos** wird zum Nachfolger ernannt. Aristobul schlägt ihn bei Jericho und belagert ihn in Jerusalem. Durch einen Vergleich wird Aristobul König, Hyrkanos behält das Hohepriesteramt.

66 **Antipatros,** ein intriganter Gouverneur von Idumäa, bewegt Hyrkanos zur Flucht nach Petra. Mit einem Heer des **Aretas** kehrt er zurück, besiegt Aristobul und belagert ihn in Jerusalem.

65 Mit **Pompeius** tauchen nun die Römer selbst in Palästina auf. Sein General **Scaurus** greift in den Streit der Hasmonäer ein und zwingt Aretas zum Abzug. Zunächst wird **Aristobul** als König bestätigt, Hyrkanos abgewiesen.

64 Beide Parteien versuchen, die Römer zu bestechen. **Gambinius** und später **Pompeius** neigen dem **Hyrkanos** zu, weil dieser offensichtlich unfähiger ist.

63 Zug des **Pompeius** über Pella und Skythopolis nach Koreae. **Aristobul** muß das **Alexandreion** übergeben. Als seine Anhänger Jerusalem gegen die Römer verteidigen, wird er gefangengesetzt und mit seinen Söhnen nach Rom verbannt. Jerusalem fällt und wird geplündert. Unter der Schutzherrschaft des **Antipatros** wird **Hyrkanos** als Hohepriester und Ethnarch wieder eingesetzt, bleibt aber weitgehend entmachtet.

**Die Ptolemäer oder Lagiden als Herrscher Ägyptens 304-30 v. Chr.**

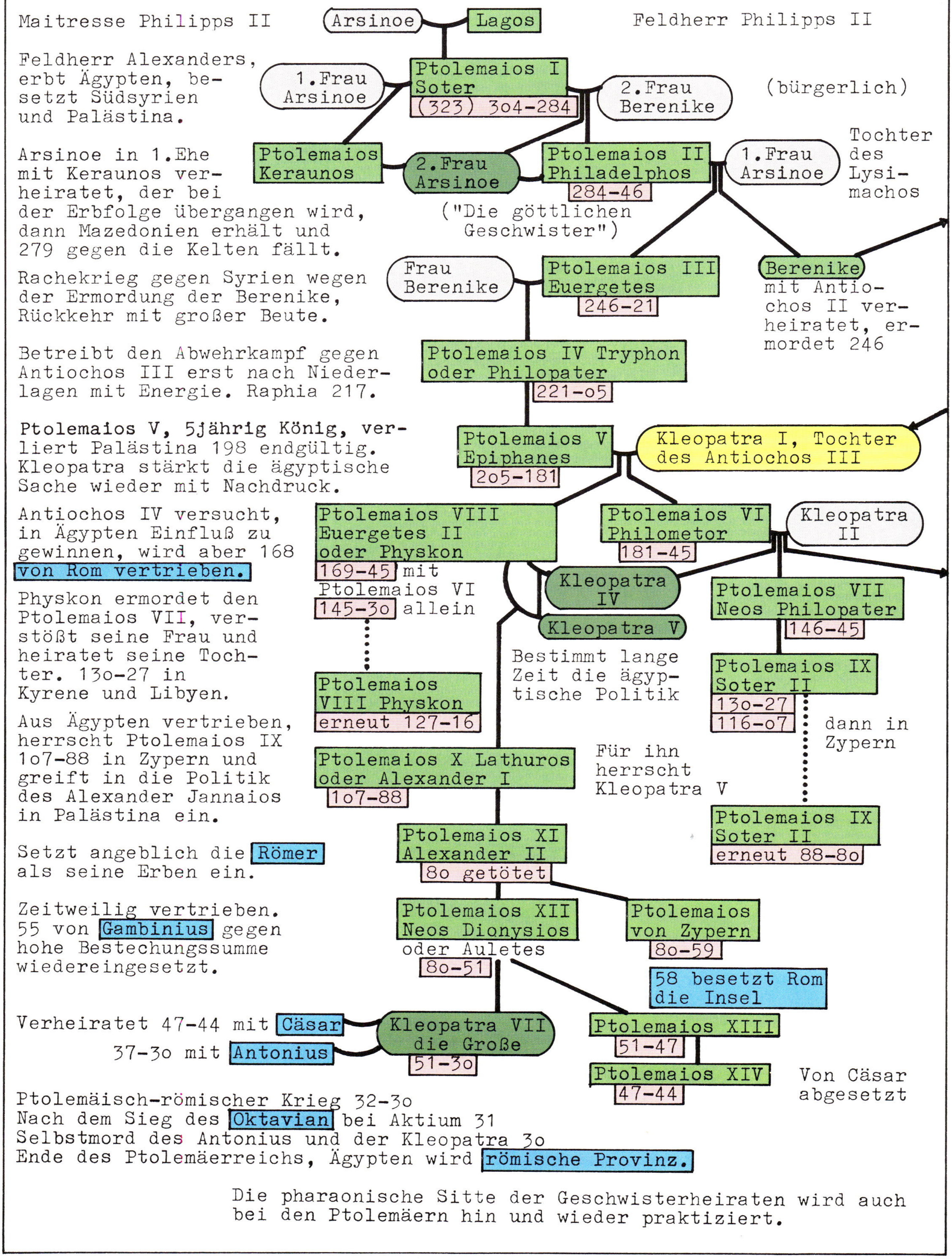

**Die Seleukiden als Herrscher in Syrien und im Osten 304-64 v. Chr.**

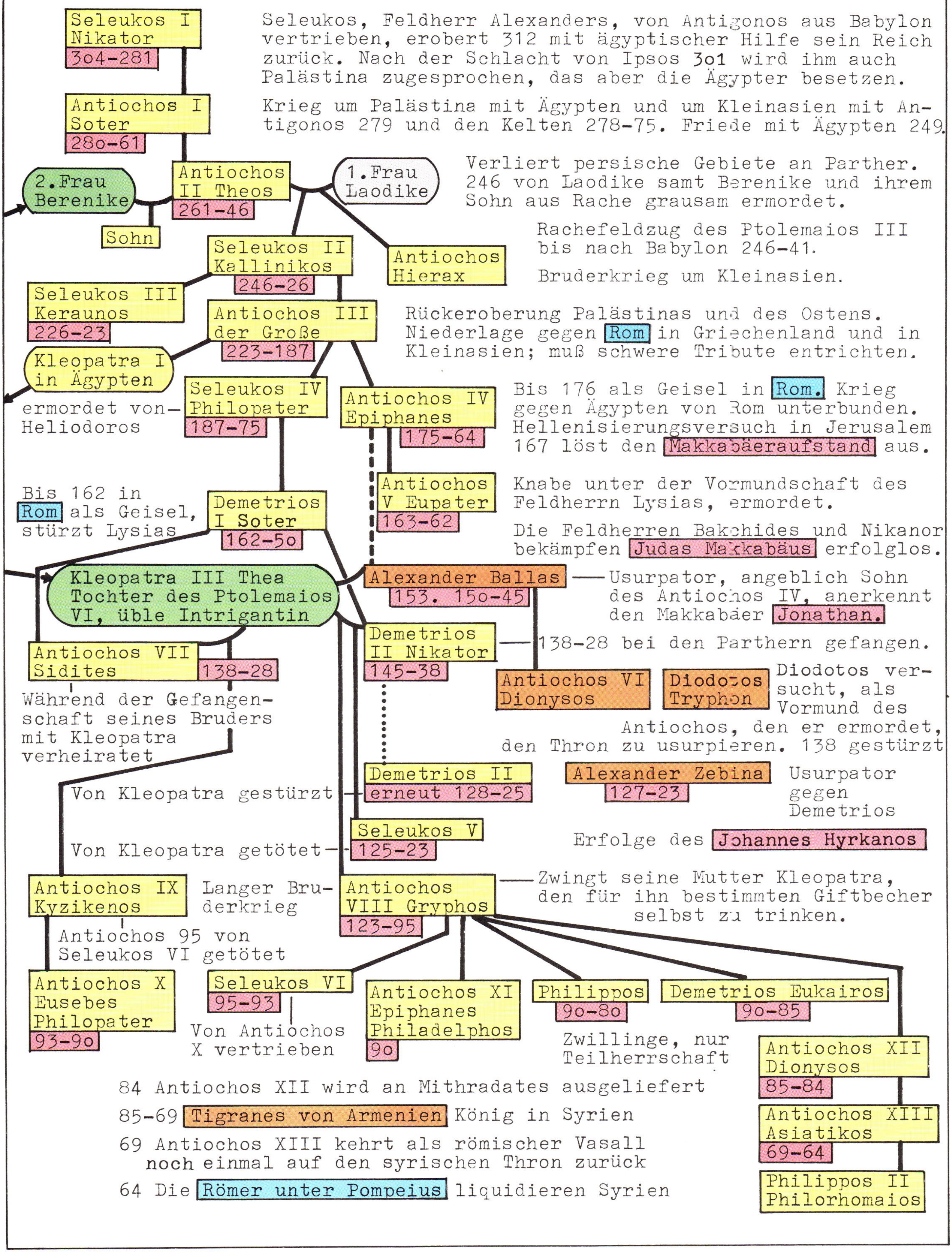

**Stammbaum der Herodianer**

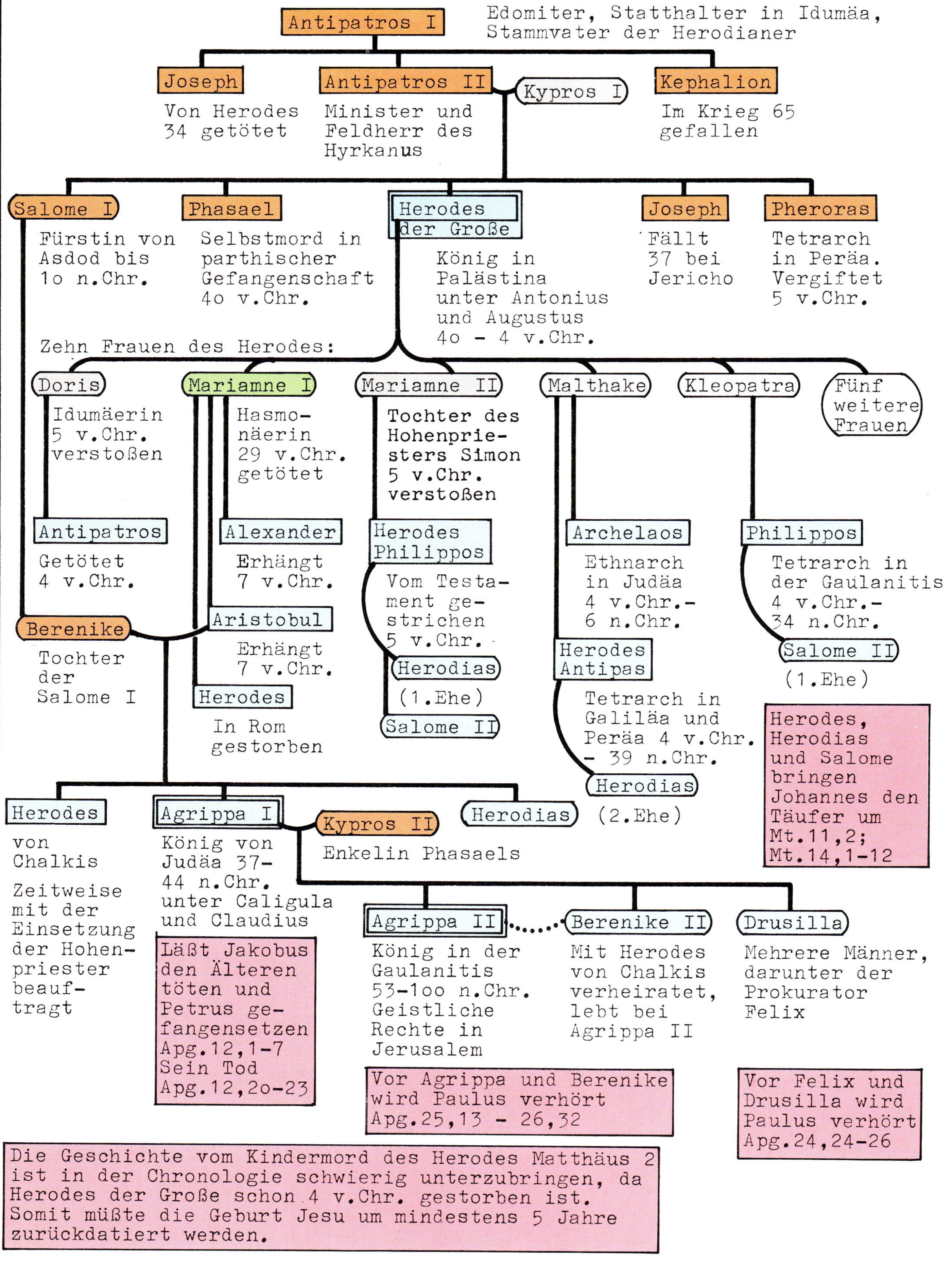

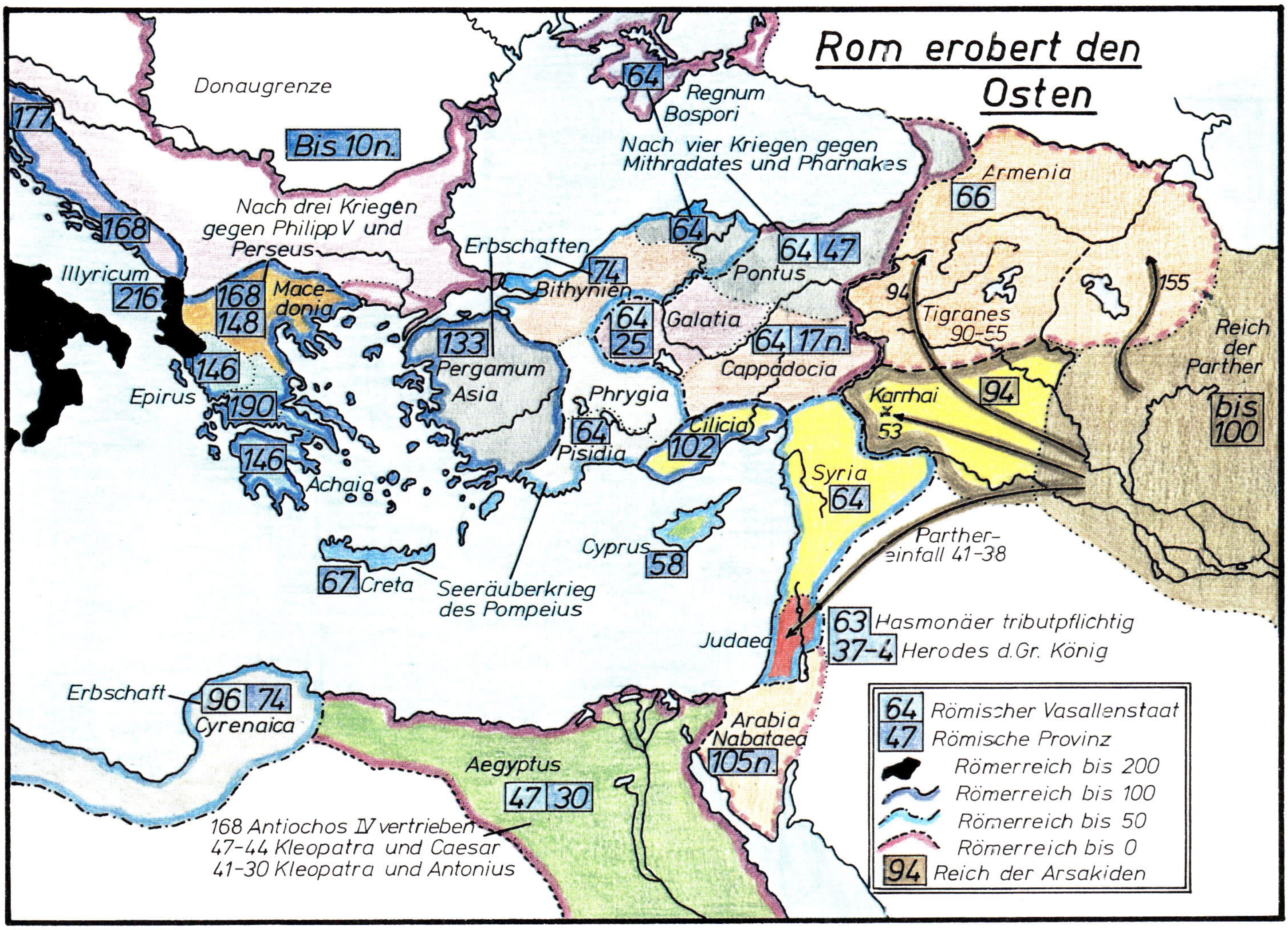


**Rom erobert das östliche Mittelmeer zwischen 200 v. Chr. und Christi Geburt**

Die **Machtausweitung Roms** im östlichen Mittelmeer nach Niederwerfung der ursprünglich phönizischen Stadt **Karthago** vollzog sich auf verschiedenartigste Weise. **Verbündete Karthagos** wurden bestraft und unterworfen, so die Antigoniden in **Makedonien. Griechenland** versprach man Befreiung und verwandelte sie in neue Fremdherrschaft. Aus Dankbarkeit für ihre Hilfe gegen die Syrer vermachten die Herrscher **Pergamons** und **Bithyniens** beim Aussterben ihrer Dynastien den Römern ihr Land.

Andere Gebiete wurden schlicht erobert, manchmal in langwierigen Kriegen, wie gegen **Mithradates von Pontus** und seinen Sohn **Pharnakes.** Oft führte der Übergang von der Selbständigkeit zur vollständigen Unterwerfung über ein kurzzeitiges Vasallen- oder Tributverhältnis.

Wie reife Früchte fielen den Römern schließlich auch die beiden letzten Diadochenreiche in den Schoß. In **Syrien** machte **Pompeius** der **Seleukiden**herrschaft ein Ende. **Ägypten** erlebte das Zwischenspiel einer Mischregierung der abenteuerlichen letzten **Ptolemäerin Kleopatra** mit **Cäsar** und **Antonius.** Dann verwandelte es der siegreiche **Oktavian** (Augustus) in eine Provinz.

So bestimmten auch in **Palästina** die Römer die Jahre um die Zeitenwende. Anfänglich hatten sich die **Hasmonäerfürsten** des öfteren römischer Unterstützung gegen die Syrer und andere Feinde versichert (1. Mak. 8; 12; 14; 15).

Je näher freilich die Römer rückten, desto mehr wuchs die Abneigung vor allem der frommen und gesetzestreuen Schichten in Volk und Priesterschaft. Hasmonäer und Römer wurden gleicherweise bekämpft.

Vollends, nachdem diese den **Edomiter Herodes** zu ihrem Günstling machten und seiner Vasallenherrschaft ihren Arm liehen, schlug die Ablehnung in Haß um und entlud sich zunehmend in Partisanenaktionen. Endlich machten die Römer der herodianischen Mißwirtschaft ein Ende. Judäa wurde Provinz, ausgebeutet durch korrupte **Prokuratoren.** Von nun an waren die Römer für viele Juden Gottesfeinde, die man mit apokalyptischem Haß bekämpfte.

## Geschichte des östlichen Mittelmeers

Tafel 9a

| Zeit | Ägypten | Ereignisse | Judäa | Idumäa | Galiläa |
|---|---|---|---|---|---|
| 100 | Ptolemaios X Alexander I 107-88 | Degeneration der Hasmonäer und Entfremdung vom Volk und Priesterschaft, dagegen erfolgreiche Eroberungskriege im Osten und Norden | Alexander Jannaios 103-76 | Antipatros I Edomiter | "Tetrarchie" |
| 90 | Ptolemaios IX erneut 88-80 | | | | |
| 80 | Ptolemaios XI Alexander II 80 | | Salome Alexandra 76-67 | | |
| 70 | Ptolemaios XII Neos Dionysos Auletes 80-51 | | Hyrkanos 67-40 | | Aristobul 67-61 |
| 60 | mit Kleopatra | **63 Pompeius macht Judäa als Schlichter zwischen den Brüdern tributpflichtig** | Strateg: Phasael | Antipatros II Vater des Herodes | Strateg: Herodes |
| 50 | Ptolemaios XIII 51-47 | 48 Pompeius ermordet, Cäsar in Ägypten | | | |
| 40 | Kleopatra VII Herrscherin mit Cäsar und Antonius 47-30 | 41 Antonius in Ägypten, heiratet Kleopatra 37<br>37 Herodes erobert Judäa | Antigonos II 40-37 im Schutz der Parther | | |
| 30 | | 30 Tod des Antonius<br>**30 Oktavian macht Ägypten zur Provinz,** gibt ihm aber eine Sonderstellung | Herodes der Große 37-4 König von Gnaden des Antonius und (Oktavian) Augustus (ab 30) | | |
| 20 | | 18 Herodes erbaut Samaria, Sichem, Cäsarea und andere Städte neu. Baubeginn am herodianischen Tempel | Herodes ermordet seine Frau Mariamne und drei seiner Söhne | | |
| 10 | | | | | |

| Zeit | Ereignisse | Judäa und Idumäa | Trachonitis | Galiläa |
|---|---|---|---|---|
| | Geburt Jesu? | | | |
| 0 | | Archelaos Ethnarch 4 v.Chr. - 6 n.Chr. | Philippos Tetrarch 4 v.-34 n. Chr. | Herodes Antipas Tetrarch 4 v. - 39 n.Chr. |
| 10 | 7 Zensus des Quirinius<br>6-15 Hannas Hoherpriester | 6-9 Coponius Prokurator<br>9-12 Ambivius "<br>12-15 Annius Rufus "<br>15-26 Valerius Gratus " | | |
| 20 | 19-36 Kaiphas Hoherpriester<br>Nach 20 Herodes Antipas baut Tiberias | | | |
| 30 | Johannes der Täufer<br>Wirken und Kreuzigung Jesu<br>Bekehrung des Paulus | 26-36 Pontius Pilatus " | (Salome) | (Herodias) |
| 40 | Judenpogrom in Alexandria | 36-37 Marcellus "<br>37-41 Marullus " | 37 Agrippa | 40 Agrippa |
| | 44 Hinrichtung des Jakobus | Agrippa I König 41-44 unter Claudius | | |
| 50 | 47-58 Reisen des Paulus<br>48 Apostelkonzil in Jerusalem | 45-47 Cuspius Fadus "<br>47-50 Tiberius Alexander<br>50-52 Cumanus " | Agrippa II 50 Ethnarch 53-100 (?) König mit Rechten in Jerusalem | |
| 60 | 58-60 Paulus vor Felix und Festus, Fahrt nach Rom<br>61 Steinigung d.Jakobus II | 52-60 Felix "<br>60-62 Festus "<br>62-63 Albinus "<br>64-66 Gessius Florus " | | |
| 70 | 66-70 Aufstand der Juden<br>Vespasian und Titus zerstören die jüdischen Städte und Jerusalem samt dem Tempel.<br>Neue Sammlung der Juden in Jamnia | | | |
| 80 | 60-100 Erste Sammlung neutestamentlicher Schriften (Briefe, Worte und Taten Jesu, dann Evangelien) | | | |
| 90 | | | | |
| 100 | 96 Christenverfolgung des Domitian in Rom und Kleinasien<br>Um 100 starke Christengemeinden in Kleinasien, Kreta, Ägypten und Rom | | | |

## Geschichte des Vorderen Orients, Roms und Persiens

Tafel 9b

### Syrien

- Antiochos VIII Gryphos 123–95
- Seleukos VI 95–93
- Antiochos X 93–9o
- Demetrios 9o–85
- Philippos 9o–8o
- Antiochos XII Dionysos 85–84
- Armenierherrschaft des Tigranes 85–69
- Antiochos XIII Asiatikos 69–64

### Cäsaren:

- Julius Cäsar (58)46–44
- Antonius 42–3o
- (Oktavian) Augustus (42) 3o v.Chr.–14 n.Chr.
- Tiberius 14–37
- Caligula 37–41
- Claudius 41–54
- Nero 54–68
- Galba
- Otho
- Vitellius
- Vespasian 69–79
- Titus –8o
- Domitian 81–96
- Nerva –98
- Trajan 89–117

### Römische Geschichte

Nach 1oo Kämpfe zwischen Marius und Sulla (Popularen und Optimaten)
91–88 Bundesgenossenkrieg in Italien
88–81 1. und 2. Krieg gegen Mithradates von Pontus (9o–63)
82–79 Diktatur Sullas, Proskriptionen
8o–72 Pompeius kämpft in Spanien
74–71 Spartakusaufstand niedergeschlagen
74–64 3. Krieg gegen Mithradates (Lukullus)
67 Seeräuber von Pompeius vernichtet
64 Pompeius erobert das Seleukidenreich
63 Verschwörung Catilinas in Rom, Cicero
6o–53 1.Triumvirat Pompeius/Cäsar/Crassus
58–5o Cäsar erobert und sichert Gallien
53 Niederlage und Tod des Crassus bei Karrhai
52 Cassius Longinus vertreibt die Parther wieder
48 Cäsar schlägt Pompeius bei Pharsales
47 Pharnakes von Cäsar besiegt (veni,vidi,vici)
46–44 Cäsar Imperator, 44 von Brutus u.a. ermordet
43 2.Triumvirat. 42 Brutus bei Philippi geschlagen
41–38 Neuer Partherangriff zurückgeschlagen
31 **Actium**, Oktavian besiegt Antonius und Kleopatra
29–15 Eroberung der Donaugrenze
27 Augustustitel und absolute Macht für Oktavian
2o Waffenstillstand des Tiberius mit den Parthern
Periode des Friedens im Römerreich
12 v.– 4 n.Chr. Tiberius und Drusus in Germanien
11– 8 v.Chr. Quirinius Legat in Syrien
6 v.– 4 n.Chr. Varus Legat in Syrien

Um o Augustus versucht, die Religion zu vereinheitlichen und orientalische Kulte zurückzudrängen

5 Germanien bis zur Elbe unterworfen
9 Varusschlacht des Arminius im Teutoburger Wald
14–16 Erfolglose Germanenkriege des Germanicus

Fortdauer der friedlichen Periode. Tüchtige Provinzverwaltungen. Sicherung der Grenzen

Rom entläßt parthische Königssöhne (Geiseln)

37–44 Agrippa I, mit Caligula und Claudius bekannt, versucht, ägyptische Gottkönig-Vorstellungen in Judäa durchzusetzen. Plötzlicher Tod 44
4o–44 Marsus Legat in Syrien, bekämpft Agrippa
43 Südbritannien erobert
Erfolgreiche Staatsführung des tüchtigen Claudius, Neuordnung des Finanzwesens

Zweiter Ausbruch des Cäsarenwahnsinns nach Caligula
64 Brand Roms. Erste Christenverfolgungen
68 Blutiger Bürgerkrieg, Vespasian wird von den östlichen Legionen zum Kaiser gemacht, Flavier
79 Vulkanausbruch des Vesuv, Pompeji verschüttet
83 Beginn des Limesbaus, Zehntland erobert
85–89 Dakerkrieg endet ohne Erfolg
Erneuter Ausbruch des Cäsarenwahnsinns. Domitian läßt sich göttlich verehren. Christenverfolgung

Reihe der tüchtigen Adoptivkaiser beginnt
Um 1oo Neues Erstarken der Parther mit Grenzunruhen zwingt Trajan zu Gegenmaßnahmen

### Parther

- 94 Armenien erobert
- Phraates III 7o–57
- Orodes II 57–36, Prinz Pakoros
- Phraates IV 36–8, Hauptstadt Ktesiphon
- Thronwirren bei den Arsakiden
- Artabanos III 12–4o, Prinzen Orodes, Vorones
- Mithradates
- Thronwirren und langsamer Zerfall des parthischen Reiches

### Zeit

1oo – 9o – 8o – 7o – 6o – 5o – 4o – 3o – 2o – 1o – o – 1o – 2o – 3o – 4o – 5o – 6o – 7o – 8o – 9o – 1oo

**Neuordnung der Machtverhältnisse zur Zeit des Pompeius 63-48 v. Chr.**

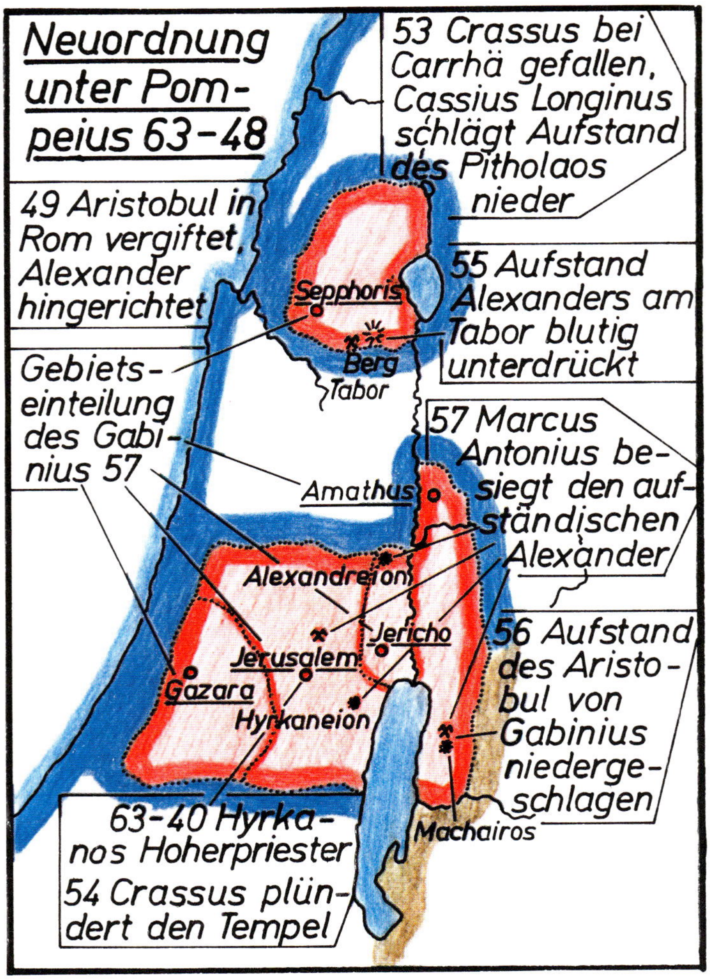


In der Machtausübung verfahren die Römer auch in Palästina nach einem überall bewährten Muster: Sie machen einen zwar schwachen, aber legalen Vertreter der alten Herrschaft zum gefügigen und gehorsamen Befehlsempfänger, in diesem Fall den alternden und unentschlossenen **Hyrkanos.** Dagegen verbannen oder beseitigen sie die tüchtigen potentiellen Herrscher, die dem Protektorat gefährlich werden könnten, so **Aristobul II** und seine tüchtigen Söhne **Alexander** und **Antigonos II.** Aufstände werden sofort mit brutaler Härte niedergeschlagen, Wohlverhalten wird durch Konzessionen belohnt. Daß man hierbei in Judäa den idumäischen »Ausländer« **Antipatros II** besonders auszeichnet, wird sich später allerdings als entscheidender Fehler erweisen.

63-40 **Hyrkanos Hoherpriester,** aber weitgehend entmachtet. Der Idumäer **Antipatros II** und seine Söhne führen für ihn Krieg und politische Verhandlungen und werden dadurch die eigentlichen Herren Judäas.

60 In Rom: Erstes **Triumvirat** zwischen **Pompeius, Cäsar** und **Crassus.**

58-51 **Cäsar** erobert Gallien.

57 **Erster Aufstand** in Judäa. **Alexander,** der Sohn Aristobuls II, wird nördlich von Jerusalem durch **Marcus Antonius** geschlagen, die von ihm besetzten Festungen ergeben sich.

56 **Aristobul II** gelingt die Flucht aus Rom. **Zweiter Aufstand. Gabinius** kann ihn in der Festung Machairos einschließen, gefangennehmen und als Geisel wieder nach Rom zurückschicken. Dagegen kommt sein Sohn Antigonos frei.

55 **Dritter Aufstand. Alexander** wird nach anfänglichen Erfolgen von **Gabinius,** der gerade aus Ägypten zurückkehrt, und von **Antipatros** blutig geschlagen, gefangen und in Antiochien inhaftiert. Von nun an ist Antipatros der eigentliche Herr Judäas unter römischer Oberhoheit.

54 Der Triumvir **Crassus,** neuer Statthalter in Syrien, plündert vor seinem Zug gegen die Parther Judäa und den Tempel von Jerusalem gründlich aus.

53 **Crassus** gerät nach der Schlacht von Karrhai (Carrhä) in einen Hinterhalt der Parther und wird getötet. **Vierter Aufstand.** Der Anführer **Pitholaos** wird durch **Cassius Longinus** besiegt. Fast 10 000 Juden werden daraufhin als Sklaven verkauft.

49 Beginn des Kampfes zwischen **Pompeius** und **Julius Cäsar.** Cäsar überschreitet den Rubikon und vertreibt Pompeius aus Italien.

49 Cäsar läßt **Aristobul II** frei, damit er gegen Hyrkanos und damit Pompeius Krieg führen könne, er wird aber noch in Rom vergiftet. Darauf befiehlt **Pompeius** die Hinrichtung **Alexanders,** die Scipio in Antiochien vollzieht. Von den Hasmonäern sind nur noch **Hyrkanos** und sein Neffe **Antigonos II** übrig. Diesen weist Cäsar ab, worauf er zu den Parthern flieht und sie später zu einem Einfall in Judäa inspiriert.

## Neuordnung der Machtverhältnisse zur Zeit Julius Cäsars 48-40 v. Chr.

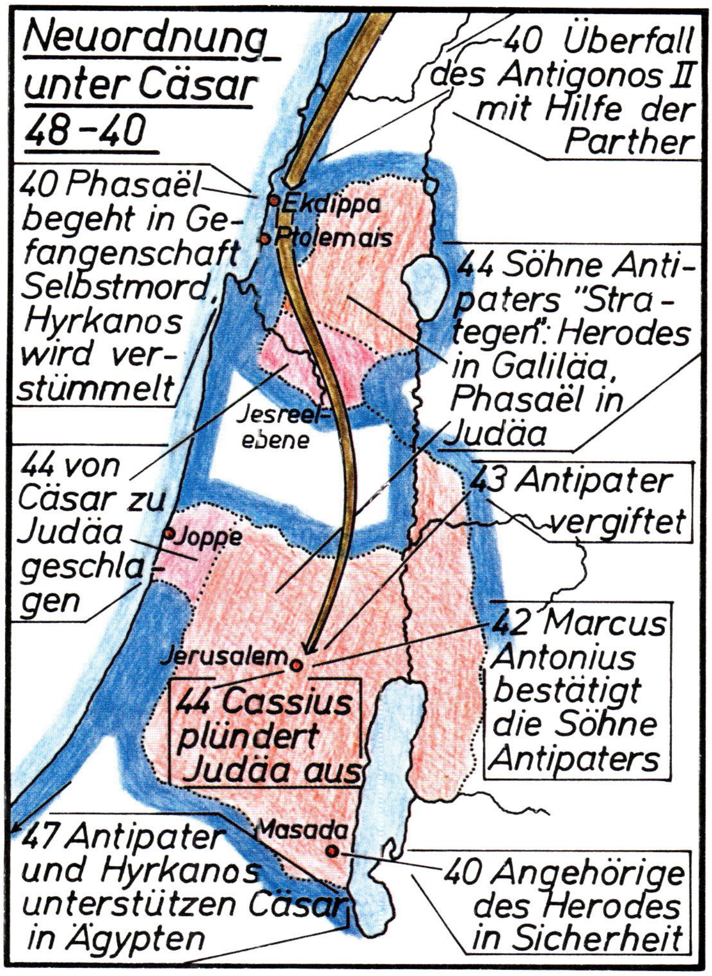


Unter **Cäsar,** den **Cäsarmördern** und **Antonius** vollzieht sich der nur kurzzeitig behinderte Aufstieg der Familie des Idumäers Antipater oder **Antipatros.** Vor allem sein jüngerer Sohn **Herodes** ist es, der sich auf kluge und intrigante Art zum Günstling der Römer macht und dann die Herrschaft der Hasmonäer endgültig liquidiert.

48-47 **Pompeius** wird bei **Pharsales** von **Cäsar** geschlagen, flieht nach Ägypten und wird dort ermordet. Cäsar folgt ihm mit geringen Streitkräften, macht **Kleopatra** gegen **Ptolemaios XIII,** ihren Bruder, zur Herrscherin, gerät dann aber in ernsthafte Schwierigkeiten. Zu Hilfe kommt ihm **Antipatros,** der **Pelusium** erobert und ihn in Alexandria entsetzt.

46 **Cäsar** in Syrien. **Hyrkanos** wird im erblichen Hohenpriesteramt bestätigt. **Antipatros** erhält das römische Bürgerrecht und das Amt des Prokurators. Joppe und die Jesreelebene werden zu Judäa geschlagen. Jüdische Gottesdienstprivilegien und Selbstverwaltung in kulturellen Fragen werden auf das ganze römische Reich ausgedehnt.

44 Antipatros macht seine Söhne zu Unterfeldherren (»Strategen«), **Herodes** in Galiläa, **Phasael** in Judäa. Herodes tötet Zeloten in Galiläa als »Räuber«, wird deshalb nach Jerusalem zitiert, entzieht sich aber dem Urteil durch die Flucht. **Sextus Cäsar** macht ihn zum Prokurator in **Koele-Syrien.**

44 Ermordung Cäsars. **Cassius,** einer der Verschwörer, Statthalter in Syrien, plündert Judäa aus, aber Antipatros und Herodes gewinnen sein Vertrauen.

43-42 **Antipatros** fällt einem Giftmord zum Opfer. **Brutus und Cassius** werden bei **Philippi** in Makedonien von **Oktavian und Antonius** geschlagen.

42 Marcus **Antonius** im Osten. Er bestätigt Herodes und Phasael in ihren Ämtern. Wachsende Macht des **Herodes,** der **Antigonos II** aus Galiläa vertreiben kann. Verlobung mit **Mariamne,** einer Tochter des Hasmonäers Alexander.

40 Überfall der **Parther** auf Syrien und Palästina. In ihrem Auftrag belagert **Antigonos II** Jerusalem und wird von ihnen zum König gemacht. Phasael und Hyrkanos geraten in Gefangenschaft, worauf **Phasael** Selbstmord verübt. Dem **Hyrkanos** läßt Antigonos die Ohren abschneiden, um ihn für das Hohepriesteramt unfähig zu machen. Er wird nach Babylon verschleppt. **Herodes** kann fliehen und seine Familie in Masada in Sicherheit bringen.

40 **Herodes** in Rom von Oktavian und Antonius zum **König** Palästinas ernannt.

39 Eroberungszug des **Herodes** über Ptolemais und Joppe nach Masada. Wegen fehlender Unterstützung durch den korrupten römischen Feldherrn **Silo** kann er Jerusalem nicht einnehmen und zieht über Jericho nach Galiläa ab.

38 Neuer Partherangriff durch **Venditius** abgeschlagen. Auf brutale Weise säubert **Herodes** Galiläa vom Räuber- und Zelotenunwesen. **Joseph,** sein Bruder, wird bei Jericho von **Antigonos** besiegt und getötet.
(Vgl. auch die folgende Karte.)

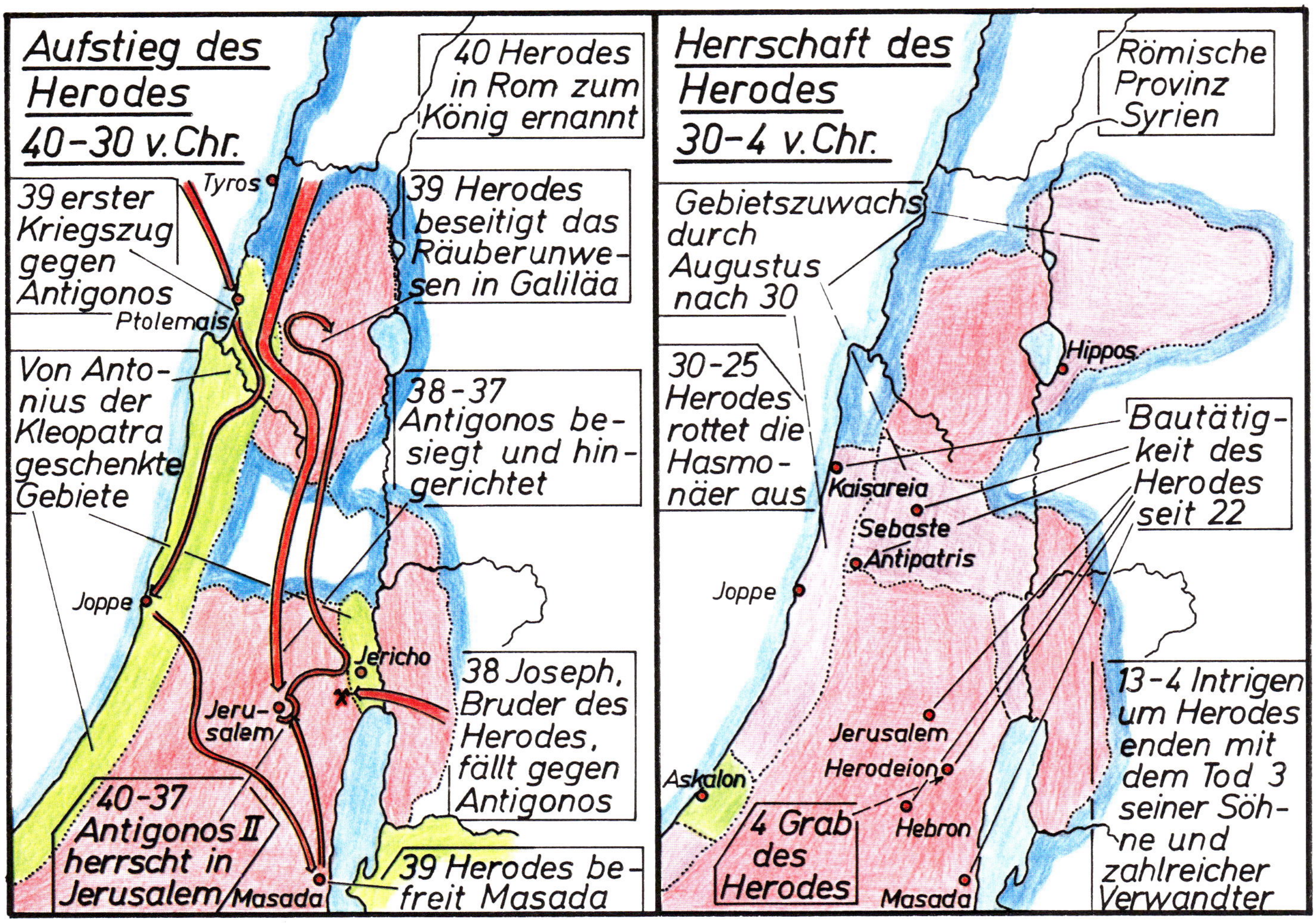


**Herodes der Große König in Palästina 40-4 v. Chr.**

40-38 Der erste Versuch des von Rom neuernannten **Herodes,** sein Königtum in Palästina gegen **Antigonos II** durchzusetzen, gelingt nur teilweise.

37 Die Römer unter **Sosius** unterstützen Herodes nachdrücklicher. Antigonos wird besiegt, Jerusalem belagert, erobert und geplündert, Antigonos in Antiochien hingerichtet. Herodes heiratet **Mariamne,** eine der letzten Hasmonäerinnen. Festigung und Ausweitung seiner Herrschaft in den folgenden Jahren. 45 führende Pharisäer hingerichtet. Hoherpriester **Hananel.**

35 **Aristobul,** der Bruder der Mariamne, wird als Kandidat der Pharisäerpartei Hoherpriester. Herodes läßt ihn kurz danach in Jericho ertränken.

34 Anklage gegen Herodes vor **Antonius** niedergeschlagen. Zerwürfnis mit Mariamne und den letzten Hasmonäern. Antonius schenkt der **Kleopatra** die palästinensischen Küstenstädte und das Gebiet um Jericho.

32-31 Krieg des **Antonius gegen Oktavian. Herodes,** von **Kleopatra** mit einem Araberfeldzug beauftragt, kann sich so aus der Niederlage des Antonius bei **Actium** heraushalten. Antonius und Kleopatra begehen Selbstmord.

30 Herodes erscheint vor dem siegreichen **Oktavian** in Rhodos. Dieser, von seiner Ehrlichkeit überzeugt, bestätigt sein Königtum und schlägt die Küstenstädte, Samarien, Jericho und später auch größere Gebiete nordöstlich des Sees Genezareth zu Judäa. **Herodes** regiert zunächst sehr erfolgreich. Dennoch kann er das allgemeine Mißtrauen der Juden nicht entkräften.

29-25 Herodes läßt **Mariamne,** ihre Mutter und weitere **Hasmonäer** umbringen.

22 Beginn der großzügigen **Bautätigkeit** des Herodes in Palästina.

13-4 Intrigen um Herodes durch Nachkommen der Hasmonäer und ihre idumäischen Feinde führen zu einem Blutbad in der königlichen Familie. **Alexander** und **Aristobul,** Söhne der Mariamne, werden im Jahr 7, **Antipater,** der seinen Vater vergiften will, im Jahr 4 getötet, kurz ehe **Herodes** selbst, wohl an Krebs, stirbt.

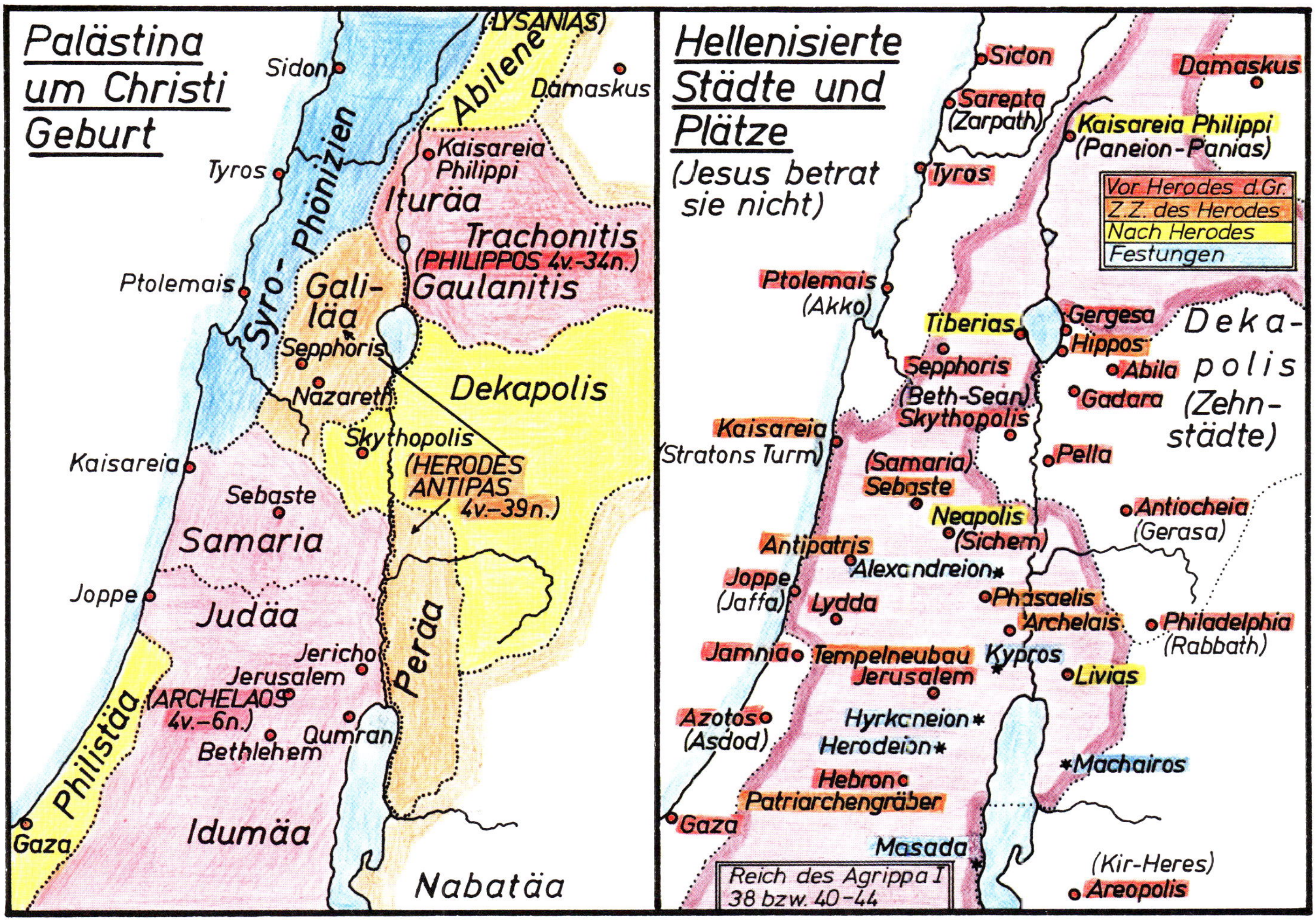


**Die Nachfolger des Herodes 4 v. Chr.-100 n. Chr.**

Obwohl Kaiser **Augustus** von den Vorgängen in der Familie des Herodes befremdet und angewidert war (es wird ihm das Wort zugeschrieben: »Ich will lieber der Hund als der Sohn des Herodes sein«), bestätigte er das letzte der mehrfach umgestoßenen **Testamente des Herodes,** mit einer Ausnahme:

**Archelaos,** Sohn der 4. Frau Malthake, bekam wie vorgesehen Judäa, Idumäa und Samaria, aber nicht die Königswürde. Er durfte sich nur **Ethnarch** nennen. Schon 6 n. Chr. wurde er wegen Unfähigkeit abgesetzt. Nach seinem Tod herrschten in Kaisareia Prokuratoren. Im NT wird er nicht erwähnt.

**Herodes Antipas,** sein Bruder, erhielt Galiläa und Peräa östlich des Jordans und herrschte dort als **Tetrarch** bis 39 n. Chr. Erwähnt wird er in den ersten drei Evangelien. Er setzte **Johannes den Täufer** gefangen und tötete ihn, trachtete auch **Jesus** nach dem Leben. Ihm begegnete er kurz vor der Kreuzigung, da ihn **Pilatus** zu ihm schickte. Mit seiner Schwägerin **Herodias** lebte er in wilder Ehe. Ohne Namensnennung wird die Tochter, **Salome,** erwähnt.

**Philippos,** Sohn der 5. Frau Kleopatra, regierte bis 34 n. Chr. als **Tetrarch** über die nordöstlich des Sees Genezareth gelegenen Teile des Reichs. Er wird Lk 3, 1 genannt, ist aber nicht zu verwechseln mit dem ersten Mann der Herodias Mk. 6, 17. Dieser ist der von der Nachfolge gestrichene Sohn der zweiten Mariamne und Enkel des abgesetzten Hohenpriesters Simon ben Boethos.

Die Städte des Ostjordanlands schlossen sich mit Beth-Schean zum Bund der **Dekapolis** (»Zehnstädte«) innerhalb der Provinz Syrien zusammen.

Für kurze Zeit konnte **Herodes Agrippa I,** Enkel des Herodes und seiner zweiten Frau Mariamne der Hasmonäerin, durch die Gunst des **Caligula** und des **Claudius** von 38 bis 44 n. Chr. das Herodesreich noch einmal als König regieren. Er tötete **Jakobus** und setzte **Petrus** gefangen, starb aber bei einem großartigen Selbstverherrlichungsfest in Kaisareia ganz plötzlich (Apg. 12).

Sein Sohn **Agrippa II** behielt nur die Tetrarchie des Philippus und das Recht, die Hohenpriester zu benennen. Apg. 26 lernen wir ihn beim Verhör des **Paulus** vor Festus kennen. Da er von 53 bis etwa 100 n. Chr. regierte, erlebte er um 70 das Ende Jerusalems durch die römische Zerstörung.

## Hohepriester in Jerusalem

| | | |
|---|---|---|
| Um 3oo | Onias I | aus der Familie der Zadokiden |
| Um 28o | Simon der Gerechte | Sohn des Onias I (Sirach 5o,1-26) |
| Um 22o | Onias II Simon II | |
| Bis 175 | Onias III | von Antiochos IV verbannt und ermordet |
| 175-172 | Jason | Bruder des Onias III (2.Mak.3-4) |
| 172-162 | Menelaos | nicht aus Priestergeschlecht (2.Mak.4-5) |
| 162-159 | Jakim - Alkimos | nicht zadokidisch? Von den Syrern eingesetzt (1.Mak.7,1-9,56) |
| 159-153 | Hohepriesterlose Zeit während der Makkabäerkämpfe. Pharisäer und Essener fordern Rückkehr der Zadokiden ins Hohepriesteramt | |
| 153-143 | Jonathan | Sohn des Mattathia, Hasmonäer } niederer Priesteradel |
| 143-135 | Simon | Sohn des Mattathia, Hasmonäer } niederer Priesteradel |
| 135-1o4 | Johannes Hyrkanos I | Sohn des Simon, Hasmonäer |
| 1o4-1o3 | Aristobul I | Bei Aufständen wird zadokidisches Priestertum gefordert. "Lehrer der Gerechtigkeit" aus Qumran getötet? |
| 1o3-76 | Alexander Jannaios | |
| 76-67 | Hyrkanos II | unter seiner Mutter, der Königin Salome |
| 67-64 | Aristobul II | sein Bruder, der ihn vertreibt |
| 63-4o | Hyrkanos II | erneut mit Hilfe des Pompeius |
| 4o-37 | Antigonos | Sohn des Aristobul, mit parthischer Hilfe |
| 37 v. - 7o n.Chr. | 28 Hohepriester, durch die Herodianer oder römische Prokuratoren eingesetzt, vor allem aus den Häusern Boëthos und Hannas | |
| 37-35 | Chananel | Ägypter oder Babylonier, von Herodes eing. |
| 35-34 | Aristobul III | letzter Hasmonäer, von Herodes ermordet |
| 34-3o (?) | Chananel | erneut von Herodes eingesetzt |
| 3o-24 (?) | Jesus ben Phiabi | aus einwandfreiem Priestergeschlecht |
| 24-5 v. | Simon ben Boëthos | Vater der Mariamne II, aus zadokidischem Priesteradel Ägyptens (Leontopolis?) |
| 4 v.Chr.- 6 n.Ch. | Eleasar ben Boëthos | Die Boëthianer werden wegen Protesten gegen die Steuerzählung des Quirinius abgesetzt |
| | Joasar ben Boëthos | |
| 6-15 n. | Hannas I (NT) | Begründer eines Hohenpriestergeschlechts |
| 15-18 | Mehrere Hohepriester durch Annius Rufus eingesetzt | |
| 18-36 | Kaiphas (NT) | Sohn des Hannas I, Prozeß gegen Jesus |
| 36-37 | Jonathan | Sohn des Hannas I |
| 37-44 | Agrippa I setzt mehrere Hohepriester ein, darunter auch: | |
| 41 | Simon Kantheras | aus dem Haus Boëthos |
| 42 | Elionaios | Sohn des Simon |
| 44-48 | Herodes von Chalkis ernennt die Hohenpriester auf römischen Befehl | |
| 47-59 | Ananias | durch Agrippa II abgesetzt |
| 62 | Hannas II | Sohn des Hannas I, Tod von Jakobus dem Gerechten |
| 65 | Matthias | Sohn des Hannas II |
| 66 | Althoherpriester Ananias und sein Bruder Hiskia ermordet | |
| 68 | Pinehas ben Samuel | Steinmetz zadokidischer Herkunft, letzter Hoherpriester der Zeloten. Die Idumäer bringen Hannas II um |

## Die Partei der Zeloten und ihre Geschichte

| | | |
|---|---|---|
| Vorbilder der Zeloten: | | Die "Eiferer" des Alten Testaments: Pinehas (Num.15); Elia am Karmel (1.Kön.19); Jehu (2.Kön.1o).<br>Die Zeloten sind eine Partei, die ursprünglich von den Pharisäern ausgeht, sich später aber durch sozialkritische und anarchistische Züge von ihnen unterscheidet. Sie propagieren kampfbereite Gesetzestreue gegen das römische "Heidentum". Viele ehemalige Makkabäerjünger! |
| 44 v.Chr. | Ezechias | Herodes schlägt in römischem Auftrag den Ezechias (Hiskia), der im syrisch-galiläischen Grenzgebiet gegen Rom Partisanenkrieg führt, und tötet ihn. Deshalb Anklage wegen Machtmißbrauchs beim Synhedrium. Der Rabbiner Schammai verlangt Bestrafung. Herodes rächt sich später furchtbar an den Pharisäern. |
| 38 v.Chr. | "Räuber" in Galiläa | Herodes rottet die "Räuber" in Galiläa aus, die immer wieder Partisanenüberfälle auf die Römer unternehmen. |
| 4 v.Chr. | Judas ben Ezechias | Verschwörung des Judas und des Priesters Matthias. Goldener Adler am herodianischen Tempel abgerissen. Herodes schlägt den Aufruhr nieder. |
| 6 n.Chr. | Zadok | Judas der Galiläer und Zadok der Pharisäer gründen die eigentliche Zelotenbewegung als Protest gegen die Steuerzählung des Quirinius. "Sadduzäer". Judas kommt bei einem Aufstand um (Apg.5,37). |
| Um 3o | Simon der Zelot | Zeloten im Gefolge Jesu (Jünger Simon der Zelot) Lk.6,15; Apg.1,13. Zelotische Züge bei Jesus: Mt.11,12; Tempelreinigung; "Donnersöhne" Mk.3,17; zelotischer Eifer bei den Jüngern Lk.9,54; zelotische Anliegen: Diskussion um den Zinsgroschen.<br>Jesus stirbt in einer Reihe mit "Räubern" und dem Zeloten Barabbas. |
| 46-48 | Jakobus<br>Simon | Tiberius Alexander kreuzigt Jakobus und Simon, die Söhne des Judas ben Ezechias. Starke Zunahme der Zeloten. Neuer Zelotenführer: Eleasar ben Dinai. |
| 5o | Eleasar ben Dinai | Cumanus läßt jüdische Ortschaften, in denen er Schlupfwinkel der Zeloten vermutet, plündern. |
| 52 | | Cumanus tötet fünf Zelotenführer und wird deshalb nach einer Intervention jüdischer Behörden in Rom abgesetzt. Dadurch gewinnen die Zeloten weiter an Boden. |
| 52-59 | Aufkommen der Sikkarier | Unter Felix gerät Eleasar ben Dinai in römische Gefangenschaft. Felix führt regelrecht Krieg gegen die Zeloten. Diese greifen zum Meuchelmord (sie werden "Sikkarier" nach dem versteckten Dolch genannt). Althoherpriester Jonathan wird erstochen. Tempelmorde. Ägyptischer Pseudomessias tritt auf (Apg.21,38;23,12ff). |
| 62-64 | | Unter Albinus Tauschgeschäfte zwischen Römern, Zeloten und Hohenpriestern um gefangene Sikkarier. |
| 66 | Menahem<br>Eleasar<br>Simon bar Giora | Menahem, Enkel des Judas ben Ezechias, besetzt Masada. Beginn des Aufstands, Sieg über Cestius Gallus bei Beth-Horon. Eleasar, Sohn des Hohenpriesters Ananias, verschanzt sich im Tempel, die Zeloten stürmen die Burg Antonia. Menahem wird ermordet, die radikalen Zeloten flüchten nach Masada. |
| 68-7o | Johannes von Gischala | Bürgerkrieg der Zelotenführer in Jerusalem gegeneinander erleichtert den Römern die Belagerung. |
| 7o-73 | Eleasar ben Simon | Römer belagern Masada. Die letzten Zeloten töten sich in aussichtsloser Lage selbst. |

## Zur Entstehung des Alten Testaments

Die älteren Teile des Alten Testaments gehen auf eine teilweise lange **mündliche Einzelüberlieferung** zurück. In der frühen Königszeit Israels wurden sie zu mehreren fortlaufenden Erzählungsfäden zusammengetragen, die wir als Traditions- oder **Quellenschichten** in den Mosebüchern wiederfinden.

Die älteste Quellenschicht nennen wir den **Jahwisten** (J, hellgrün), die zweite **Nomadenquelle** (N, hellblau), die dritte den **Elohisten** (E, dunkelgrün). Diese Bezeichnungen weisen zum Teil auf den Gottesnamen hin, den die Erzählungen verwenden.

Seit der frühen Königszeit sammelten wohl Hofschreiber Geschichtsereignisse aus der Landnahme- und Richterzeit sowie aus der Geschichte beider israelitischer Teilreiche. Diese wurden in der späteren Königszeit (durch die »Deuteronomiker«?) zusammengefaßt und mit theologischen Urteilen versehen, meist im Sinn der frühen Propheten. Man rechnete sie später auch als **frühe Propheten** (braun) zum Gesamtkomplex des prophetischen Teils im Kanon **(Josua, Richter, Samuel-** und **Königsbücher,** teils auch **Ruth).**

Wirkliche **Propheten** traten zur mittleren und späten Königszeit in beiden Reichen auf, aber auch während und nach der babylonischen Gefangenschaft. Ihre Aussprüche sowie Berichte über sie wurden seit Amos gesammelt und später im »Prophetenbuch« als die **späten Propheten** eingereiht (blau). Man ordnete sie nach ihrer Größe, die »kleinen Propheten« teils auch nach der Entstehungszeit.

Den Propheten wohlgesinnt waren die »Deuteronomiker«. Sie schufen aus dem Material schon vorhandener Quellen und Gesetzestexten das 5. Buch Mose, das **Deuteronomium** (rotbraun). Dieses Buch wurde vermutlich vom Nord- ins Südreich gebracht und bewegte Josia zu seiner »Reform«, einige Jahrzehnte vor der Wegführung der Juden in das Exil nach Babylon.

Dort entstand die **Priesterschrift** (P, rot), eine neue Quellenschicht. Sie vereinigt Priestertraditionen aller Jahrhunderte und Kultordnungen. Auch Geschlechtsregister und Gesetzessammlungen sind geschickt in eine Geschichte Israels eingeordnet. Vorangestellt wurde eine **Urgeschichte,** die wohl babylonische Schöpfungsmythen und anderes zur Grundlage hat.

Die Priesterschaft war es auch, die in der Gefangenschaft und hernach aus dem Material der schon vorhandenen Quellen die **5 Bücher Mose** in ihrer jetzigen Gestalt zusammenarbeitete, den sogenannten **Pentateuch,** der dann wohl noch in Babylon die **TORA,** das **GESETZ** bildete. Der Schriftgelehrte Esra wird es von dort nach Jerusalem mitgebracht haben. Der neuentstandenen jüdischen Kultgemeinde diente die Tora als Grundgesetz (dunkelrot).

In allen Jahrhunderten hat Israel bei seinen Gottesdiensten gesungen und individuelle Bitt- und Lobgebete gesprochen. Aus dieser Tradition entstand aufgrund mehrerer Sammlungen das Buch der **Psalmen** (gelb).

In ähnlicher Weise wurde Spruchweisheit gesammelt. Dem Buch der **Sprüche** (dunkelgelb) gesellten sich noch andere Bücher hinzu, nämlich **Ruth, Hiob, Hoheslied** und **Esther,** in denen zum Teil alte Legenden eine späte Verarbeitung fanden (orange). Zusammen mit den Psalmen und den Büchern **Nehemia, Esra** und **Chronik** (rot) sowie dem sehr späten apokalyptischen **Danielbuch** (blau) ergab sich ein gemischter Komplex von Überlieferungen, die man dann **Schriften** nannte (orange).

So besaßen nun die Juden drei Gruppen von Schriften ihrer Überlieferung, die **TORA** (dunkelrot), die **PROPHETEN** (blau) und die **SCHRIFTEN** (orange). Aus ihnen entstand von der Zeit der Ptolemäer an langsam das »Heilige Buch« des Judentums. Man übersetzte die einzelnen Schriften auch ins Griechische **(Septuaginta).** Erst nach der Zerstörung Jerusalems durch die Römer im Jahr 70 n. Chr., als man vollends entschieden hatte, was zu den »Schriften« gehören sollte, bildete sich der endgültige **KANON,** unser **Altes Testament** (schwarz).

In unserem Schaubild bedeuten *gestrichelte* Linien mündliche, *ausgezogene* Linien schriftliche Überlieferung. Die *Zeitleiste* gilt verständlicherweise nur sehr ungefähr, wie auch die angegebenen Zahlen meist unsicher sind.

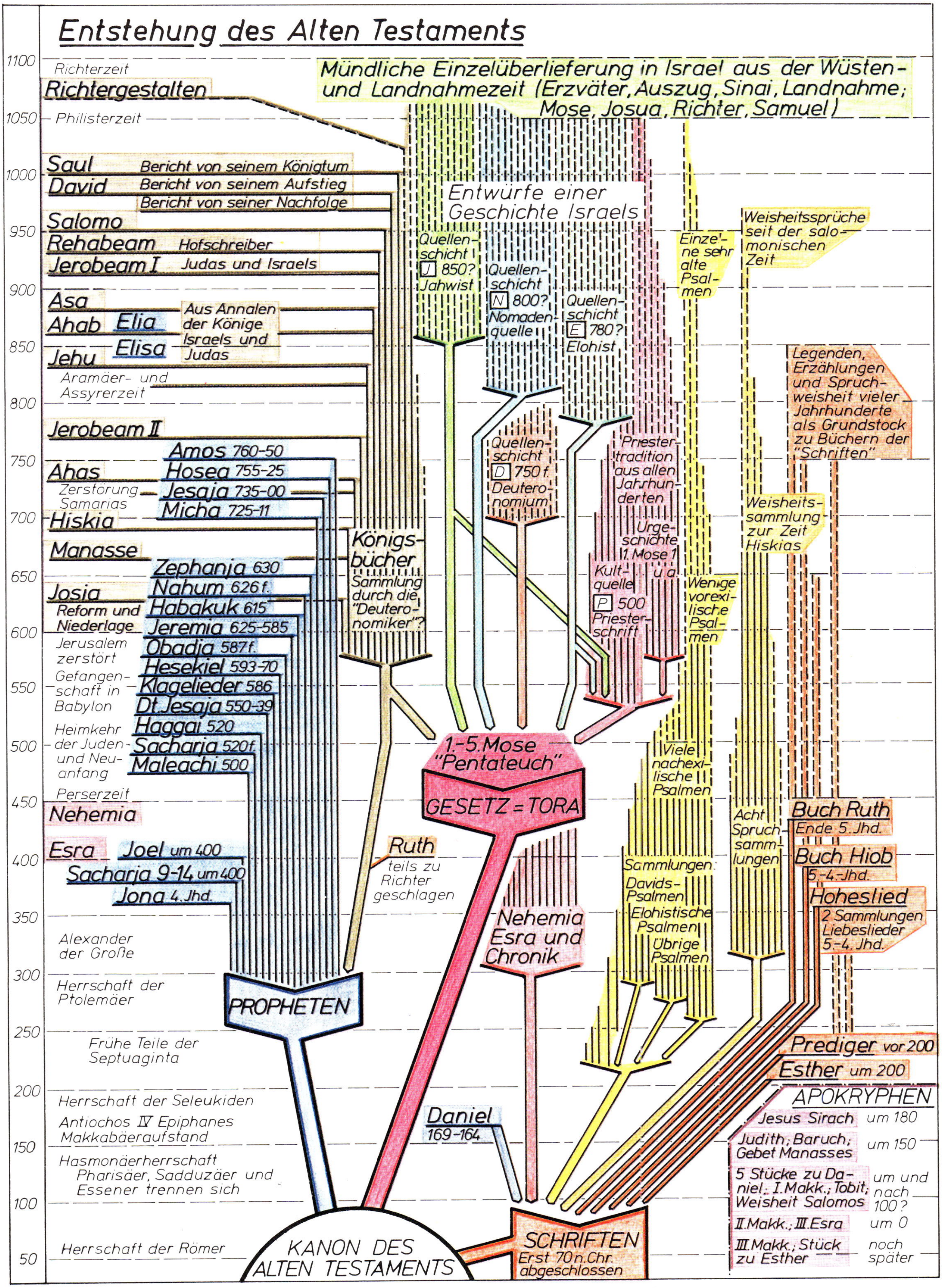
Entstehung des Alten Testaments
Richterzeit
Richtergestalten
Philisterzeit
Mündliche Einzelüberlieferung in Israel aus der Wüsten- und Landnahmezeit (Erzväter, Auszug, Sinai, Landnahme; Mose, Josua, Richter, Samuel)
Saul Bericht von seinem Königtum
David Bericht von seinem Aufstieg
Bericht von seiner Nachfolge
Salomo
Rehabeam Hofschreiber
Jerobeam I Judas und Israels
Asa
Ahab Elia
Jehu Elisa
Aus Annalen der Könige Israels und Judas
Aramäer- und Assyrerzeit
Jerobeam II
Amos 760-50
Ahas
Hosea 755-25
Zerstörung Samarias
Jesaja 735-00
Micha 725-11
Hiskia
Manasse
Zephanja 630
Josia
Nahum 626 f.
Reform und Niederlage
Habakuk 615
Jeremia 625-585
Jerusalem zerstört
Obadja 587 f.
Hesekiel 593-70
Gefangenschaft in Babylon
Klagelieder 586
Dt. Jesaja 550-39
Heimkehr der Juden und Neuanfang
Haggai 520
Sacharja 520 f.
Maleachi 500
Perserzeit
Nehemia
Esra
Joel um 400
Sacharja 9-14 um 400
Jona 4. Jhd.
Alexander der Große
Herrschaft der Ptolemäer
PROPHETEN
Frühe Teile der Septuaginta
Herrschaft der Seleukiden
Antiochos IV Epiphanes
Makkabäeraufstand
Hasmonäerherrschaft
Pharisäer, Sadduzäer und Essener trennen sich
Herrschaft der Römer
KANON DES ALTEN TESTAMENTS
Entwürfe einer Geschichte Israels
Quellenschicht J 850? Jahwist
Quellenschicht N 800? Nomadenquelle
Quellenschicht E 780? Elohist
Quellenschicht D 750 f. Deuteronomium
Priestertradition aus allen Jahrhunderten
Urgeschichte 1. Mose 1 u. a.
Kultquelle
P 500 Priesterschrift
Königsbücher Sammlung durch die "Deuteronomiker"?
1.-5. Mose "Pentateuch"
GESETZ = TORA
Ruth teils zu Richter geschlagen
Nehemia Esra und Chronik
Daniel 169-164
Einzelne sehr alte Psalmen
Weisheitssprüche seit der salomonischen Zeit
Legenden, Erzählungen und Spruchweisheit vieler Jahrhunderte als Grundstock zu Büchern der "Schriften"
Weisheitssammlung zur Zeit Hiskias
Wenige vorexilische Psalmen
Viele nachexilische Psalmen
Acht Spruchsammlungen
Sammlungen: Davids-Psalmen Elohistische Psalmen Übrige Psalmen
Buch Ruth Ende 5. Jhd.
Buch Hiob 5.-4. Jhd.
Hoheslied 2 Sammlungen Liebeslieder 5.-4. Jhd.
Prediger vor 200
Esther um 200
APOKRYPHEN
Jesus Sirach um 180
Judith; Baruch; Gebet Manasses um 150
5 Stücke zu Daniel; I. Makk.; Tobit; Weisheit Salomos um und nach 100?
II. Makk.; III. Esra um 0
III. Makk.; Stück zu Esther noch später
SCHRIFTEN Erst 70 n. Chr. abgeschlossen
1100
1050
1000
950
900
850
800
750
700
650
600
550
500
450
400
350
300
250
200
150
100
50

## Die Überlieferung des alttestamentlichen Textes

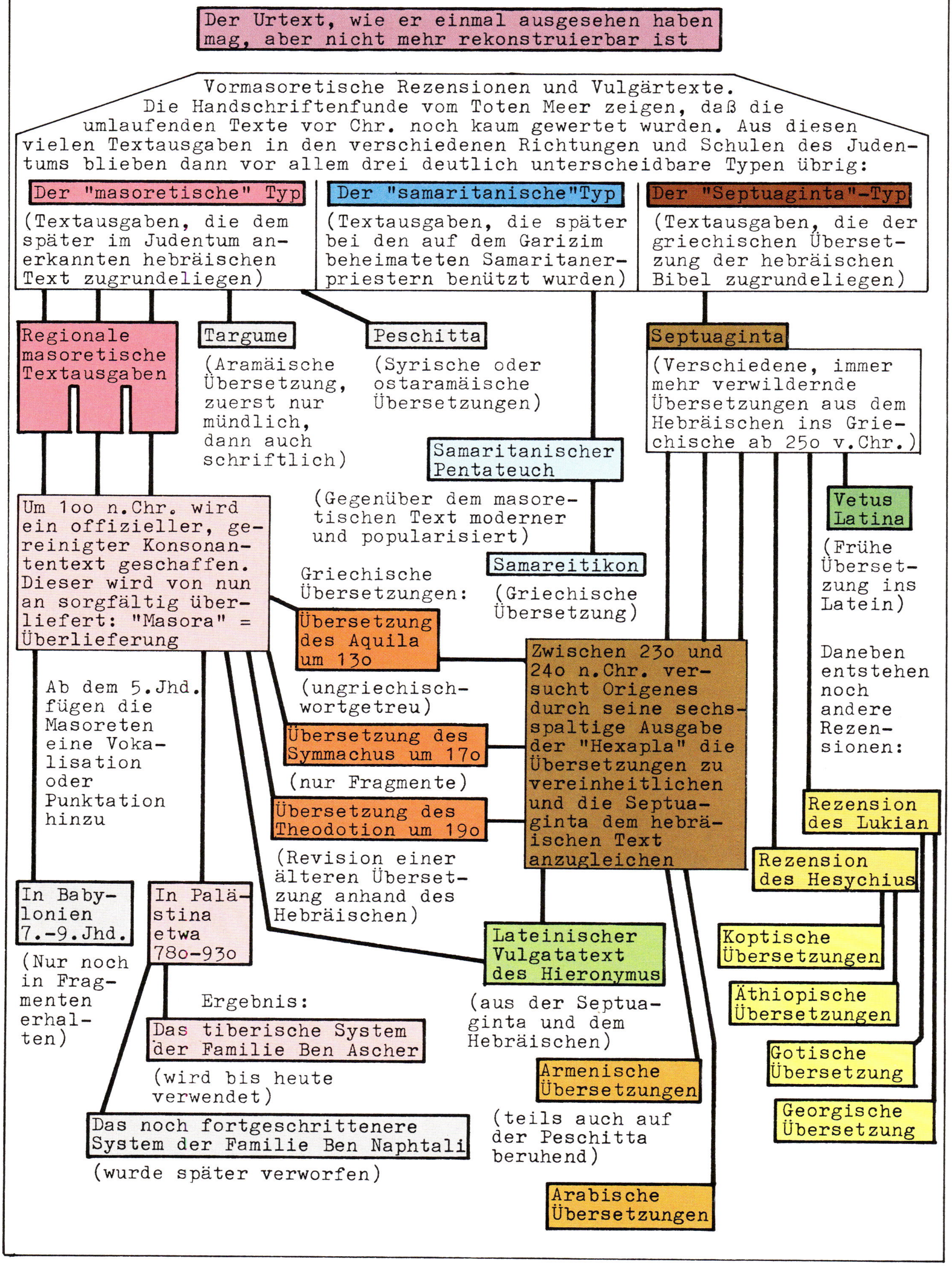

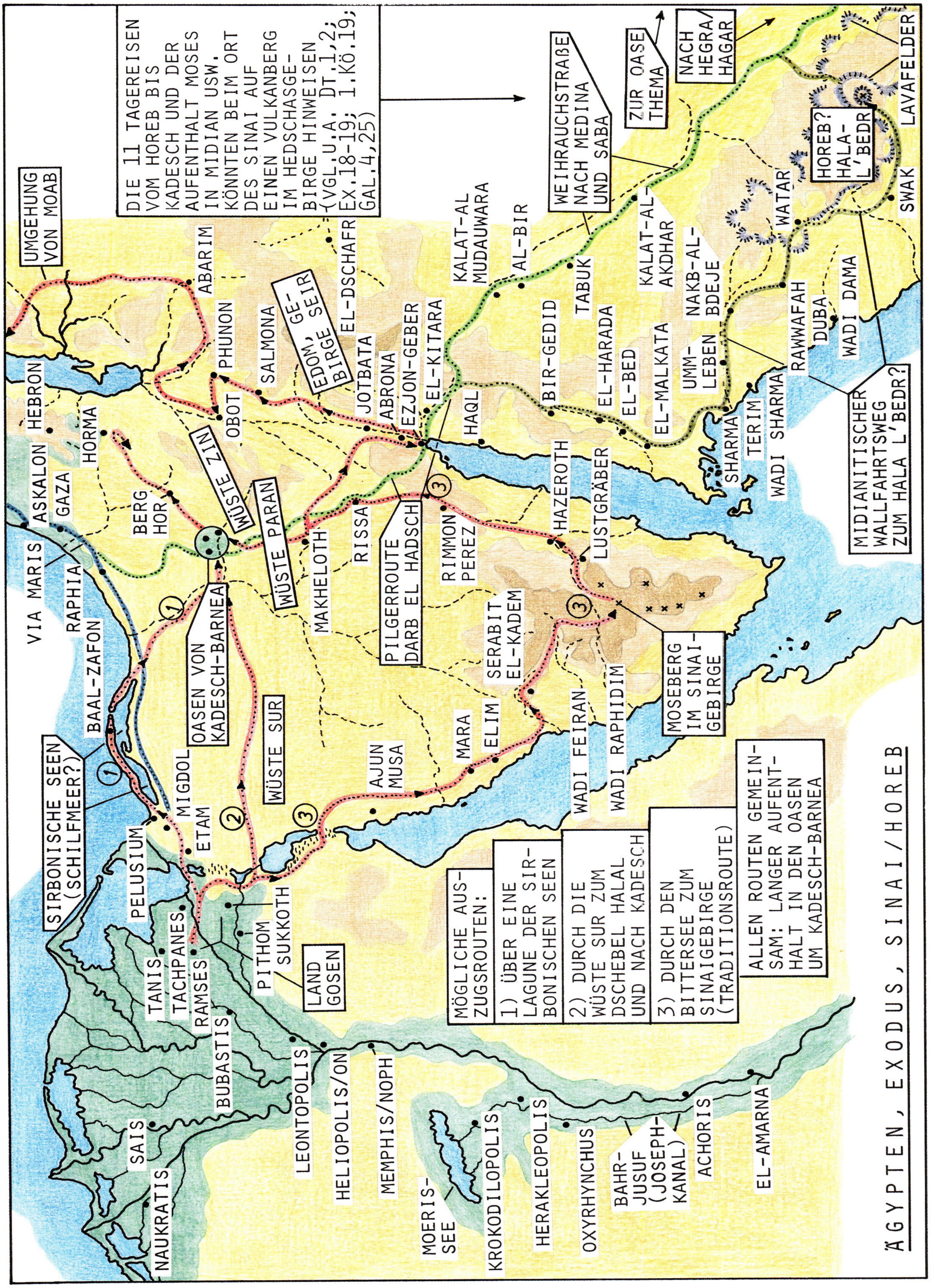
ÄGYPTEN, EXODUS, SINAI/HOREB
DIE 11 TAGEREISEN VOM HOREB BIS KADESCH UND DER AUFENTHALT MOSES IN MIDIAN USW. KÖNNTEN BEIM ORT DES SINAI AUF EINEN VULKANBERG IM HEDSCHASGEBIRGE HINWEISEN (VGL. U.A. DT. 1,2; EX. 18-19; 1. KÖ. 19; GAL. 4,25)
MÖGLICHE AUSZUGSROUTEN:
1) ÜBER EINE LAGUNE DER SIRBONISCHEN SEEN
2) DURCH DIE WÜSTE SUR ZUM DSCHEBEL HALAL UND NACH KADESCH
3) DURCH DEN BITTERSEE ZUM SINAIGEBIRGE (TRADITIONSROUTE)
ALLEN ROUTEN GEMEINSAM: LANGER AUFENTHALT IN DEN OASEN UM KADESCH-BARNEA
UMGEHUNG VON MOAB
ABARIM
PHUNON
SALMONA
EDOM, GEBIRGE SEIR
EL-DSCHAFR
OBOT
HEBRON
HORMA
ASKALON
GAZA
BERG HOR
WÜSTE ZIN
WÜSTE PARAN
VIA MARIS
RAPHIA
BAAL-ZAFON
SIRBONISCHE SEEN (SCHILFMEER?)
OASEN VON KADESCH-BARNEA
WÜSTE SUR
MIGDOL
ETAM
PELUSIUM
TANIS
TACHPANES
RAMSES
PITHOM
SUKKOTH
LAND GOSEN
BUBASTIS
LEONTOPOLIS
HELIOPOLIS/ON
MEMPHIS/NOPH
SAIS
NAUKRATIS
MOERIS-SEE
KROKODILOPOLIS
HERAKLEOPOLIS
OXYRHYNCHUS
BAHR-JUSUF (JOSEPH-KANAL)
ACHORIS
EL-AMARNA
AJUN MUSA
MARA
ELIM
MAKHELOTH
RISSA
JOTBATA
ABRONA
EZJON-GEBER
EL-KITARA
PILGERROUTE DARB EL HADSCH
RIMMON PEREZ
SERABIT EL-KADEM
WADI FEIRAN
WADI RAPHIDIM
MOSEBERG IM SINAIGEBIRGE
HAZEROTH
LUSTGRÄBER
HAQL
KALAT-AL MUDAUWARA
AL-BIR
BIR-GEDID
EL-HARADA
EL-BED
EL-MALKATA
TABUK
KALAT-AL-AKDHAR
NAKB-AL-BDEJE
UMM-LEBEN
SHARMA
TERIM
WADI SHARMA
RAWWAFAH
DUBA
WADI DAMA
WATAR
WEIHRAUCHSTRAßE NACH MEDINA UND SABA
ZUR OASE THEMA
NACH HEGRA/HAGAR
LAVAFELDER
HOREB? HALA-L'BEDR
SWAK
MIDIANITISCHER WALLFAHRTSWEG ZUM HALA L'BEDR?

## Die Völkertafel in 1. Mose 10, wiederholt in 1. Chronik 1, 4-23

*Die Völkertafel gibt die Kenntnis des Volkes Israel über seine Umwelt wieder, welche man in drei Bereiche (nach den drei Söhnen Noahs) unterteilt: einen nordwestlichen, einen östlichen und einen südlichen Bereich. An den Nahtstellen (z.B. Südarabien und Mittelmeer) überschneiden sie sich gelegentlich. Die literarisch uneinheitliche und mit Zusätzen versehene Liste kann aus zwingenden Gründen nicht vor dem 7.Jahrhundert entstanden sein, wahrscheinlich aber erst im Exil (Hethiter schon nicht mehr richtig lokalisiert, Meder und Skythen erst im 7.Jahrhundert aufgetreten. Unsichere Zuordnung der Lydier zu Ham und Sem (Kyros und Krösus?) usw.). Kanaan wird wegen seiner Beziehungen zu Ägypten zu Ham gerechnet, was zeigt, daß nicht Rassen, sondern politische Verbindungen und geographische Räume in der Tafel ihren Niederschlag gefunden haben. Bei weitem nicht alle Namen sind mit Sicherheit, einige nicht einmal mit Wahrscheinlichkeit zu lokalisieren.*

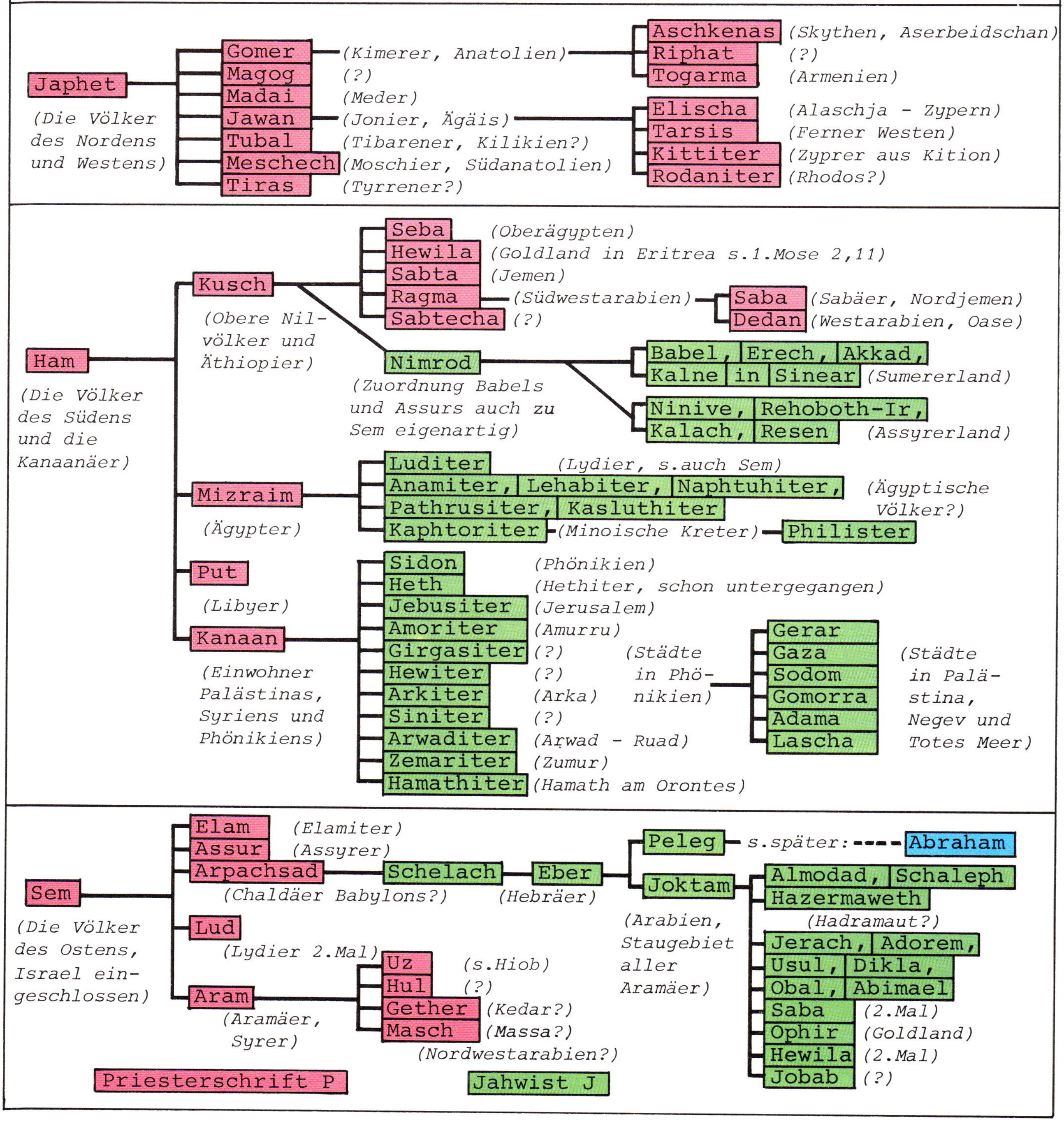

## Die Zeitgeschichte und die Prophetie des ersten Jesaja und ihre Auslegung im Neuen Testament

| | | |
|---|---|---|
| Könige im Südreich / Juda: Asarja-Usia (787-35?). Wird etwa 758 aussätzig, regierungsunfähig. Jotham (758-43) Thronverweser. Ahas (743-25) Erst Thronverweser, dann König. Steht dem Glauben Israels skeptisch oder ablehnend gegenüber, verläßt sich statt auf Gott auf seine kurzsichtige politische Weisheit. | Etwa 77o Jesaja geboren in Jerusalem? Prophetie des Amos, Hosea und Micha. | Visionen der Johannesoffenbarung. Engelserscheinung vor den Hirten (Luk.2,8-11). "Es ist ein Reis (Ros) entsprungen...". |
| | 735 Jesajas Berufung (Jes.6,1-13) in einer Tempelvision. Verstockung Israels, aber ein Rest wird umkehren (Zweig aus dem Baumstumpf). Der "Zweig Gottes" (Jes.4,1-6) gibt Hoffnung. | Verstockung: Matth.13,11-15; Joh.12,4o-41; Apg.28,25-27 (Zitate von Jes.6,9-1o). |
| | "Weinberglied" Jesajas (Jes.5,1-7): Israel ist ein unfruchtbarer Weinberg, den Gott zur Wüste machen wird. | Jesusgleichnisse: (u.a.) "Ungetreue Weingärtner" (Matth.21,33-46); "Feigenbaum im Weinberg" (Luk.13,6-9); "Ich bin der Weinstock, ihr..."(Joh.15,1-6). |
| 733-32 Syrisch-ephraimitischer Krieg. Ahas soll zu einem Bündnis gegen Assur gezwungen oder abgesetzt werden. Aus Furcht paktiert er hinterrücks mit dem Großkönig von Assyrien. Dies kann Jesaja nur als blanken Unglauben ansehen. Auch politisch erweist sich die Entscheidung des Ahas als Fehler. | 733 "Glaubt ihr nicht, so bleibt ihr nicht" (Jes.7,1-9): Mahnung an Ahas. Jesajas Sohn "Ein Rest kehrt um" als weitere Warnung. "Eine junge Frau wird einen Sohn gebären" (Jes.7,1o-17): Jesaja hofft auf einen zukünftigen besseren Thronfolger. "Raubebald und Eilebeute" (Jes.8,1-22): Erneut wird die Prophetenfamilie in die Verkündigung einbezogen. Auch das Gleichnis vom "Reis" aus seiner Berufungsgeschichte wird wiederaufgenommen (Jes.1o,33-11,16). | Das Wort "Amen" stammt aus dieser Geschichte. "Als die Zeit erfüllt war, sandte Gott seinen Sohn, geboren von einem Weibe" (Gal.4,4). Die Jungfrauengeburt hat sich in der Christenheit von Anfang an auf diese Jesajastelle bezogen (Matth.1,23 u.a.). Die Juden und die Jesusgemeinde verstehen das Gleichnis von Anfang an messianisch. |
| 732 Tiglatpilesar erobert Galiläa (Sebulon, Naphthali), das Ostjordanland und die Küste Palästinas. | 732 "Trost für das Nordreich" (Jes.8,23-9,6). Jesaja freut sich über den inzwischen geborenen Thronerben: "Ein Sohn ist uns gegeben". Von ihm erhofft er Besseres in der Zukunft. | Hinweis auf Jesu Wirksamkeit in Galiläa (Luk.1,79; Matth.4,12-16). Geburt des Gottessohns (Luk.2,7-11). Ankündigung an Maria (Luk.1,31-33). |
| Hiskia (725-697) Vom AT hochgelobter König, der trotz großer Bedrängnis (Untergang des Nordreichs, schwere Belagerung Jerusalems) und Fehleinschätzungen (Bündnis mit Ägypten) für sein Gottvertrauen letztlich belohnt wird. Dennoch ist Jesaja enttäuscht auch über diesen König, der seiner Hoffnung keineswegs entspricht. | Um 712 Jesaja darf den erkrankten König heilen (Jes.38). Er tadelt die Eitelkeit Hiskias, der gegenüber babylonischen Gesandten mit seinen Tempelschätzen prahlt (Jes.39). | Jesajas hoffnungsvolle Zukunftsschau, v.a. in Jes.35, wird von Jesus als Prophezeiung seiner Tätigkeit gedeutet: gegenüber Johannes dem Täufer (Matth.11,4-5) und gegenüber den Nazarenern (Luk.4,18-21). |
| | 7o3-o1 Jesaja warnt vor Vertrauen auf Ägypten (Jes.18,1-7; 2o,1-6). Bei der Belagerung stärkt er das Gottvertrauen des Königs. | |
| | Um 7o1 Letzte Worte Jesajas (1,2-9). Er hat trotz Hiskia resigniert. "Ochs und Esel" erkennen Gott eher als das Volk Israel. | "Ochse und Esel" der Legende stehen als Zeugen des Vertrauens der Schöpfung auf Gott an der Krippe des Jesuskindes. |

Nach Hiskia regieren: Manasse (696-42); Amon (641-4o); Josia (639-o9, frommer Reformer); Joahas (6o9); Jojakim (6o9-598); Jojachin (598) und Zedekia (597-87). 587 zerstört Nebukadnezar die Stadt Jerusalem, die babylonische Gefangenschaft beginnt. In dieser Zeit wirken vor allem die Propheten Jeremia (in Israel) und Hesekiel (unter den Weggeführten in Babylon).

## Die Zeitgeschichte und die Prophetie des Deuterojesaja und seiner Schüler und ihre Auslegung im Neuen Testament

*Babylonische Gefangenschaft:*
*562 Tod des Nebukadnezar. Mit der Freilassung des Jojachin beginnt sich das Schicksal der Verbannten etwas zu bessern.*

*556–39 Regierung des Nabonid und des Kronprinzen Belsazar.*

*55o Kyros besiegt den Mederkönig.*
*546 Kyros entmachtet Krösus/Sardes.*
*54o Kyros bereitet den Angriff auf Babylon vor.*
*539 Sieg über die Babylonier bei Opis. Babylonischer General geht zu Kyros über, Kyros zieht ohne Widerstand als Sieger in Babylon ein. Tod des Belsazar. Religions- und Tempelaufbauedikte des Persers Kyros für die von Babylon unterworfenen Völker.*

*538 Den Juden wird die Heimkehr nach Jerusalem und der Wiederaufbau der Stadt gestattet.*

*537 Erste Rückkehrer in Jerusalem, dürftige Wiederaufbauphase unter Scheschbazar und Serubabel, zwei Davidsnachkommen, und dem neuen Hohenpriester Josua.*

*Bald setzt sich unter Esra eine gesetzliche Richtung durch, die die Gerechtigkeit statt der Hoffnung auf Barmherzigkeit in die Mitte stellt (später Pharisäer).*

*Etwa 55o–39 Wirksamkeit des Deuterojesaja "Tröstet mein Volk!"; "Stimme des Predigers in der Wüste" (Jes.4o,1–11.27–31 u.a.). Gott setzt aus eigener Vollmacht den Neubeginn.*

*Gottes Schöpfermacht (Jes.41,21–29; 43,8–15; 45,9–19; 48,1–11). Vgl. 1.Mose 1.*

*Gerichtsverfahren Gottes gegen die Götzen und deren Verächtlichmachung (Jes.4o,9–13; 44,9–2o; 46,1–8).*

*Ankündigung des Kores (Kyros) als "Retter" Israels im Auftrag Gottes (Jes.41,1–5; 41,25–29; 44,28–45,7; 46,9–13).*

*Gott bringt Licht in die Finsternis und macht sein Volk zum Licht für die Heiden (Jes.42,6; 45,7; 49,6).*

*Der Prophet begreift sich als "Gottesknecht" und seine Ablehnung als stellvertretendes Leiden für sein Volk (Gottesknechtlieder Jes.42,1–9; 49,1–6; 5o,4–9).*

*Nach dem Tod des Deuterojesaja deuten seine Schüler sein Geschick erneut als stellvertretendes Leiden (Jes.5o,1o–11; 52,13 – 53,12).*

*Etwa 537–3o Wirken bedeutender Schüler des Deuterojesaja, die seine Grundgedanken aufnehmen, aber auch zukünftiges Heil ankündigen (Jes.57–66).*
*"Gottes Geist bei den Demütigen" (Jes.57).*
*"Mache dich auf, werde Licht.." (Jes.6o,1–2).*
*"Gnadenjahr des Herrn" (Jes.61,1–2).*

*Die Redeweise aller Schüler Deuterojesajas und seine eigene erinnern sehr an den ersten Jesaja, deshalb hat man wohl diese Propheten zusammengeordnet.*

*Bei der Auslegung dieses Propheten hat man zu allen Zeiten versucht, Dinge zu trennen, die man ineinandersehen muß.*

*Schon früh hat man vermutet, der Prophet spreche von sich selbst und dem Schicksal seiner Botschaft (vgl. Apg.8,3o–34).*

*Die Juden haben Gottesknechtslieder und andere Stücke auf sich und das Leidensschicksal ihres Volkes bezogen: Israel leidet stellvertretend für das Heil der Völker.*

*Die Christen sahen in den messianisch verstandenen Stücken den Hinweis auf den Messias Jesus Christus. Deshalb wird kein Abschnitt aus dem Alten Testament so oft zitiert und verwendet wie das Buch des Deuterojesaja, hier natürlich vor allem Jesaja 53, in dem die Kreuzigung und Auferstehung Jesu scheinbar bis ins Detail geschildert und als stellvertretender Sühnetod beschrieben wird.*
*(Beispiele:*
*Luk.3,4–6: Johannes Prediger in der Wüste.*
*Matth.12,18–21: Jesus wegen Heilung bedroht.*
*Röm.9,2o–21: Ton in des Schöpfers Hand.*
*Phil.2,1o–11: Alle Knie sollen sich beugen.*
*Luk.2,1o–11: Jesus Heil der Heiden.*
*Matth.7,28–29; 11,28: Jesus als "Jünger".*
*Matth.26,67–68: Geißelung Jesu.*
*Leidensgeschichten aller Evangelisten.).*

*Weitere Jesajaweissagungen scheinen noch nicht zum Ziel gekommen zu sein und werden vor allem in der Johannes-Offenbarung als Zukunftsvisionen wieder aufgenommen.*

*Die babylonische Gefangenschaft, für die Oberschicht teils ab 598, für größere Volksteile ab 587, bringt für Israel eine Neubesinnung. Man erkennt seine Geschichte als Abfall von Gottes Heiligkeit und die Gefangenschaft als Strafe dafür. Für die Zukunft kann nur äußerster Gesetzesgehorsam den Neuanfang garantieren und Gott gnädig stimmen. Als darum ein namenloser Prophet (Deuterojesaja) seine Stimme erhebt und Gottes bedingungslose Barmherzigkeit ankündigt, paßt seine Botschaft nicht in die schriftgelehrte "Landschaft". Er wird deshalb vermutlich umgebracht. Damit erleidet er ein ähnliches Schicksal wie Jesus.*

## Alttestamentliche Systematik um »Heiligkeit« und »Barmherzigkeit« Gottes

### I) Geschichtliche Systematik: Ständiger Wechsel von Ab- und Aufstieg

*Modellartig im Richterbuch, aber auch im gesamten deuteronomischen Redaktionsschema wird die Geschichte Israels als ein ständiges Ab- und Aufpendeln zwischen Abwendung und Zuwendung Gottes dargestellt. Diese entspricht der parallelen Ab- und Zuwendung des Volkes. Die historische Erfahrung von Not und Errettung wird so systematisch gedeutet.*

| *Gehorsam gegenüber Gottes Ordnungen* <br> *System im Buch Richter:* | *Vergessen der vorherigen Errettung* | *Abfall zum Götzendienst* | *Strafe durch Feinde, die das Volk unterdrücken* | *Reue und Bitte zu Gott um Hilfe* | *Gott sendet seinen Heiland* | *Die Feinde werden besiegt oder vertrieben* | *Zeit eines neuen Gehorsams gegen Gott* |
|---|---|---|---|---|---|---|---|
| *Allgemein* | *2,6-1o* | *2,11-13* | *2,14-15* | *2,18d* | *2,18a* | *2,18b* | *2,18c* |
| *Othniel* | *3,7a* | *3,7b* | *3,8* | *3,9a* | *3,9b-1o* | *3,1ob* | *3,11* |
| *Ehud* | *3,12a* | | *3,12b-14* | *3,15a* | *3,15b* | *3,16-29* | *3,31* |
| *Debora* | | *4,1* | *4,2* | *4,3* | *4,4-6a* | *4,6b-5,31a* | *5,31b* |
| *Gideon* | | *6,1a* | *6,1b-5* | *6,6-1o* | *6,11-4o* | *7,1 - 8,21* | *8,28* |
| *Jephtha* | *1o,6a* | *1o,6b* | *1o,7-9* | *1o,1o-16* | *11,1-11* | *11,12-4o* | *12,7* |
| *Simson* | | *13,1a* | *13,1b* | | *13,2-25* | *14 - 16* | |

### II) Theologische Systematik: Barmherzigkeit und Heiligkeit Gottes

*Israel lernt die Heiligkeit und die Barmherzigkeit Gottes als Gebot und Angebot kennen. Die beiden Aspekte Gottes sind einander aber umgekehrt zugeordnet, je nachdem sich das Volk in einer Periode des Abfalls oder der Umkehr und des Neuanfangs befindet.*

| | Periode des Abfalls und der Sünde gegenüber Gott | | Periode der Erlösung aus Not und des Neuanfangs | |
|---|---|---|---|---|
| Beispielhafte Geschichtszusammenhänge im Alten Testament: | *Heiligkeit in Form von Gerichtsandrohung bei Ungehorsam gegen Gott* | *Barmherzigkeit als Angebot bei Reue und Umkehr von Irrwegen zu Gott* | *Barmherzigkeit als Geschenk für einen Neuanfang im Gehorsam vor Gott* | *Heiligkeit als Mahnung und Gebot, Warnung vor neuem Abfall von Gott* |
| *1) Noahgeschichte:* | *1.Mose 6,5-7* | *1.Mose 6,8.18* | *1.Mose 8,21-22* | *1.Mose 9,1-6* |
| *2) Wüstenwanderung Israel:* | | | *2.Mose 12-14 Errettung* | *2.Mose 19ff. Sinaigebote* |
| *3) Amos, Strafpredigt:* | *Amos 2,4-3,2* | *Amos 5,6.14* | | |
| *4) Jesajas Berufung und Predigt:* | *Jes.6,3a* <br> *Jes.6,1o-13a* | *Jes.6,3b* <br> *Jes.6,13b* | *Jes.9,1-5* <br> *Jes.11,1-3* | *Jes.9,6* <br> *Jes.11,4* |
| *5) Jeremias Berufung und Predigt:* | *Jer.1,1oa* <br> *Jer.7,8-15* | *Jer.7,3-7* | *Jer.1,1ob* <br> *Jer.31,1-28* | *Jer.31,31-34* |
| *6) Hesekiel und Deuterojesaja:* | *Hes.18,1-13* <br> *Hes.18,19-2o* | *Hes.18,14-18* <br> *Hes.18,21-23* | *Jes.4o,1-11* <br> *Jes.43,22-23* | *Jes.41,1-5* <br> *Jes.45,22-25* |
| *7) Nachexilische Zeit, Esra:* | *Esra 5,12* <br> *Esra 9,6-7* | | *Esra 5,13* <br> *Esra 9,8-9* | *Ganzer Esra,* <br> *Esra 9,1o-15* |

### III) Festigung der israelischen Geschichtsschau als Folge des Exils

*Die entscheidende Redaktionsarbeit am Alten Testament erfolgte wohl im Zusammenhang mit dem babylonischen Exil und der Rückkehr eines Rests der Exulanten nach Jerusalem. Sie verstanden das Exil als Strafe für den Abfall von der ursprünglichen Treue gegenüber Gott, der durch die Propheten vergeblich gewarnt hatte. Wenn nun, nach der Katastrophe, ein barmherziger Neuanfang geschenkt war, würde man in Zukunft Gottes Ordnungen gehorsam, ja gesetzlich bewahren müssen, um nicht erneut ins Unglück zu geraten.*
*Damit war eine jener Weichen gestellt, die zum neutestamentlichen Pharisäismus führte.*

## Literatur in Auswahl

Genannt sind nur Werke, die für größere Partien der vorliegenden Sammlung benutzt wurden, nicht die zahlreichen Einzeldarstellungen, die ergänzend herangezogen wurden. Der Laie hätte von einer noch breiteren Aufstellung von Spezialliteratur wenig, der Wissenschaftler findet sie selbst.


### Atlanten

M.A. Beek (Hrsg.), Bildatlas der assyrisch-babylonischen Kultur. Deutsche Ausgabe Gütersloh 1961

L.H. Grollenberg, Bildatlas zur Bibel. Deutsche Ausgabe Gütersloh 1957

W. Hilgemann / H. Kinder, dtv-Atlas zur Weltgeschichte, Bd. I. München [9]1973

J.H. Negenman (Hrsg.), Großer Bildatlas zur Bibel. Deutsche Ausgabe Gütersloh 1969

F.W. Putzger, Historischer Weltatlas (Schulbuch). Berlin (West) [88]1965

### Lexika und andere Nachschlagewerke

H. Haag, Bibellexikon. Köln [2]1968

Die Religion in Geschichte und Gegenwart (RGG). Tübingen [3]1957ff

Theologisches Wörterbuch zum Neuen Testament (ThWb). Stuttgart 1933ff

Weltgeschichte in Daten, hrsg. von einem Wissenschaftlerteam. Berlin (DDR) 1966

### Einleitungen, historische und theologische Gesamtdarstellungen u.a.

A. Alt, Kleine Schriften zur Geschichte des Volkes Israel, 2 Bde. München 1953 und 1954

O. Eißfeldt, Einleitung in das Alte Testament. Tübingen [3]1964 (unveränderter Nachdruck der Ausgabe von 1934)

M. Noth, Geschichte Israels. Göttingen 1950

G. v. Rad, Theologie des Alten Testaments, 2 Bde. München 1957 und 1960

E. Sellin / G. Fohrer, Einleitung in das Alte Testament. Heidelberg [11]1969

E. Würthwein, Der Text des Alten Testaments. Stuttgart 1952

Das Alte Testament Deutsch (ATD), hrsg. von A. Weiser. Göttingen 1967ff (alle bis 1976 erschienenen Teilbände)

### Übersetzungen und Quellen

Das Alte Testament nach der deutschen Übersetzung Martin Luthers, revidierte Fassung von 1964. Stuttgart 1965. — In der Regel ist die Namensschreibung im vorliegenden Werk dieser in den Gemeinden meistgebrauchten Übersetzung entnommen.

Flavius Josephus, Antiquitates und Bellum Judaicum. Übersetzung aus Philadelphia/USA (1838!) mit interessanten Kommentaren und ausgezeichneten Genealogien der Hasmonäer und Herodianer

### Sachbuchreihen für Laien

Die Frühzeit des Menschen. Time-Life-International, deutsche Ausgabe ab 1973. Teilbände:
Die Israeliten
Die Entdeckung des Metalls (Bronze- und frühe Eisenzeit)
Die Erfindung der Schrift (Ägypten, Zweistromland, Phönizien)
Die ersten Städte (Sumerer u.a.)
Die ersten Reiche (Hethiter)
Anfänge des Seehandels (Phönizier)
Die verlorene Welt der Ägäis (minoische und mykenische Kultur)
Abenteurer aus dem Norden (Seevölker, Philister)
Die ersten Reitervölker (Skythen)
Die Perser
Die Kelten (Galater u.a.)

Alte Kulturen des Vorderen Orients, Bd. 2 der Reihe »Schätze der Weltkunst«. Gütersloh 1968

Zeitalter der Menschheit. Time-Life-International, deutsche Ausgabe ab 1968. Teilbände:
Die Wiege der Kultur (Zweistromland)
Das alte Ägypten
Kaiserliches Rom

# Register

Bearbeitet von Hans-Joachim Pagel

## 1. Orts-, Personen-, Völker- und Kultnamen und -begriffe

Siedlungen aller Art werden der Einfachheit wegen generell als »Städte« bezeichnet. Auf die Namen griechischer Philosophen, Politiker und Künstler sowie auf Vorgänge im westlichen Mittelmeer wurde verzichtet, da diese in der Regel für alttestamentliche Geschichtsvorgänge unwesentlicher sind.

## 2. Bibelstellen

**2. Könige**



**1. Chronik**



**2. Chronik**

# Einladung zur Subskription

Karl Hartmann

## Atlas-Tafel-Werk zur Geschichte der Weltreligionen

Karten, Tabellen, Erläuterungen

Band I
Die Geschichte der fernöstlichen Religionen: Hinduismus, Buddhismus, Taoismus, Konfuzianismus, Shintoismus

186 Seiten. Format DIN A4.
Ringbuch-Einband
Einzelpreis DM 56.–
Subskriptionspreis DM 48.–
Der Subskriptionspreis verpflichtet zur Abnahme aller drei Bände und gilt bis zum Abschluß des Gesamtwerks.

---

Bitte liefern Sie
über die Buchhandlung:

Karl Hartmann
**Atlas-Tafel-Werk zur Geschichte der Weltreligionen**

☐ Einzelpreis
Band I DM 56.–

☐ Subskriptionspreis
Band I DM 48.–

Der Subskriptionspreis verpflichtet zur Abnahme aller drei Bände und gilt bis zum Abschluß des Gesamtwerks

Datum

Unterschrift

An die Buchhandlung

Absender:

Name

Vorname

Straße

Postleitzahl Ort

# Der Aufbau des Gesamtwerks

Band I
Die Geschichte der fernöstlichen Religionen
Erscheint Mai 1987

Band II
Die Geschichte des Islam
Erscheint 1988

Band III
Die Geschichte des Judentums
Erscheint 1989

Erscheinungsweise und Subskriptionsangebot erleichtern die Anschaffung.

Theologen, Religionspädagogen, Religionswissenschaftler und Historiker erwerben ein Standardwerk zum Lehren und Lernen, für Studium, Unterricht und Erwachsenenbildung. Karten, Tabellen, chronologische Übersichten und Erläuterungen zeichnen Ursprung und Wirkungsgeschichte der Weltreligionen bis in die Gegenwart. Arbeitsblätter erleichtern den vielseitigen Gebrauch und bieten Kombinationsmöglichkeiten nach Bedarf.

Quell Verlag Stuttgart